MIX
Papier aus verantwortungsvollen Quellen
Paper from responsible sources
FSC® C105338

Stefan Rosner

**Stochastisch-dynamische
Kapazitätsplanung unter verallgemeinerten
Kostenstrukturen im Mehrfaktorenfall**

Bachelor + Master
Publishing

**Rosner, Stefan: Stochastisch-dynamische Kapazitätsplanung unter verallgemeinerten Kostenstrukturen im Mehrfaktorenfall, Hamburg, Bachelor + Master Publishing 2013**
Originaltitel der Abschlussarbeit: Stochastisch-dynamische Kapazitätsplanung unter verallgemeinerten Kostenstrukturen im Mehrfaktorenfall

Buch-ISBN: 978-3-95549-272-4
PDF-eBook-ISBN: 978-3-95549-772-9
Druck/Herstellung: Bachelor + Master Publishing, Hamburg, 2013
Zugl. Universität Mannheim, Mannheim, Deutschland, Diplomarbeit, November 2006

**Bibliografische Information der Deutschen Nationalbibliothek:**
Die Deutsche Nationalbibliothek verzeichnet diese Publikation in der Deutschen Nationalbibliografie; detaillierte bibliografische Daten sind im Internet über http://dnb.d-nb.de abrufbar.

Das Werk einschließlich aller seiner Teile ist urheberrechtlich geschützt. Jede Verwertung außerhalb der Grenzen des Urheberrechtsgesetzes ist ohne Zustimmung des Verlages unzulässig und strafbar. Dies gilt insbesondere für Vervielfältigungen, Übersetzungen, Mikroverfilmungen und die Einspeicherung und Bearbeitung in elektronischen Systemen.

Die Wiedergabe von Gebrauchsnamen, Handelsnamen, Warenbezeichnungen usw. in diesem Werk berechtigt auch ohne besondere Kennzeichnung nicht zu der Annahme, dass solche Namen im Sinne der Warenzeichen- und Markenschutz-Gesetzgebung als frei zu betrachten wären und daher von jedermann benutzt werden dürften.

Die Informationen in diesem Werk wurden mit Sorgfalt erarbeitet. Dennoch können Fehler nicht vollständig ausgeschlossen werden und die Diplomica Verlag GmbH, die Autoren oder Übersetzer übernehmen keine juristische Verantwortung oder irgendeine Haftung für evtl. verbliebene fehlerhafte Angaben und deren Folgen.

Alle Rechte vorbehalten

© Bachelor + Master Publishing, Imprint der Diplomica Verlag GmbH
Hermannstal 119k, 22119 Hamburg
http://www.diplomica-verlag.de, Hamburg 2013
Printed in Germany

# Inhaltsverzeichnis

Tabellenverzeichnis . . . . . . . . . . . . . . . . . . . . . IV

Abbildungsverzeichnis . . . . . . . . . . . . . . . . . . . . V

Abkürzungsverzeichnis . . . . . . . . . . . . . . . . . . . IX

Variablenverzeichnis . . . . . . . . . . . . . . . . . . . . . X

1. Einleitung, Zielsetzungen und Aufbau . . . . . . . . . . . . . . 1

2. Der Ansatz von Eberly und Van Mieghem . . . . . . . . . . . 5
2.1 Literaturüberblick . . . . . . . . . . . . . . . . . . . . . . 6
2.2 Darstellung des Ansatzes . . . . . . . . . . . . . . . . . . 11
2.3 Definition und Erläuterung der *ISD-Politik* . . . . . . . . . 21
2.4 Kritische Würdigung . . . . . . . . . . . . . . . . . . . . 28

3. Modifizierung des Informationsstands im Ansatz von Eberly
und Van Mieghem . . . . . . . . . . . . . . . . . . . . . . . 35

4. Repräsentation von mehrperiodigen Planungsmodellen in
Optimierungsproblemen unter nichtlinearen Kosten- und
Desinvestitionserlösstrukturen . . . . . . . . . . . . . . . . . 47

5. Untersuchung der optimalen Kapazitätsanpassung
im Einkapazitätsfall . . . . . . . . . . . . . . . . . . . . . . 56
5.1 Kapazitätserhöhung unter streng gekrümmten Kostenstrukturen . . . . . 60
5.2 Kapazitätsreduktion unter streng gekrümmten Desinvestitionserlösstrukturen 79

5.3 Kapazitätsanpassung unter weiteren Kosten- und
Desinvestitionserlösstrukturen . . . . . . . . . . . . . . . . . 87
    5.3.1 Gekrümmte Kosten- und Desinvestitionserlösstrukturen . . . . . . 89
    5.3.2 Wechselnd gekrümmte Kosten- und Desinvestitionserlösstrukturen,
    nicht differenzierbare Kosten- und Desinvestitionserlösstrukturen . . . . 96
5.4 Kapazitätserhöhung und Kapazitätsreduktion . . . . . . . . . . . 103

## 6. Untersuchung der optimalen Kapazitätsanpassung im Mehrkapazitätsfall . . . . . . . . . . . . . . . . . . . . . 113

6.1 Modellierung von Kapazitätsinteraktionen . . . . . . . . . . . . 116
6.2 Partitionierbarkeit der Anfangskapazitätsniveaus . . . . . . . . . . 120
6.3 Struktureigenschaften des optimalen Anpassungsprozesses . . . . . . 124
6.4 Spezielle Interaktionskonstellationen . . . . . . . . . . . . . . . 137

## 7. Schlussbetrachtung . . . . . . . . . . . . . . . . . . . . . 146

**Anhang** . . . . . . . . . . . . . . . . . . . . . . . . . . . **XII**

**A.3.1 Beweis der Konkavität, Stetigkeit und Differenzierbarkeit
der optimalen Wertfunktion** . . . . . . . . . . . . . . . . . **XII**

**A.5.1 Beweise und deren Auswertung im Einkapazitätsfall.** . . . . . . **XV**
A.5.1.1 Beweise zur Kapazitätserhöhung . . . . . . . . . . . . . XVI
A.5.1.2 Beweise zur Kapazitätsreduktion . . . . . . . . . . . . XXX
**A.5.2 Bedingungen des mehrperiodigen Ansatzes und des
Optimierungsproblems** . . . . . . . . . . . . . . . . . . . **XXXVII**
**A.5.3. Kapazitätsanpassung unter einer nicht streng konkaven
Kapazitätswertfunktion** . . . . . . . . . . . . . . . . . . . **XLIII**

**A.6.1 Beweise im Mehrkapazitätsfall** . . . . . . . . . . . . . . . **L**

**A.6.2 Kapazitätsplanung unter Miteinbeziehung von Fixkosten** . . . **XXXVI**

A.6.2.1 Der Einkapazitätsfall . . . . . . . . . . . . . . . . . LXXXIX

A.6.2.2 Der Mehrkapazitätsfall . . . . . . . . . . . . . . . . . XCVI

**Literaturverzeichnis** . . . . . . . . . . . . . . . . . . . . **CVI**

# Tabellenverzeichnis

Tabelle A.5.1.1: Eigenschaften gekrümmter Funktionen am Beispiel der Kapazitätswertfunktion. . . . . . . . . . . . . . . . . . . . XXVII

Tabelle A.5.1.2: Auswertung des Ausdrucks (1) für Kapazitätsexpansion . XXVIII

Tabelle A.5.1.3: Auswertung des Ausdrucks (2) für Kapazitätsreduktion . . XXIX

Tabelle A.5.1.4: Auswertung des Ausdrucks (1′) für Kapazitätsexpansion XXXVII

Tabelle A.5.1.5: Auswertung des Ausdrucks (2′) für Kapazitätsreduktion XXXVII

# Abbildungsverzeichnis

| | |
|---|---|
| Abbildung 2.1: | Graphische Darstellung des Ansatzes von Eberly und Van Mieghem . . . . . . . . . . . . . . . . . 13 |
| Abbildung 2.2: | Aufsteigend geordnete Familie von Sigmaalgebren . . . 15 |
| Abbildung 2.3: | Die ISD-Politik im Einkapazitätsfall . . . . . . . . 21 |
| Abbildung 2.4: | Darstellung der ISD-Politik für zwei Kapazitäten . . . . 24 |
| Abbildung 2.5: | Zusammenhänge zwischen den folgenden Kapiteln . . . 33 |
| Abbildung 3.1: | Graphische Darstellung des Ansatzes von Eberly und Van Mieghem unter einem modifizierten Informationsstand . . 36 |
| Abbildung 5.1: | Darstellung der streng konkaven Kapazitätswertfunktion und deren Ableitungsfunktion . . . . . . . . . . 62 |
| Abbildung 5.2: | Lineare Kostenstrukturen . . . . . . . . . . . . 63 |
| Abbildung 5.3: | Streng konvexe Kostenstrukturen . . . . . . . . . 64 |
| Abbildung 5.4: | Streng konkave Kostenstrukturen . . . . . . . . . 64 |
| Abbildung 5.5: | Partitionierung der Anfangskapazitätsniveaus . . . . . 67 |
| Abbildung 5.6: | Optimale Kapazitätserhöhung bei linearen Kostenstrukturen 71 |
| Abbildung 5.7: | Optimale Kapazitätserhöhung bei streng konvexen Kostenstrukturen . . . . . . . . . . . . . . . 72 |
| Abbildung 5.8: | Optimale Kapazitätserhöhung bei streng konkaven Kostenstrukturen . . . . . . . . . . . . . . . 72 |
| Abbildung 5.9: | Verschiedene Desinvestitionserlösfunktionen . . . . . 79 |

| | | |
|---|---|---|
| Abbildung 5.9: | Verschiedene Desinvestitionserlösfunktionen . . . . . | 79 |
| Abbildung 5.10: | Korrespondenz zwischen Kapazitätserhöhung unter konkaven Kostenstrukturen und Kapazitätsreduktion bei konvexen Desinvestitionserlösstrukturen . . . . . | 82 |
| Abbildung 5.11: | Optimale Kapazitätsreduktion bei linearen Desinvestitionserlösstrukturen . . . . . . . . . . | 83 |
| Abbildung 5.12: | Optimale Kapazitätsreduktion bei streng konkaven Desinvestitionserlösstrukturen . . . . . . . . . . | 84 |
| Abbildung 5.13: | Optimale Kapazitätsreduktion bei streng konvexen Desinvestitionserlösstrukturen . . . . . . . . . . | 84 |
| Abbildung 5.14: | Optimale Kapazitätserhöhung bei konvexen Kostenstrukturen . . . . . . . . . . . . . . . . | 90 |
| Abbildung 5.15: | Das optimale Kapazitätsendniveau als Funktion des Anfangskapazitätsniveaus bei konvexen Kostenstrukturen . . . . . . . . . . . . . . . . | 90 |
| Abbildung 5.16: | Der Einfluss des Anfangskapazitätsniveaus auf das optimale Endkapazitätsniveau und auf den optimalen Kapazitätszuwachs bei konvexen Kostenstrukturen . . . | 91 |
| Abbildung 5.17: | Kostenfunktionen mit stark wechselnder Krümmung . . . | 97 |
| Abbildung 5.18: | Optimale Kapazitätserhöhung bei Kostenstrukturen mit stark wechselnder Krümmung . . . . . . . . . . | 97 |
| Abbildung 5.19: | Das optimale Kapazitätsendniveau als Funktion des Anfangskapazitätsniveaus . . . . . . . . . . . . | 98 |
| Abbildung 5.20: | Der Einfluss des Anfangskapazitätsniveaus auf das optimale Endkapazitätsniveau und auf den optimalen Kapazitätszuwachs . . . . . . . . . . . . . . | 98 |

## Abbildungsverzeichnis

Abbildung 5.21: Nicht differenzierbare Kostenfunktionen und zugehörige

Grenzkostenfunktionen . . . . . . . . . . . . 100

Abbildung 5.22: Grenzerlösfunktion und Grenzkostenfunktion, ausgehend

vom Anfangskapazitätsniveau $K'_{1,t-1}$ . . . . . . . . 101

Abbildung 5.23: Abhängigkeit des optimalen Endkapazitätsniveaus vom

Anfangskapazitätsniveau . . . . . . . . . . . . 101

Abbildung 5.24: Partitionierung der Anfangskapazitätsniveaus . . . . . 105

Abbildung 5.25: Abhängigkeit des optimalen Endkapazitätsniveaus vom

Anfangskapazitätsniveau bei streng gekrümmten

Kontrollkostenstrukturen . . . . . . . . . . . . 107

Abbildung 5.26: Abhängigkeit des optimalen Endkapazitätsniveaus vom

Anfangskapazitätsniveau bei gekrümmten

Kontrollkostenstrukturen . . . . . . . . . . . . 107

Abbildung 5.27: Mögliche Entwicklungen der optimalen

Endkapazitätsniveaus über die Perioden unter

variierten Kontrollkostenstrukturen . . . . . . . . 110

Abbildung 6.1: Interaktion von Kapazitäten . . . . . . . . . . . 118

Abbildung 6.2: Partitionierung der Anfangskapazitätsvektoren im

Zweikapazitätsfall unter konvexen Kosten- und konkaven

Desinvestitionserlösstrukturen . . . . . . . . . . 121

Abbildung 6.3: Partitionierung der Anfangskapazitätsvektoren im

Zweikapazitätsfall unter konkaven Kosten- und konvexen

Desinvestitionserlösstrukturen . . . . . . . . . . 122

Abbildung 6.4: Optimaler Anpassungsprozess unter konvexen Kosten- und

konkaven Desinvestitionserlösstrukturen . . . . . . . 132

| | | |
|---|---|---|
| Abbildung 6.5: | Optimaler Anpassungsprozess unter konkaven Kosten- und konvexen Desinvestitionserlösstrukturen | 132 |
| Abbildung 6.6: | Gestalt der Hesse-Matrix der Kapazitätswertfunktion in den untersuchten Kapazitätskonstellationen | 139 |
| Abbildung A.5.1.1: | Darstellung der Optimalitätsbedingung | XXIV |
| Abbildung A.5.2.1: | Abweichung von der getroffenen Annahme | XL |
| Abbildung A.5.3.1: | Lineare Kapazitätswertfunktion und streng konvexe Kostenstrukturen | XLV |
| Abbildung A.5.3.2: | Optimale Kapazitätserhöhung bei einer linearen Kapazitätswertfunktion und streng konvexen Kostenstrukturen | XLVI |
| Abbildung A.6.2.1: | Graphische Interpretation der Gleichung | XCIII |
| Abbildung A.6.2.2: | (s,S)-Politik im Fixkostenfall | XCVI |
| Abbildung A.6.2.3: | Anpassungsverhalten gemäß der ISD-Politik im Zweikapazitätsfall | XCVIII |
| Abbildung A.6.2.4: | Anpassungsverhalten gemäß der (s,S)-Politik im Zweikapazitätsfall | C |
| Abbildung A.6.2.5: | Anpassungsverhalten gemäß der (s,S)-Politik im Zweikapazitätsfall, ausgehend von speziellen Anfangskapazitätstupeln | CII |

# Abkürzungsverzeichnis

| | |
|---|---|
| et al. | und andere |
| ISD | Invest / Stayput / Disinvest |
| ff. | fortfolgende |
| Hrsg. | Herausgeber |
| u.d.N. | unter der Nebenbedingung |
| vgl. | vergleiche |
| z.B. | zum Beispiel |

# Variablenverzeichnis

### Indices

$t \in \{1,...,T\}$      Periodenindex

$i \in \{1,...,N\}$      Kapazitätsindex

### Variablen

$K_{i,t}$      Kapazitätsniveau der Kapazität $i$ in Periode $t$

$K_t$      Kapazitätsvektor aus den Niveaus aller Kapazitäten in Periode $t$

### Funktionen

$\kappa_t$      Politik in Periode $t$

$\varsigma$      Investitionsstrategie

$\varsigma_t$      Partielle Investitionsstrategie ab Periode $t$

$C_{i,t}(K_{i,t-1}, K_{i,t})$      Kostenfunktion der Kapazität $i$ in Periode $t$

$C_t(K_{t-1}, K_t)$      Gesamtkostenfunktion in Periode $t$

$R_{i,t}(K_{i,t-1}, K_{i,t})$      Desinvestitionserlösfunktion der Kapazität $i$ in Periode t

$R_t(K_{t-1}, K_t)$      Gesamtdesinvestitionserlösfunktion in Periode $t$

$\pi_t(\omega_t, K_t)$      Operative Erlösfunktion in Periode $t$

$\Pi_t(K_t)$      Erwartete operative Erlösfunktion in Periode $t$

$f(K_T, \omega_t)$      Enderlösfunktion in Periode $T$

$v_t(K_{t-1}, \varsigma_t, \omega_t)$      Erwartete Gegenwartswertfunktion in Periode $t$

$V_t(K_{t-1}, \omega_t)$      Optimale Wertfunktion bezüglich $\varsigma_t$ in Periode $t$

$g_t(K_t, \omega_t)$      Kapazitätswertfunktion in Periode $t$

| | |
|---|---|
| $K_{i,t}^{L}\left(K_{(i),t-1},\omega_{t}\right)$ | Untergrenzfunktion der *ISD-Politik* für Kapazität *i* in Periode *t* |
| $K_{i,t}^{H}\left(K_{(i),t-1},\omega_{t}\right)$ | Obergrenzfunktion der *ISD-Politik* für Kapazität *i* in Periode *t* |
| $S_{t}(\omega_{t})$ | Kontinuitätsbereich der *ISD-Politik* in Periode *t* |
| $D_{t}(\omega_{t})$ | Nachfrage in Periode *t* |
| $A_{t}(\omega_{t})$ | Technologiematrix in Periode *t* |
| $p_{t}(\omega_{t})$ | Preisvektor in Periode *t* |
| $H\left(g_{t}(K_{t})\right)$ | Hesse-Matrix der Kapazitätswertfunktion in Periode *t* |

**Mengen**

| | |
|---|---|
| $\Omega$ | Menge der möglichen Umweltzustände |
| $F_{t}$ | Menge der in Periode *t* verfügbaren Informationen |
| $P_{t}$ | Menge der möglichen Investitionsstrategien in Periode *t* |

**Parameter**

| | |
|---|---|
| $\omega_{t} \in \Omega$ | Realisierter Umweltzustand in Periode *t* |
| $c_{i,t}$ | Investitionskosten pro Einheit von Kapazität *i* in Periode *t* |
| $c_{t}$ | Vektor aus Investitionskosten pro Einheit für alle Kapazitäten in Periode *t* |
| $r_{i,t}$ | Desinvestitionserlöse pro Einheit an verringerter Kapazität *i* in Periode *t* |
| $r_{t}$ | Vektor aus Desinvestitionserlösen pro Einheit für alle Kapazitäten in Periode *t* |
| $\tau$ | Einperiodiger Diskontierungssatz |

# 1. Einleitung, Zielsetzungen und Aufbau

Kurze Produktlebenszyklen, enorme Nachfrageschwankungen und eine rasant fortschreitende technologische Entwicklung stellen in einer globalisierten Wettbewerbssituation die zentralen Herausforderungen der modernen Kapazitätsplanung dar. Diese kann, besonders in sehr kapitalintensiven Branchen wie der Halbleiterindustrie, der Automobilindustrie oder dem IT-Sektor einen kritischen Wettbewerbsfaktor darstellen.

Kapazitätsentscheidungen können strategische Investitionsentscheidungen darstellen, eine Fehlinvestition kann die Existenz von Unternehmen grundlegend gefährden. Die Kosten einer Halbleiterfabrik die technisch dem *state of the art* entspricht, liegen durchschnittlich bei 1,7 Milliarden Euro[1]. Hierzu kann beispielsweise der Jahresumsatz der Infenion Technologies AG in Relation gesetzt werden, der im Jahr 2005 6,76 Milliarden Euro betrug[2].

Sogar in einer stabilen gesamtwirtschaftlichen Lage muss in der Halbleiterbranche von einer sehr schwer zu prognostizierenden Nachfrage ausgegangen werden, welche um bis zu 80% vom Durchschnittswert abweicht[3].

Erschwerend für jegliche Planungsaktivitäten kommen eine besonders stark ausgeprägte Technologieunsicherheit und lange Kapazitätslieferzeiten hinzu[4].

In vielerlei Hinsicht steht die Hightechbranche mit ihren spezifischen Herausforderungen stellvertretend für die zukünftige Unternehmenswelt[5].

---

[1] Vgl. Cakanyildirim, M./Roundy, R. O. (1999), S.1.
[2] Vgl. Infenion Technologies AG Geschäftsbericht (2005), S. 2.
[3] Vgl. Wu, S. D./Erkoc, M./Karabuk, S. (2005), S. 126.
[4] Vgl. Huh, W. T./Roundy, R. O./Cakanyildirim, M. (2005), S. 137.
[5] Vgl. Beckman, S./Sinha, K. (2005), S. 115.

Die vorliegende Diplomarbeit fokussiert die taktisch-strategische Kapazitätsplanung[6]. Diese kann nur dann in sinnvoller Weise erfolgen, wenn dynamische Entwicklungen am Markt und verschiedene mit Unsicherheit behaftete Entscheidungsparameter explizit berücksichtigt werden.

Die Arbeit *Multi-factor Dynamic Investment under Uncertainty* [7] von Eberly und Van Mieghem aus dem Jahr 1997, die dieser Diplomarbeit zugrunde liegt, untersucht die angesprochene Problematik und stellt in ihrem Forschungsbereich eine Grundlagenarbeit dar: Ein mehrperiodiger stochastisch-dynamischer Ansatz zur Kapazitätsplanung wird entwickelt und die hierfür optimale Politik, die *ISD-Politik*, hergeleitet. Diese hier eingeführte Politik wurde im Folgenden von zahlreichen weiteren Arbeiten aufgegriffen und führte hierdurch zu sehr bedeutsamen Erkenntnissen im Bereich der Kapazitätsplanung. Beispielhaft kann die Arbeit *Multi-resource investment strategies: Operational hedging under demand uncertainy*[8] von Harrison und Van Mieghem genannt werden, die sich mit der Fragestellung beschäftigt, inwieweit Kapazitätsplanung unter Unsicherheit zu anderen Ergebnissen führt als eine deterministische Planung.

Die vorliegende Diplomarbeit setzt in zwei Punkten an die Arbeit von Eberly und Van Mieghem an:

Dem beschriebenen Ansatz liegt die Annahme zugrunde, dass alle stochastischen Parameter, die den Kapazitätsbedarf der aktuellen Periode determinieren, vor der Kapazitätsentscheidung der aktuellen Periode bekannt sind. Implizit wird dadurch unterstellt, dass Kapazität perfekt reaktiv ist und zusätzliche Kapazitätseinheiten ohne Zeitverzug beschafft werden können. Jedoch ist die Kapazitätsbeschaffung in der

---

[6] Vgl. Günther, H. O. (1989), S. 11 für eine Einordnung von Kapazitätsplanungsaktivitäten in Planungsebenen.
[7] Vgl. Eberly, J. C./Van Mieghem, J. A. (1997).
[8] Vgl. Harrison, J. M./Van Mieghem, J. A. (1999).

betrieblichen Praxis meist mit *lead times* verbunden, beispielsweise muss im Hightechbereich von Kapazitätslieferzeiten ausgegangen werden, die zwischen drei und sechs Monaten liegen[9].

Ein in dieser Diplomarbeit entwickelter stochastisch-dynamischer Planungsansatz fordert aus diesem Grund eine Kapazitätsentscheidung, die auch für die aktuelle Periode unter Unsicherheit getroffen werden muss.

Ebenfalls kann angemerkt werden, dass der Ansatz von Eberly und Van Mieghem sehr restriktive Annahmen bezüglich der Kosten für zusätzliche Kapazitätseinheiten und der Desinvestitionserlöse für reduzierte Kapazitätseinheiten trifft:
Lediglich lineare Strukturen werden betrachtet.
Kapazitätsveränderung findet jedoch nicht ausschließlich zu proportionalen Bedingungen statt. Diese Diplomarbeit untersucht, inwieweit diese Annahmen relaxiert und weitere Kosten- und Desinvestitionserlösstrukturen in den Ansatz integriert werden können.

Im zweiten Kapitel der vorliegenden Diplomarbeit wird der mehrperiodige Planungsansatz von Eberly und Van Mieghem und die hierfür optimale *ISD-Politik* eingehend untersucht.
Auf dieser Basis folgt die Entwicklung eines eigenen Ansatzes zur Kapazitätsplanung in Kapitel 3. Dieser ist deutlich an den Planungsansatz von Eberly und Van Mieghem angelehnt, jedoch liegt diesem Ansatz eine schwächere Informationslage zugrunde. Ebenfalls wird in Kapitel 3 aufgezeigt, dass die *ISD-Politik* auch für diesen Planungsansatz Optimalitätscharakter besitzt.

---

[9] Vgl. Wu, S. D./Erkoc, M./Karabuk, S. (2005), S. 127.

Das Kapitel 4 untersucht, unter welchen Bedingungen eine Repräsentation der mehrperiodigen Kapazitätsplanungsmodelle aus den Kapiteln 2 und 3 unter nichtlinearen Kosten- und Desinvestitionserlösfunktionen in speziellen Optimierungsproblemen möglich ist. Hierdurch wird die technische Grundlage dafür gelegt, dass der optimale Kapazitätsanpassungsprozess in den mehrperiodigen Planungsmodellen unter Annahme nichtlinearer Kosten- und Desinvestitionserlösstrukturen analysiert werden kann.

Hierzu werden die angesprochenen Optimierungsprobleme in den Kapiteln 5 und 6 im Ein- und Mehrkapazitätsfall untersucht, was zu Strukturaussagen über den optimalen Anpassungsprozess in den mehrperiodigen Planungsmodellen führt.

Ebenfalls wird im Rahmen dieser Diplomarbeit thematisiert, inwieweit die Miteinbeziehung von Fixkosten die Struktur der optimalen Politik in den Planungsmodellen aus den Kapiteln 2 und 3 verändert. Die Überlegungen hierzu beziehen sich jedoch explizit nur auf einperiodige Probleme und sind aus diesem Grund nicht im Hauptteil, sondern im Kapitel A.6.2 des Anhangs zu finden.

Im Rahmen einer Schlussbetrachtung in Kapitel 7 werden die Ergebnisse dieser Diplomarbeit kritisch gewürdigt und im Hinblick darauf untersucht, inwieweit die Möglichkeit besteht, weitere Untersuchungen auf Basis der gewonnenen Erkenntnisse durchzuführen.

## 2. Der Ansatz von Eberly und Van Mieghem

Da die weiteren Inhalte der vorliegenden Diplomarbeit direkt oder indirekt auf dem Ansatz von Eberly und Van Mieghem[1] und der hier eingeführten Form einer optimalen Kapazitätsanpassungspolitik aufbauen, wird die Arbeit dieser beiden Autoren nun eingehend untersucht.

Der Abschnitt 2.1 enthält in einem Literaturüberblick eine Einordnung dieser Arbeit, insbesondere als Grundlage weiterer Forschungsleistungen in diesem Bereich.

Abschnitt 2.2 stellt den genannten Ansatz formalisiert dar und erläutert die diesem zugrunde liegenden Annahmen bezüglich der Berücksichtigung von Unsicherheit und der Kosten- und Desinvestitionserlösstrukturen.

Das zentrale Ergebnis der Arbeit, die *ISD-Politik* als Lösungsstruktur für das untersuchte mehrperiodige Planungsmodell[2], wird in Abschnitt 2.3 definiert und beschrieben.

Das Kapitel schließt mit einer kritischen Würdigung der Arbeit von Eberly und Van Mieghem in Abschnitt 2.4 ab. Ebenfalls enthält dieser Abschnitt einen Ausblick auf die weiteren Inhalte der vorliegenden Diplomarbeit.

---

[1] Vgl. Eberly, J. C./Van Mieghem, J. A. (1997).
[2] Trotz der Fokussierung auf Strukturfragen wird das Modell von Eberly und Van Mieghem im Weiteren als „Planungsmodell" oder auch als „Planungsansatz" bezeichnet.

## 2.1 Literaturüberblick

Die Arbeit von Eberly und Van Mieghem stellt den Ausgangspunkt für einige weitere Arbeiten im Bereich der Kapazitätsplanung dar. Für einen breiten Überblick über relevante Literatur und aktuelle Entwicklungen in diesem Forschungsbereich sei auf Van Mieghem[3] und Wu/Erkoc/Karabuk[4] verwiesen.

Als grundlegend für die Arbeit von Eberly und Van Mieghem können die Arbeiten von Arrow[5], Bernake[6] und Dixit[7] angesehen werden. Hier werden reversible Investitionsprobleme in einer stochastischen Umgebung untersucht. Diese Arbeiten gehen jedoch von nur einem Kapazitätsfaktor aus.

Mehrkapazitätsmodelle liegen beispielsweise den Arbeiten von Wildasin[8], Nadiri/Rosen[9] und Galeotti/Schiantarelli[10] zugrunde.

Fine/Freund[11] untersuchen ebenfalls ein einperiodiges Mehrfaktorenmodell und formulieren Aussagen über den Wert von flexiblen Kapazitäten.

Eberly und Van Mieghem untersuchen ein mehrperiodiges stochastisch-dynamisches Kapazitätsplanungsmodell und gehen hierbei von einer beliebigen Anzahl an Kapazitäten aus, die zu linearen Kosten- und Desinvestitionserlösen angepasst werden können.

---

[3] Vgl. Van Mieghem, J. A. (2003).
[4] Vgl. Wu, S. D./Erkoc, M./Karabuk, S. (2005).
[5] Vgl. Arrow, K. J. (1968).
[6] Vgl. Bernake, B. (1983).
[7] Vgl. Dixit, A. (1989).
[8] Vgl. Wildasin, D. E. (1984).
[9] Vgl. Nadiri, M. I./Rosen, S. (1969).
[10] Vgl. Galeotti, M./Schiantarelli, F. (1991).
[11] Vgl. Fine, C./Freund, R. (1990).

Hierfür wird die Form der optimalen Politik hergeleitet und als *ISD-Politik* bezeichnet.

Zeitgleich und unabhängig von Eberly und Van Mieghem entwickelt Dixit[12] eine strukturell nahezu identische Arbeit. Er untersucht die Form der optimalen Kapazitätsanpassung bei jedoch nur zwei vorhandenen Kapazitätsarten, die mit Kapital und Arbeit assoziiert werden. Somit kann diese Arbeit als Spezialfall der Arbeit von Eberly und Van Mieghem betrachtet werden. Ebenfalls nimmt Dixit lineare Kosten- und Desinvestitionserlösstrukturen an. Endogen wird eine Rangfolge der beiden Kapazitätsfaktoren generiert, wobei der untergeordnete Faktor weniger oft angepasst wird. Die Art einer Kapazitätsveränderung (Erhöhung oder Reduktion) dieser Kapazität orientiert sich grundsätzlich an der Art der Kapazitätsveränderung der übergeordneten Kapazität.

Einige Arbeiten greifen die bei Eberly und Van Mieghem eingeführte *ISD-Politik* auf und untersuchen auf dieser Grundlage weitere Problemstellungen, ebenfalls unter der Annahme linearer Kosten- und Desinvestitionserlösfunktionen.
Harrison/Van Mieghem[13] gehen von einer Kapazitätsentscheidung unter einer optimalen *ISD-Politik* aus und untersuchen hierauf aufbauend Implikationen auf eine im Anschluss daran auszuführende Produktionsentscheidung. Es wird ein *zweistufiges stochastisch-dynamisches Programm mit recourse* formuliert, welches auch als *Realoptionsmodell* bezeichnet wird[14]. Ein mehrperiodiger Ansatz wird ausgearbeitet, wobei die Perioden als unabhängig und die Nachfrage in jeder Periode als identisch verteilt angenommen wird. Unter Anwendung eines hier eingeführten *mehrdimensio-*

---

[12] Vgl. Dixit, A. (1997).
[13] Vgl. Harrison, J. M./Van Mieghem, J. A. (1999).
[14] Vgl. beispielhaft Dixit, A./Pindyck, R. S. (1994).

*nalen Newsvendor-Ansatzes* gelangen die Autoren zu geschlossen darstellbaren und graphisch interpretierbaren Ergebnissen, die hochgradige Praxisrelevanz aufweisen.

Eine deterministische Kapazitätsplanung, die beispielsweise auf festen Nachfrageprognosen beruht, führt zu grundsätzlich anderen Kapazitätsentscheidungen als eine Planungssituation unter Unsicherheit. Im stochastischen Fall ist die Kapazitätsentscheidung in der Regel dadurch gekennzeichnet, dass unter keinem möglichen Nachfrageszenario alle Kapazitäten voll ausgelastet werden können. Aus einer Abwägung von erwarteten Kosten für Über- bzw. Unterkapazitäten ist jedoch diese Kapazitätsentscheidung bezogen auf die vorhandene Unsicherheit optimal.

Die deterministischen Planungsergebnisse zeichnen sich im Gegensatz hierzu gerade dadurch aus, dass im antizipierten Nachfrageszenario weder Über- noch Unterkapazität vorhanden ist.

In Anlehnung an die *ISD-Politik* und unter Verwendung eines *mehrdimensionalen Newsvendor-Ansatzes* gelangt Van Mieghem[15] zu Aussagen, die zu einem Umdenken bezüglich des Wertes von flexiblen Kapazitäten führen.

Neben den zuletzt genannten Arbeiten, welche explizit die *ISD-Politik* zu Grunde legen und auf dieser Basis weitere Problemstellungen untersuchen, existieren zahlreiche Arbeiten, die ausgehend von sehr unterschiedlichen Fragestellungen technisch ähnliche Ansätze, wie den bei Eberly und Van Mieghem vorliegenden, verwenden. Stets handelt es sich hierbei um mehrperiodige stochastisch-dynamische Modelle. Entsprechend der technischen Übereinstimmung kann in den Arbeiten ebenfalls die Optimalität der *ISD-Politik* aufgezeigt werden.

Narongwanich/Duenyas/Birge[16] untersuchen in einem aus der Automobilindustrie

---

[15] Vgl. Van Mieghem, J. A. (1998).

[16] Vgl. Narongwanich, W./Duenyas, I./Birge, J. R. (2002).

motivierten Ansatz den Einsatz von rekonfigurierbaren[17] Kapazitätsarten.

Allon/Zeevi[18] betrachten ein Unternehmen, welches sich in Monopolstellung befindet und neben der Kapazitätsentscheidung auch eine Preis- und Technologieentscheidung zu treffen hat. Insbesondere werden Zusammenhänge zwischen den beiden hauptsächlichen Entscheidungsvariablen, dem Preis und der Kapazität, untersucht.

Angelus/Porteus[19] untersuchen optimale Kapazitätsanpassungspolitiken im mehrperiodigen Kontext und beziehen hierbei die Möglichkeit mit ein, Kapazitätserhöhungsentscheidungen zeitlich verschieben zu können.

Weitere Arbeiten, welche sich durch große technische Analogien zur Arbeit von Eberly und Van Mieghem auszeichnen und dementsprechend stets die *ISD-Politik* als optimale Lösungsstruktur aufweisen, sind die Arbeiten von Ahn/Righter/Shantikumar[20], Xu/Li[21] und Li[22].

Eine wesentliche Annahme der Arbeit von Eberly und Van Mieghem, die auch allen technisch vergleichbaren Arbeiten zugrunde liegt, ist, dass Kapazitätsbeschaffung und Kapazitätsreduktion mit linearen Kosten- und Desinvestitionserlösfunktionen verbunden sind. Die vorliegende Diplomarbeit untersucht insbesondere, inwieweit optimale Politiken unter der Annahme nichtlinearer Kosten- und Desinvestitionserlösfunktionen nachgewiesen werden können. Es existieren zahlreiche Arbeiten, die der Kapazitätsbeschaffung gekrümmte Kostenfunktionen zugrunde legen. Atam-

---

[17] Rekonfigurierbarkeit von Kapazitäten wird als die Fähigkeit verstanden, diese auch für zukünftige Produktgenerationen nutzen zu können.
[18] Vgl. Allon, G./Zeevi, A. (2005).
[19] Vgl. Angelus, A./Porteus, E. L. (2003).
[20] Vgl. Ahn, H. S./Righter, R./Shantikumar, J. G. (2005).
[21] Vgl. Xu, S. H./Li. Z. (2005).
[22] Vgl. Li, Z. (2005) für ein einperiodiges Modell.

turk/Hochbaum[23] untersuchen neben streng konkaven Kostenfunktionen auch stückweise konkave Kostenfunktionen. Fong/Rao[24] und Giglio[25] nehmen ebenfalls konkave Kostenstrukturen an. Kapazitätsbeschaffung unter konvexen Kostenstrukturen wird beispielsweise bei Erkoc/Wu[26], Merz/Yashif[27], Hall[28] und Shapiro[29] untersucht.

Konvexe Beschaffungskosten werden ebenfalls in der Lagerhaltung thematisiert. Bellmann/Glicksberg/Gross[30] leiten im Kontext der mehrperiodigen Lagerhaltung die Form einer optimalen Politik unter dieser Annahme her. Diese Politik entspricht strukturell der in dieser Diplomarbeit hergeleiteten optimalen Politik im Einkapazitätsfall unter streng konvexen Kostenstrukturen für die Kapazitätsbeschaffung[31].

---

[23] Vgl. Atamturk, A./Hochbaum, D. S. (2001).
[24] Vgl. Fong, C. O./Rao, M. R. (1975).
[25] Vgl. Giglio, J. R. (1970).
[26] Vgl. Erkoc, M./Wu, S. D. (2004).
[27] Vgl. Merz, M./Yashif, E. (2003).
[28] Vgl. Hall, R. E. (2004).
[29] Vgl. Shapiro, M. D. (1986).
[30] Vgl. Bellmann, R./Glicksberg, J./Gross, O. (1955).
[31] Vgl. Abschnitt 5.1.

## 2.2 Darstellung des Ansatzes

In diesem Abschnitt wird der mehrperiodige Planungsansatz von Eberly und Van Mieghem sowohl beschreibend, als auch formalisiert dargestellt.

Ein Unternehmen besitzt eine endliche Anzahl an Kapazitäten, deren optimales Anpassungsverhalten unter wechselnden Umweltgegebenheiten in Form eines mehrperiodigen stochastisch-dynamischen Planungsansatzes untersucht wird[32]. Anpassung wird hierbei verstanden als eine Zuweisung neuer Niveaus der Kapazitäten durch eine Entscheidung. Kapazitätsniveaus können hierbei erhöht oder verringert werden, wobei eine Kapazitätserhöhung Kosten, eine Kapazitätsverringerung Desinvestitionserlöse verursacht.

Eberly und Van Mieghem[33] beschränken sich auf lineare Kosten- und Desinvestitionserlösfunktionen, wobei die konstanten Einheitskosten für zusätzliche Kapazitätseinheiten die Desinvestitionserlöse pro Einheit übersteigen[34]. Die Kostenfunktion und die Desinvestitionserlösfunktion werden im Folgenden zusammengefasst als Kontrollkostenfunktion bezeichnet.

Eine Verknüpfung der Perioden findet zum einen über die Kapazitätsentscheidung statt, hierbei bildet das in Periode $t$ angenommene Kapazitätsniveau das Anfangsniveau der Periode $t+1$, zum anderen sind die Perioden über einen stochastischen

---

[32] In dieser Diplomarbeit wird der Ansatz von Eberly und Van Mieghem als ein finiter Planungsansatz dargestellt. Unter wenig restriktiven zusätzlichen Voraussetzungen sind jedoch alle Ergebnisse auf den Fall unendlich vieler Perioden anwendbar. Vgl. Eberly, J. C./Van. Mieghem, J. A. (1997), S.360ff.

[33] Vgl. Eberly, J. C./Van Mieghem, J. A. (1997).

[34] Kapazitäten mit einer derartigen Kostenstruktur werden in der Literatur als *costly to reverse* bezeichnet und in der Regel über geringere Wiederverkaufserlöse für gebrauchte Kapazitäten motiviert.

Prozess miteinander verbunden. In jeder Periode realisiert sich hierbei ein Umweltzustand $\omega_t$, welcher verschiedene entscheidungsrelevante Parameter beeinflusst, die als Funktionen des eingetretenen Umweltzustandes angenommen werden. Es herrscht zwar Unsicherheit über Umweltzustände in zukünftigen Perioden, jedoch ist der eingetretene Umweltzustand der aktuellen Periode, und somit auch die Gesamtheit der stochastischen Parameter, zum Zeitpunkt der Kapazitätsentscheidung bekannt.

Damit wird Kapazität als perfekt reaktiv verstanden, nach Beobachtung der Umwelt wird diese sofort angepasst. Diese Annahme kann durchaus kritisch gesehen werden, da in der betrieblichen Realität eine Kapazitätsanpassung nur mit zeitlichen Verzögerungen möglich ist und somit auch für die aktuelle Periode *ex ante* stattfinden muss. So wird im folgenden Kapitel ein eigener mehrperiodiger Kapazitätsplanungsansatz vorgestellt, der aus dem Ansatz von Eberly und Van Mieghem hervorgeht, jedoch von einer schwächeren Informationslage ausgeht.

Zu Beginn der Periode $t$ ist das Unternehmen in Besitz des Anfangskapazitätsvektors $K_{t-1}$[35]. Nach der Beobachtung von $\omega_t$ wird die Kapazitätsentscheidung $K_t$ getroffen, die die anschließende Produktionsentscheidung[36] in Form eines zu lösenden linearen Programms[37] über eine Restriktion beeinflusst:

$$\begin{aligned}
&\max_{x_t \in \mathbb{R}_+^m} && p_t(\omega_t) \cdot x_t \\
&u.d.N. && A_t(\omega_t) \cdot x_t \leq K_t \\
& && x_t \leq D_t(\omega_t)
\end{aligned} \qquad (2.1)$$

---

[35] Der Vektor schließt alle Kapazitäten ein, wohingegen beispielsweise $K_{1,t-1}$ das Anfangskapazitätsniveau der Kapazität 1 darstellt.

[36] Produktions- und Kapazitätsentscheidung können in diesem Ansatz als zeitlich zusammenfallend betrachtet werden.

[37] Dieses lineare Programm wird auch von Harrison, J. M./Van Mieghem, J. A. (1999) beispielhaft angegeben.

Die Abbildung 2.1 soll das beschriebene Szenario verdeutlichen. Im Ansatz von Eberly und Van Mieghem kann Nachfrageunsicherheit $(D_t(\omega_t))$, Technologieunsicherheit $(A_t(\omega_t))$ und Preisunsicherheit $(p_t(\omega_t))$ eingebunden werden. Produktions- und Kapazitätsentscheidung fallen zeitlich *nach* Realisation der stochastischen Parameter an, wie der Abbildung zu entnehmen ist.

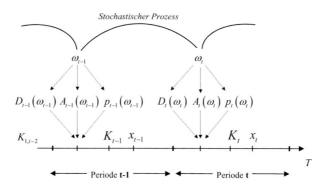

Abbildung 2.1: *Graphische Darstellung des Ansatzes von Eberly und Van Mieghem*

Das Modell von Eberly und Van Mieghem umfasst sowohl unabhängig agierende Kapazitäten als auch interagierende Kapazitäten, die beispielsweise zusammen ein Produkt fertigen. Die Form der Interaktion der Kapazitäten schlägt sich hierbei in der Struktur der Technologiematrix $A_t$ nieder. Die Funktion, die jeder Wahl von neuen Kapazitätsvektoren $K_t$ den Erlös bei Annahme der optimalen Lösung des linearen Programms (2.1) in Periode $t$ zuordnet, wird als operative Erlösfunktion $\pi_t(K_t, \omega_t)$ bezeichnet. Aus der linearen Programmierung ist bekannt, dass diese für alle $\omega_t \in \Omega$ konkav im Vektor $K_t$ ist[38].

Die Menge aller möglichen Umweltzustände ($\Omega$) ist hierbei periodenunabhängig, d.h. es gilt: $\omega_t \in \Omega \ \forall t \in \{1,...,T\}$.

---

[38] Vgl. Eberly, J. C./Van Mieghem, J. A. (1997), S. 349.

Durch eine Kapazitätsanpassung, also einer Änderung von $K_{t-1}$ auf $K_t$, werden pro Kapazität folgende Kontrollkosten verursacht:

$$C_{i,t}(K_{i,t-1}, K_{i,t}) - R_{i,t}(K_{i,t-1}, K_{i,t}) \qquad (2.2)$$
$$= c_{i,t} \cdot \left(K_{i,t} - K_{i,t-1}\right)^+ - r_{i,t} \cdot \left(K_{i,t-1} - K_{i,t}\right)^{+\ 39} \qquad i \in \{1, ..., N\}$$

Das Unternehmen ist im Besitz von $N$ Kapazitäten. $c_{i,t}$ bzw. $r_{i,t}$ stellen hierbei die konstanten Einheitskosten bzw. Desinvestitionserlöse pro Kapazitätseinheit dar. Die Gesamtkontrollkosten $C_t(K_{t-1}, K_t) - R_t(K_{t-1}, K_t)$ der getroffenen Entscheidung ergeben sich als Summe der Kontrollkosten aller Einzelkapazitäten.

In der letzten Periode $T$ verkauft das Unternehmen schließlich die bestehenden Kapazitäten und erhält dadurch einen Enderlös von $f(K_T, \omega_T)$ [40].

Das Unternehmen trifft Kapazitätsentscheidungen, die bezogen auf den zugrunde liegenden mehrperiodigen Ansatz optimal sind. Folglich gehen neben den Erlös- und Kontrollkostenaussichten der aktuellen Periode ($\pi_t, C_t, R_t$) auch die Erwartungen an alle zukünftige Perioden, gemäß eines Ansatzes aus der dynamischen Programmierung[41], in die Entscheidung ein.

Die Informationsgrundlage, auf deren Basis die Erwartungen an zukünftige Perioden gebildet werden, entsteht durch eine Filtrierung, also eine (zeitlich) aufsteigend geordnete Familie von Sigmaalgebren, die jeweils für das Wissen in der aktuellen Periode stehen[42]. Von Periode zu Periode erhält das Unternehmen hierbei eine zusätzliche Information in Form des eingetretenen Umweltzustandes.

---

[39] Wobei notationell gilt: $(x)^+ = \max(x, 0)$.

[40] $f(K_T, \omega_T)$ wird hierbei als konkav in $K_T$ angenommen.

[41] Vgl. Schneeweiß, Ch. (1974).

[42] Die bis zu einem Zeitpunkt prinzipiell beobachtbare Information wird üblicherweise durch eine Sigmaalgebra, eine mengentheoretische Struktur, beschrieben.

Demnach gilt: $F_{t+1} = F_t \cup \omega_t$ und $F_{t+1} \supset F_t$ für $t = 1,...,T$. Abbildung 2.2 soll die Filtrierung graphisch darstellen.

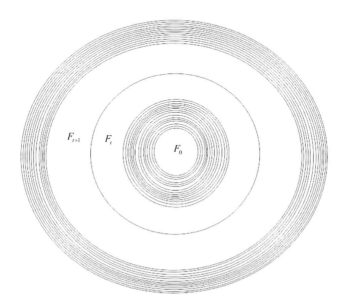

*Abbildung 2.2: Aufsteigend geordnete Familie von Sigmaalgebren*

$F_0$, als Wissen des Unternehmens vor Realisation des ersten Elementarereignisses, könnte als (eventuell vorhandenes) Wissen über die grundsätzlichen Strukturen des stochastischen Prozesses verstanden werden. Hierbei lässt die Arbeit von Eberly und Van Mieghem den Typus des herrschenden stochastischen Prozesses offen. Abhängig hiervon wird eine unterschiedlich große Teilmenge der in der Periode vorliegenden Informationen genutzt. Während beispielsweise bei einem Markovprozess erster Ordnung[43] in Periode $t$ nur $\omega_{t-1}$ und $F_0$ entscheidungsrelevant sind, könnten weitere

---

[43] Die Übergangswahrscheinlichkeiten hängen hierbei nur vom aktuellen Zustand, nicht von der Vorgeschichte ab. Vgl. Bauer, H. (1978) für weitere Ausführungen.

stochastische Prozesse betrachtet werden, bei welchen für Erwartungen an zukünftige Zustände beispielsweise alle seitherigen mit einzubeziehen sind.

Eine stochastische Abhängigkeit zwischen Perioden veranlasst das Unternehmen dazu Erwartungen an die Zukunft auf eine sich ändernde Menge von Informationen zu konditionieren. Die Periodenentscheidung besteht aus der operativen Komponente der Maximierung des Periodengewinns und einer strategischen Komponente, welche die Gewinnaussichten in allen zukünftigen Perioden in Abhängigkeit von der aktuellen Kapazitätsentscheidung berücksichtigt. Ein Diskontierungssatz $\tau$, mit Hilfe dessen der Gegenwartswert zukünftiger Zahlungen berechnet wird, gewichtet gewissermaßen beide Komponenten.

Für Probleme mit einer derartigen Gestalt untersucht die Arbeit von Eberly und Van Mieghem die Form der optimalen Politik. Diese Politik wird als *ISD-Politik* (Invest/Stayput/Disinvest) bezeichnet und stellt unabhängig von der numerischen Ausprägung des Problems eine generelle Lösungsstruktur dar[44].

Nachdem die genannte Arbeit verbal erläutert wurde, folgt nun deren Formalisierung.

In Periode $t$ ist das Unternehmen im Besitz des Anfangskapazitätsvektors $K_{t-1}$. Der aktuelle Umweltzustand $\omega_t$ ist bekannt und die optimale Erlösfunktion $\pi_t(\omega_t, K_t)$ als Repräsentant eines optimal gelösten linearen Programms steht fest.

Es wird eine Kapazitätsentscheidung getroffen, wobei lineare Kosten und Erlöse durch die Veränderung des Kapazitätsniveaus entstehen. Die Zuordnung eines Vektors $K_t$ zu allen möglichen Kombinationen aus $K_{t-1}$ und $\omega_t$ wird als Politik bezeichnet. Eine optimale Politik über die Perioden $t \in \{1,...,T\}$ stellt die optimale Strategie und damit die Zielgröße des Problems dar. Eine Politik wird hierbei genau

---

[44] In *Theorem 2* auf S. 353 wird die Optimalität der *ISD-Politik* aufgezeigt.

dann als optimal bezeichnet, wenn sie die Summe aus dem Gewinn der aktuellen Periode und dem erwarteten (diskontierten) Gewinn in allen zukünftigen Perioden maximiert.

Eine Politik $\kappa_t$ in Periode $t$ kann somit folgendermaßen als Funktion dargestellt werden:

$$\kappa_t : \mathbb{R}_+^n \times \Omega \to \mathbb{R}_+^n : (K_{t-1}, \omega_t) \to (K_t) \qquad (2.3)$$

Eine Investitionsstrategie ist die Beschreibung einer Politik für alle Perioden:

$$\varsigma = \left(\kappa_1(K_0, \omega_1), \kappa_2(K_1, \omega_2), \kappa_3(K_2, \omega_3), \ldots, \kappa_T(K_{T-1}, \omega_T)\right), \qquad (2.4)$$
$$= (K_1, K_2, K_3, \ldots, K_T)$$

Eine Investitionsstrategie $\varsigma_t$ ab Periode $t$ für $t > 1$ wird hierbei als partielle Investitionsstrategie bezeichnet.

Nun wird die oben verbal formulierte Miteinbeziehung von Gewinnen aus zukünftigen Perioden formalisiert. Anschließend wird die *Bellmann-Gleichung*, die den dynamischen Ansatz reflektiert, aufgestellt. Durch Umstellung dieser Gleichung erhält man die Kapazitätswertfunktion, welche die Repräsentation des mehrperiodigen Ansatzes in einem Optimierungsproblem ermöglicht.

Für den gegebenen Anfangskapazitätsvektor $K_{t-1}$ in Periode $t$ und bei Anwendung einer partiellen Investitionsstrategie $\varsigma_t$ erhält ein Unternehmen einen erwarteten (diskontierten) Gesamtgewinn, welcher durch die Gegenwartswertfunktion $v_t(K_{t-1}, \varsigma_t, \omega_t)$ bestimmt wird. Diese hängt zusätzlich vom eingetretenen Umweltzustand $\omega_t$ ab.

Die Gegenwartswertfunktion wird folgendermaßen definiert:

$$v_t(K_{t-1},\varsigma_t,\omega_t) = E\left[\sum_{\tau=t}^{T}\tau^{\tau-1}\left(\pi_\tau(K_\tau,\omega_t)-C_\tau(K_{\tau-1},K_\tau)+R_\tau(K_{\tau-1},K_\tau)\right)+\tau^{T+1-t}f(K_T,\omega_t)\big|F_t\right]$$

(2.5)

Die Entscheidung des Unternehmens in Periode $t$ ist hierbei auf die in Periode $t$ bekannten Informationen $F_t$ konditioniert.

Die Menge aller in Periode $t$ möglichen partiellen Investitionsstrategien wird als $P_t$ bezeichnet. Aus dieser Menge soll nun die optimale Strategie isoliert werden. Falls diese Strategie vom Unternehmen angewendet wird, erhält das Unternehmen einen Gewinn, welcher durch die optimale Wertfunktion quantifiziert wird. Die optimale Wertfunktion ordnet jedem Anfangskapazitätsvektor $K_{t-1}$ und in Periode $t$ eingetretenen Umweltzustand $\omega_t$ den erwarteten, über alle Perioden aufsummierten Gesamtgewinn, bei Anwendung der optimalen partiellen Investitionsstrategie[45] in Periode $t$ zu. Die optimale Wertfunktion bezüglich $P_t$ in Periode $t$ wird als $V_t(K_{t-1},\omega_t)$ bezeichnet:

$$V_t(K_{t-1},\omega_t) = \sup_{\varsigma_t \in P_t} v_t(K_{t-1},\varsigma_t,\omega_t)$$

(2.6)

Diese Funktion erfüllt die rekursiven Optimalitätsgleichungen, die aus der dynamischen Programmierung bekannt sind:

$$V_t(K_{t-1},\omega_t) = \sup_{\varsigma_t \in P_t}\left\{\pi_t(\omega_t,K_t)-C_t(K_{t-1},K_t)+R_t(K_{t-1},K_t)+\tau \cdot E\left(V_{t+1}(K_t)|F_t\right)(\omega_t)\right\}$$

$$V_{T+1}(K_T,\omega_{T+1}) = f(K_T,\omega_{T+1})$$

(2.7)

---

[45] Dies ist äquivalent dazu, dass in allen zukünftigen Perioden die optimale Politik angewendet wird.

Falls das obige Supremum durch die Anwendung einer einzigen Strategie erreicht wird, wird diese als *die* optimale Investitionsstrategie bezeichnet. Notwendig für die zu definierende Kapazitätswertfunktion sind die folgenden Eigenschaften der optimalen Wertfunktion: $V_t(K_{t-1}, \omega_t)$ ist konkav in $K_{t-1}$, stetig und differenzierbar für alle $t \in \{1,...,T\}$ [46].

Es folgt die Einführung der Kapazitätswertfunktion, die jedem Vektor aus möglichen Kapazitätsniveaus und eingetretenen Umweltzuständen in Periode $t$ einen reellen Wert zuweist, der sich aus den Erlösen der aktuellen Periode und den erwarteten aggregierten Gewinnen in allen zukünftigen Perioden additiv zusammensetzt. Die erwarteten Gewinne in zukünftigen Perioden werden mit Hilfe der optimalen Wertfunktion berechnet und stehen demnach unter der Annahme, dass in allen zukünftigen Perioden die optimale Politik angewendet wird.

Die Kapazitätswertfunktion $g_t : \mathbb{R}_+^n \times \Omega \to \mathbb{R}$ hat demnach die folgende Struktur:

$$g_t(K_t, \omega_t) = \pi_t(K_t, \omega_t) + \tau \cdot \mathrm{E}\left[V_{t+1}(K_t)\big|F_t\right](\omega_t) \tag{2.8}$$

Diese Funktion ist von entscheidender Bedeutung. Sie ist eine *geschlossen konkave*, also konkave[47], endliche und stetige Funktion. Mit Hilfe dieser Funktion kann in jeder Periode die optimale Kapazitätsentscheidung getroffen werden, da diese Funktion die Folgen einer Kapazitätsentscheidung im mehrperiodigen Kontext quantifiziert. Aussagen über optimale Kapazitätsanpassungsstrukturen im mehrperiodigen Modell können anhand dieser „handlichen" Funktion formuliert werden.

---

[46] Vgl. *Theorem 1* bei Eberly, J. C./Van Mieghem, J. A. (1997), S. 351ff.

[47] Diese Eigenschaft ergibt sich direkt durch Betrachtung der beiden konkaven Summanden, aus denen sich die Funktion zusammensetzt.

Um die optimale Kapazitätsentscheidung in Periode $t$ zu treffen, wird das folgende konkave[48] Optimierungsproblem gelöst:

$$\sup_{K_t} \left\{ g_t(K_t, \omega_t) - C_t(K_{t-1}, K_t) + R_t(K_{t-1}, K_t) \right\} \qquad (2.9)$$

Eberly und Van Mieghem nehmen lineare Kontrollkostenstrukturen an. Demnach kann das Optimierungsproblem auch folgendermaßen formuliert werden:

$$= \sup_{K_{1,t}, K_{2,t}, \ldots, K_{N,t}} \left\{ g_t(K_{1,t}, K_{2,t}, \ldots, K_{N,t}, \omega_t) - \sum_{i=1}^{N} c_{i,t} \cdot (K_{i,t} - K_{i,t-1})^+ + \sum_{i=1}^{N} r_{i,t} \cdot (K_{i,t-1} - K_{i,t})^+ \right\}$$

(2.10)

Im *Theorem 2*[49] der beschriebenen Arbeit wird aufgezeigt, dass für dieses Optimierungsproblem eine bestimmte Lösungsstruktur in Form einer optimalen Politik existiert.

Diese wird als *ISD-Politik* bezeichnet und wird im folgenden Abschnitt definiert und im Ein- und Mehrkapazitätsfall beschrieben.

---

[48] Die Konkavität des Optimierungsproblems folgt aus der Konkavität der Kapazitätswertfunktion. Die linearen Komponenten besitzen hierauf keinen Einfluss.
[49] Vgl. Eberly, J. C./Van Mieghem, J. A., (1996), S. 353.

## 2.3 Definition und Erläuterung der *ISD-Politik*

In diesem Abschnitt soll die *ISD-Politik* im Ein- und Mehrkapazitätsfall definiert und beschrieben werden. Sie stellt für den in Abschnitt 2.2 dargestellten Kapazitätsplanungsansatz die Struktur des optimalen Kapazitätsanpassungsverhaltens dar. Zudem besitzt diese Politik in weiteren mehrperiodigen Kapazitätsplanungsmodellen Optimalitätscharakter, wie aus Abschnitt 2.1 hervorgeht.

Bevor die *ISD-Politik* definiert wird, wird diese im Einkapazitätsfall graphisch dargestellt:

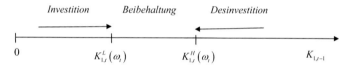

*Abbildung 2.3 Die ISD-Politik im Einkapazitätsfall*

Für alle möglichen Anfangskapazitätsniveaus $K_{1,t-1}$ der Kapazität 1 kann der optimale Anpassungsprozess durch diese Politik beschrieben werden:

Falls $K_{1,t-1} < K_{1,t}^L(\omega_t)$ bzw. $K_{1,t-1} > K_{1,t}^H(\omega_t)$ gilt, sollte eine Kapazitätsanpassung auf $K_{1,t}^L(\omega_t)$ bzw. $K_{1,t}^H(\omega_t)$ vorgenommen werden. Befindet sich das aktuelle Kapazitätsniveau jedoch zwischen diesen Grenzen ($K_{1,t}^L(\omega_t) \leq K_{1,t-1} \leq K_{1,t}^H(\omega_t)$), sollte dieses Niveau beibehalten werden ($K_{1,t} = K_{1,t-1}$).

Es existieren hierbei also zwei Grenzniveaus, auf welche im Falle einer Kapazitätsveränderung stets angepasst wird. Für Anfangskapazitätsniveaus im Bereich zwischen diesen Grenzen sollte optimalerweise keine Kapazitätsanpassung vorgenommen werden. Dieser Bereich existiert aufgrund der angenommenen *costly to reverse* - Eigenschaft der Kontrollkostenfunktion und wird als Kontinuitätsbereich bezeichnet. Im Falle $c_{1,t} = r_{1,t}$ reduziert sich dieser Bereich auf einen einzigen Punkt, der stets das optimale Kapazitätsniveau darstellt. Diese Form einer optimalen Politik existiert auch im Mehrkapazitätsfall.

Es folgt die Definition der *ISD-Politik* und deren Beschreibung im Mehrkapazitätsfall:

Eine Politik $\kappa_t$ in Periode $t \in \{1,...,T\}$ ist eine *ISD-Politik*, falls für alle Kapazitäten $i = 1,...,N$ zwei Funktionen $K_{i,t}^L\left(K_{(i),t-1},\omega_t\right)$[50] und $K_{i,t}^H\left(K_{(i),t-1},\omega_t\right)$ existieren, die folgendermaßen definiert sind: $K_{i,t}^H, K_{i,t}^H : \mathbb{R}_+^{n-1} \times \Omega \to \mathbb{R}_+$.

Zusätzlich sollten für diese Funktionen die hier aufgeführten Eigenschaften gelten:

1. $K_{i,t}^L\left(K_{(i),t-1},\omega_t\right) \leq K_{i,t}^H\left(K_{(i),t-1},\omega_t\right)$,

2. $K_{i,t}^L\left(K_{(i),t-1},\omega_t\right)$ und $K_{i,t}^H\left(K_{(i),t-1},\omega_t\right)$ sind von allen Anfangskapazitätsniveaus außer dem der *i*-ten Kapazität $K_{i,t-1}$ abhängig.

3. $\kappa_{i,t}\left(K_{t-1},\omega_t\right) = \begin{cases} K_{i,t}^L\left(K_{(i),t-1},\omega_t\right) & K_{i,t-1} < K_{i,t}^L\left(K_{(i),t-1},\omega_t\right) \\ K_{i,t}^H\left(K_{(i),t-1},\omega_t\right) & K_{i,t-1} > K_{i,t}^H\left(K_{(i),t-1},\omega_t\right) \\ K_{1,t-1} & \text{sonst} \end{cases}$

Insbesondere bei der Betrachtung des dritten Punktes der Definition wird die Struktur der *ISD-Politik* deutlich:

Im Mehrkapazitätsfall kann bei Kenntnis von $K_{t-1}$ und $\omega_t$ und bei gegebenen Grenzfunktionen $K_{i,t}^L\left(K_{(i),t-1},\omega_t\right)$ und $K_{i,t}^H\left(K_{(i),t-1},\omega_t\right)$ eine direkte Zuweisung des

---

[50] $K_{(i),t-1}$ stellt den Vektor $K_{t-1}$ ohne die i-te Komponente $K_{i,t-1}$ dar.

optimalen Vektors $K_t$ vorgenommen werden. Im Einkapazitätsfall sind die Grenzen $K_{1,t}^L(\omega_t)$ und $K_{1,t}^H(\omega_t)$ keine Funktionen, sondern reelle Werte. Die Einordnung von $K_{1,t-1}$ in Bezug auf diese Werte ergibt bei Kenntnis von $\omega_t$ eine direkte Anweisung zur Wahl von $K_{1,t}$. Im mehrdimensionalen Fall entsprechen diesen Werten Funktionen, die jedoch eine analoge „Fähigkeit" besitzen.

Der zweite Punkt der Definition beschreibt ebenfalls eine wesentliche Charakteristik der *ISD-Politik*: Der Verlauf der Grenzfunktionen einer Kapazität ist vom Anfangswert dieser Kapazität unabhängig, bestimmt aber nach Punkt drei der Definition deren Zielwert nach Anpassung.

Falls die Anfangskapazitätsvektoren bezüglich aller Grenzfunktionen dieselbe Lage besitzen, ist der konkrete Anfangskapazitätsvektor für die optimale Anpassung irrelevant. Dies ist ebenfalls im Einkapazitätsfall sichtbar, da beispielsweise alle Punkte, die sich in Abbildung 2.3 links der Grenze $K_{1,t}^L(\omega_t)$ befinden, optimalerweise gerade hierhin angepasst werden. Der konkrete Abstand zur Grenze hat keine Folgen. Der erste Punkt der Definition stellt hingegen eine sofort einsehbare Bedingung an die Grenzfunktionen.

In Abbildung 2.4 wird die *ISD-Politik* im Fall zweier Kapazitäten visualisiert. Anfangskapazitätstupel $(K_{1,t-1}, K_{2,t-1})$ und Kapazitätstupel nach optimaler Anpassung $(K_{1,t}, K_{2,t})$ sind bei einem bekannten $\omega_t$ in Form von Punkten im zweidimensionalen Koordinatensystem dargestellt. Anfangs- und Zieltupel der Anpassung sind durch Linien miteinander verbunden. Die eingezeichneten Pfeile sollen die Richtung der Kapazitätsanpassung verdeutlichen.

## 2. Der Ansatz von Eberly und Van Mieghem

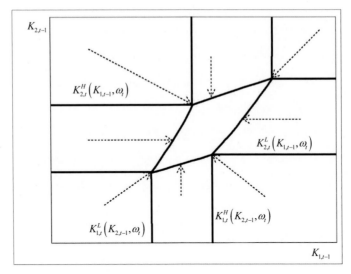

*Abbildung 2.4: Darstellung der ISD-Politik für zwei Kapazitäten*

Es wird deutlich, dass die eingezeichneten Grenzfunktionen $K_{1,t}^{L}(K_{2,t-1},\omega_{t})$, $K_{1,t}^{H}(K_{2,t-1},\omega_{t})$, $K_{2,t}^{L}(K_{1,t-1},\omega_{t})$ und $K_{2,t}^{L}(K_{1,t-1},\omega_{t})$ den $\mathbb{R}^{2}$ in neun Bereiche partitionieren, in denen eine ähnliche Kapazitätsanpassungshandlung durchgeführt wird. Außerhalb des Kontinuitätsbereiches erfolgt stets eine Anpassung auf den Rand dieses Bereiches. Für Anfangskapazitätstupel innerhalb des Kontinuitätsbereiches ist die Beibehaltung des aktuellen Kapazitätsniveaus optimal, da jede Kapazitätsveränderung negativ auf den Gewinn wirkt. In diesem Bereich sind die Kosten einer Kapazitätserhöhung höher als die hieraus resultierenden erwarteten Erlöse. Andererseits sind die Desinvestitionserlöse durch den Verkauf von Kapazitätseinheiten zu gering, um die damit verbundenen Mindereinnahmen auszugleichen.

Das Ausmaß der Irreversibilität in Form der Ausprägung der *costly to reverse*-Bedingung[51] der Kontrollkostenfunktion legt die Größe des Kontinuitätsbereiches

---

[51] Die Irreversibilität im Sinne einer Nichtumkehrbarkeit bzw. verlustbringenden Umkehrbarkeit der Kapazitätsentscheidung wächst mit dem Unterschied von Einheitskosten und Desinvestitionserlösen pro Kapazitätseinheit.

fest. Für $r_{1,t} = r_{2,t} = 0$ sind beide Kapazitäten vollkommen irreversibel und erworbene Kapazitätseinheiten werden unter keinen Umständen wieder verkauft. Ein Hystereseeffekt[52] tritt in stärkster Ausprägung auf.

Für $r_{1,t} = c_{1,t}$ und $r_{2,t} = c_{2,t}$ sind die Kapazitäten hingegen vollkommen reversibel und es findet, ausgehend von nahezu allen Anfangskapazitätstupeln eine Kapazitätsveränderung statt, da diese ohne Verursachung von Verlusten revidiert werden kann.

Der Verlauf der eingezeichneten Grenzfunktionen, die den Kontinuitätsbereich festlegen, hängt davon ab, inwieweit eine Interaktion zwischen den Kapazitäten stattfindet. Im komplementären Fall ist ein steigender Verlauf, im substitualen Fall ein fallender Verlauf gegeben[53].

Für Anfangskapazitätstupel auf einer Grenzfunktion am Rand des Kontinuitätsbereiches verursacht die Investition bzw. Desinvestition einer (marginalen) Kapazitätseinheit gerade einen (marginalen) Nullgewinn unter Konstanthaltung des aktuellen Niveaus der jeweils anderen Kapazität. Beispielsweise gilt für die erste Kapazität am Rand:

$$\frac{\partial g_t}{\partial K_{1,t}}(K_{1,t}^L, K_{2,t-1}, \omega_t) = c_{1,t} \quad \text{und} \quad \frac{\partial g_t}{\partial K_{1,t}}(K_{1,t}^H, K_{2,t-1}, \omega_t) = r_{1,t}{}^{54} \qquad (2.11)$$

---

[52] Hysterese bezeichnet das Fortdauern einer Wirkung nach dem Wegfall ihrer Ursache.
[53] Im komplementären bzw. substitualen Fall wird von positiven bzw. negativen gemischten Ableitungen der Kapazitätswertfunktion ausgegangen. Eberly und Van Mieghem verwenden hierfür die Begriffe supermodular bzw. submodular. Vgl. Eberly, J. C./Van Mieghem, J. A. (1997), S. 357.
[54] Notationell bedeutet $\frac{\partial f}{\partial x}(x_0)$ die Ableitung der Funktion $f$ an der Stelle $x_0$, wohingegen $\frac{\partial f(x)}{\partial x}$ die Ableitungsfunktion der Funktion $f$ beschreibt.

Der Kontinuitätsbereich kann für den Fall mit $N$ Kapazitäten folgendermaßen als zusammenhängende Menge[55] $S_t(\omega_t) \subset \mathbb{R}^n \ \forall \omega_t \in \Omega$ beschrieben werden:

$$S_t(\omega_t) = \left\{ K_t \in \mathbb{R}^n : r_t \leq \frac{\partial g_t}{\partial K_t}(K_t, \omega_t) \leq c_t \right\}\text{[56]} \qquad (2.12)$$

Ausgehend von Anfangskapazitätsvektoren außerhalb von $S_t(\omega_t)$ sollte eine Anpassung auf den Rand von $S_t(\omega_t)$ erfolgen. Ansonsten ist die Beibehaltung des Kapazitätsniveaus optimal.

Aus technischer Sicht kann festgestellt werden, dass die *ISD-Politik* eine Politik im „reinsten Sinne" darstellt und dementsprechend zu sehr präzisen Aussagen führt. Die beiden hierfür notwendigen Voraussetzungen sind gegeben:
Jeder Anfangskapazitätsvektor kann in eine Partition eingeteilt werden. Eine Partition ist hierbei dadurch definiert, dass für alle Anfangskapazitätsvektoren innerhalb der Partition dieselbe „Handlungsalternative" optimal ist. Beispielsweise ist in Abbildung 2.4 für alle Anfangskapazitätstupel, die sich durch ein sehr geringes Niveau bezüglich beider Kapazitäten auszeichnen, die Handlungsalternative *Erhöhung beider Kapazitätsniveaus* optimal.
Darüber hinaus weist die *ISD-Politik* jedem Anfangskapazitätstupel ein optimales Zieltupel zu. So ist es, ausgehend von den beschriebenen Anfangskapazitätstupeln optimal, ein und dasselbe Zieltupel anzunehmen.

In den folgenden Kapiteln wird aufgezeigt, dass insbesondere die Zuweisung von optimalen Zielkapazitätsvektoren zu allen möglichen Anfangskapazitätsvektoren nur

---

[55] Eine Menge heißt zusammenhängend, wenn sich zwei beliebige Punkte innerhalb der Menge durch eine Kurve innerhalb der Menge verbinden lassen.
[56] Vgl. Eberly, J. C./Van Mieghem, J. A. (1997), S. 355.

unter Annahme linearer Kontrollkostenstrukturen möglich ist. Demnach kann unter Zugrundelegung nichtlinearer Kontrollkostenstrukturen keine derart „reine Politik" formuliert werden.

Ebenfalls wird sich die Partitionierbarkeit der Menge der Anfangskapazitätsvektoren unter nichtlinearen Kontrollkosten im Verlauf dieser Arbeit als problematisch herausstellen.

## 2.4 Kritische Würdigung

Nach der Vorstellung des Planungsansatzes und der hierfür optimalen Form der Politik in den vorangegangenen Abschnitten folgt nun eine kritische Würdigung der Arbeit von Eberly und Van Mieghem. Abschnitt 2.4 enthält zudem einen Ausblick auf die weiteren Inhalte der vorliegenden Diplomarbeit.

Die Bedeutung der in Abschnitt 2.2 vorgestellten Arbeit ist insbesondere darauf zurückzuführen, dass die Optimalität der *ISD-Politik* für ein Modell nachgewiesen wird, welches sich durch eine sehr geringe Restriktivität bezüglich der zu untersuchenden Problemstellung auszeichnet.

Unterschiedliche stochastische Gegebenheiten sind in der Modellierung eingeschlossen. Sowohl Unsicherheit bezüglich den Systemkomponenten Nachfrage, Technologie und Preise, als auch verschiedene stochastische Abhängigkeiten zwischen Perioden können berücksichtigt werden. Dies unterstreicht insbesondere die breite Anwendbarkeit der Aussagen dieser Arbeit.

Ebenfalls werden keinerlei Restriktionen bezüglich der Interaktion zwischen den Kapazitäten gestellt. Kapazitäten agieren im einfachsten Fall unabhängig voneinander. Jedoch sind auch Interaktionen im positiven Sinne denkbar, wenn beispielsweise mehrere Kapazitäten zusammen Produkte fertigen. Ebenso können Kapazitäten auf negative Weise interagieren. Insbesondere in Kapitel 6 wird deutlich, dass dem Mehrkapazitätsfall ein deutlich höheres Maß an Komplexität zugeschrieben werden muss. Dies resultiert hauptsächlich aus den zahlreichen Interaktionsmöglichkeiten zwischen den Kapazitäten.

Die akademische Relevanz dieser Arbeit selbst und insbesondere der in dieser Arbeit eingeführten *ISD-Politik,* schlägt sich in den zahlreichen Arbeiten nieder, die als direkte Folgearbeiten der Arbeit von Eberly und Van Mieghem bezeichnet werden können. Wie in Abschnitt 2.1 angesprochen, existieren Arbeiten, die explizit auf der *ISD-Politik* aufbauen und diese in die gewählte Modellierung mit einbeziehen. Ebenfalls wird die Optimalität der *ISD-Politik* für weitere Problemstellungen in einigen Arbeiten nachgewiesen[57].

Aus Sicht der vorliegenden Diplomarbeit existiert die Möglichkeit, insbesondere in zwei Punkten an die Arbeit von Eberly und Van Mieghem anzusetzen:

Kapazitätsplanung wird in der Regel in die Klasse der taktisch-strategischen Entscheidungen eingeordnet. Auf diese folgt deren Umsetzung in der Form, dass beispielsweise Kapazitätseinheiten am Markt beschafft bzw. abgesetzt werden. Das angestrebte Kapazitätsniveau sollte spätestens dann zur Verfügung stehen, wenn der Kapazitätsbedarf der aktuellen Periode bekannt ist. Die im Ansatz von Eberly und Van Mieghem implizit getroffene Annahme, dass es zeitlich ausreichend ist, Kapazität erst bei Kenntnis aller stochastischen Parameter der aktuellen Periode - also *ex post* - zu erwerben, findet sich in der Praxis nicht wieder, da die Existenz von *lead times* berücksichtigt werden muss. Andere Arbeiten im Bereich der Kapazitätsplanung, wie beispielsweise die in Abschnitt 2.1 angesprochene Arbeit von Harrison und Van Mieghem[58], gehen deshalb von einer Kapazitätsentscheidung aus, die auch für die aktuelle Periode unter Unsicherheit stattfindet.

Hieraus motiviert wird in Kapitel 3 dieser Diplomarbeit ein stochastisch-dynamischer Kapazitätsplanungsansatz entwickelt, welcher von einer Kapazitätsentscheidung der

---

[57] Vgl. Abschnitt 2.1.
[58] Vgl. Harrison, J. M./Van Mieghem, J. A. (1999).

aktuellen Periode *vor* Kenntnis der stochastischen Parameter in dieser Periode ausgeht.

Die Kapazitätsentscheidung wird in diesem Ansatz demnach *ex ante*, auf Basis von Erwartungen an die aktuelle Periode und vor Realisation aller stochastischen Parameter getroffen.

Weiterhin wird hierbei von linearen Kosten- und Desinvestitionserlösfunktionen ausgegangen. Es wird aufgezeigt, dass auch unter einem derart modifizierten Informationsstand die *ISD-Politik* die optimale Lösungsstruktur darstellt.

Die Anwendbarkeit des Planungsmodells von Eberly und Van Mieghem auf weitere Gegebenheiten wird durch die strikte Annahme von linearen Kontrollkostenstrukturen verhindert. Auf alle in Abschnitt 2.1 aufgeführten Arbeiten, die Folgearbeiten des Ansatzes von Eberly und Van Mieghem darstellen, trifft dieser Kritikpunkt im selben Maße zu.

Die Erhöhung oder Reduktion des Kapazitätsniveaus kann mit unterschiedlichsten Kontrollkostenstrukturen verbunden sein, was in den Ansätzen nicht berücksichtigt wird. In diesem Punkt ist demnach eine deutliche Unflexibilität festzustellen.

Eine konkave Kostenfunktion kann für die Miteinbeziehung von Fixkosten und *economies of scale* in den Planungsprozess stehen[59].

Kapazität kann jedoch auch mit steigenden Einheitskosten behaftet sein. Beispielsweise sind bei Hightechkapazitäten oft technische Grenzen vorgegeben, deren Überschreitung mit sehr hohen Kosten verbunden ist. Konvexe Kostenfunktionen können zudem für *diseconomies of scale* stehen und werden in der Literatur intensiv untersucht.

---

[59] Vgl. die in Abschnitt 2.1 aufgeführten Arbeiten, die Kapazitätsniveauveränderungen unter nichtlinearen Kontrollkostenstrukturen betrachten.

Konkave Desinvestitionserlöse sind gemäß der Finanzierungstheorie beispielsweise dann gegeben, wenn Kapazität kreditfinanziert ist. Die Desinvestitionserlöse der ersten abgesetzten Kapazitätseinheiten sind höher, da hierdurch die Kredite, die mit hohem Zinssatz aufgenommen wurden, aufgelöst werden können.

Ebenfalls werden im Desinvestitionsfall in der Regel zunächst weniger rentable Kapazitäten (mit geringerem Verkaufserlös) reduziert, bevor ein Unternehmen rentablere und damit auch höherwertige Kapazitätseinheiten liquidiert. Einer solchen Situation kann mit Hilfe einer konvexen Desinvestitionserlösfunktion Rechnung getragen werden.

Unter nichtlinearen Kontrollkostenfunktionen stellt die *ISD-Politik* nicht die optimale Lösungsstruktur dar. Es stellt sich somit die Frage, ob auch unter diesen Bedingungen optimale Politiken oder zumindest Struktureigenschaften des Anpassungsprozesses für das Modell von Eberly und Van Mieghem nachgewiesen werden können.

Die Kapitel 5 und 6 untersuchen deshalb, inwieweit für dieses Planungsmodell der optimale Anpassungsprozess im Ein- und Mehrkapazitätsfall unter weiteren Kosten- und Desinvestitionserlösfunktionen strukturell beschrieben werden kann.

Notwendig zur Analyse von Struktureigenschaften mehrperiodiger Planungsmodelle ist jedoch deren Repräsentation in Form von Optimierungsproblemen. Unter Zugrundelegung linearer Kontrollkostenstrukturen ist dies möglich und wird von Eberly und Van Mieghem, wie auch in dem in Kapitel 3 zu findenden eigenen Planungsansatz, angewendet. Kapitel 4 als „Bindeglied" zeigt auf, dass eine solche Repräsentation auch unter Annahme von weiteren Kontrollkostenstrukturen möglich ist. Teilweise sind in diesem Fall jedoch zusätzliche Bedingungen notwendig.

Dies führt wiederum zu Optimierungsproblemen von ähnlicher Struktur wie im linearen Fall. Die Kapitel 5 und 6 greifen exakt diese Optimierungsprobleme auf und gelangen durch deren Analyse zur Struktur des optimalen Kapazitätsanpassungsprozesses im Planungsmodell von Eberly und Van Mieghem unter nichtlinearen Kontrollkostenstrukturen.

Kapitel 5 ist hierbei explizit dem Einkapazitätsfall gewidmet und leitet optimale Politiken für verschiedenartig gekrümmte Kosten- und Desinvestitionserlösfunktionen her. Jeweils wird die Menge der Anfangskapazitätsvektoren in Partitionen eingeteilt, worauf die Beschreibung von Struktureigenschaften des Anpassungsprozesses für alle Partitionen folgt.

Kapitel 6 untersucht den Mehrkapazitätsfall. Es werden in diesem Kapitel keine optimalen Politiken hergeleitet, da eine Partitionierung der Menge aller Anfangskapazitätsvektoren nicht analytisch nachgewiesen werden kann. Eine bewiesene Partitionierung stellt jedoch - aus Sicht dieser Arbeit - eine notwendige Voraussetzung für eine Politik dar.

Struktureigenschaften des Anpassungsprozesses werden jedoch auch im Mehrkapazitätsfall nachgewiesen.

Abbildung 2.5 stellt die strukturellen Zusammenhänge zwischen den folgenden Kapiteln graphisch dar.

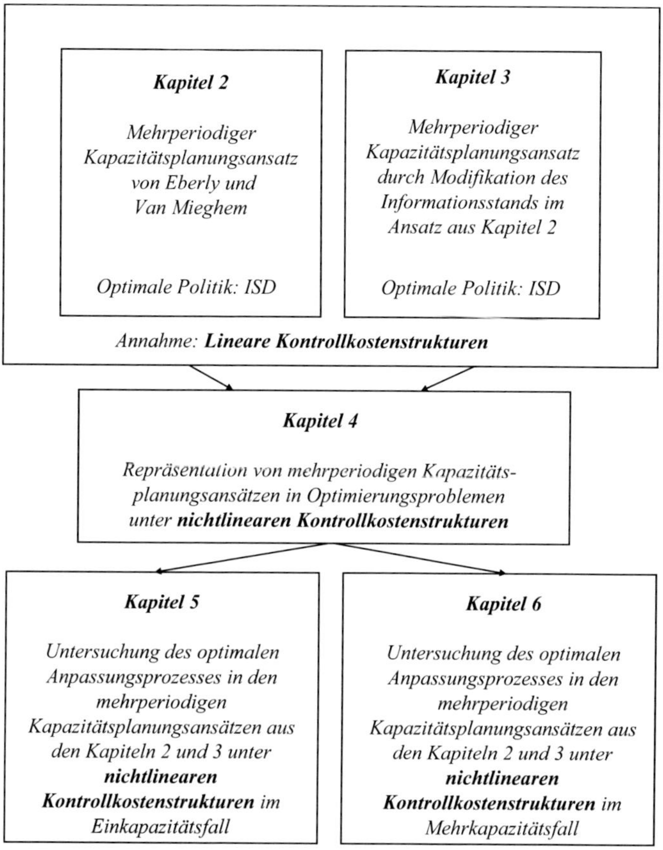

## 2. Der Ansatz von Eberly und Van Mieghem

**Kapitel 2**

Mehrperiodiger Kapazitätsplanungsansatz von Eberly und Van Mieghem

Optimale Politik: ISD

**Kapitel 3**

Mehrperiodiger Kapazitätsplanungsansatz durch Modifikation des Informationsstands im Ansatz aus Kapitel 2

Optimale Politik: ISD

Annahme: **Lineare Kontrollkostenstrukturen**

**Kapitel 4**

Repräsentation von mehrperiodigen Kapazitätsplanungsansätzen in Optimierungsproblemen unter **nichtlinearen Kontrollkostenstrukturen**

**Kapitel 5**

Untersuchung des optimalen Anpassungsprozesses in den mehrperiodigen Kapazitätsplanungsansätzen aus den Kapiteln 2 und 3 unter **nichtlinearen Kontrollkostenstrukturen** im Einkapazitätsfall

**Kapitel 6**

Untersuchung des optimalen Anpassungsprozesses in den mehrperiodigen Kapazitätsplanungsansätzen aus den Kapiteln 2 und 3 unter **nichtlinearen Kontrollkostenstrukturen** im Mehrkapazitätsfall

Abbildung 2.5: Zusammenhänge zwischen den folgenden Kapiteln

Der Abbildung 2.5 ist neben den schon verbal dargestellten Zusammenhängen noch folgendes zu entnehmen:

Die Kapitel 5 und 6 untersuchen das optimale Kapazitätsanpassungsverhalten im Ansatz von Eberly und Van Mieghem unter Zugrundelegung nichtlinearer Kontrollkostenstrukturen. In diesen Kapiteln wird ebenfalls (implizit) der in Kapitel 3 formulierte eigene Ansatz zur Kapazitätsplanung unter Zugrundelegung nichtlinearer Kontrollkostenstrukturen untersucht. Dies ist möglich, da dieser Ansatz mit dem von

Eberly und Van Mieghem technisch vergleichbar ist, wie im folgenden Kapitel aufgezeigt wird.

Dementsprechend beziehen sich die in den Kapiteln 5 und 6 formulierten Strukturaussagen stets auf *beide* Kapazitätsplanungsansätze.

# 3. Modifizierung des Informationsstands im Ansatz von Eberly und Van Mieghem

Die Erhöhung oder Reduktion des Kapazitätsniveaus ist in der betrieblichen Realität mit anfallenden *lead times* verbunden, die eine Kapazitätsentscheidung *vor* Kenntnis des Kapazitätsbedarfs der aktuellen Periode notwendig machen. Dieser Punkt wird jedoch im Ansatz von Eberly und Van Mieghem nicht berücksichtigt, da in diesem Ansatz die Kapazitätsentscheidung *nach* Realisation der stochastischen Parameter getroffen wird.

Auf einem, mit der Arbeit von Eberly und Van Mieghem technisch vergleichbaren Wege, wird in diesem Kapitel ein mehrperiodiger stochastisch-dynamischer Kapazitätsplanungsansatz hergeleitet. Dieser spiegelt, mit der dem Ansatz zugrunde gelegten Informationslage, insofern die betriebliche Realität wider, als dass die Kapazitätsentscheidung als taktisch-strategische Entscheidung verstanden wird: Das Kapazitätsniveau der aktuellen Periode muss unter Unkenntnis der den Kapazitätsbedarf bestimmenden stochastischen Parameter und damit *ex ante* getroffen werden.

Explizit ist diesem Kapitel das folgende Kapitel des Anhangs zugeordnet:
In Kapitel A.3.1. findet sich der Induktionsbeweis *Beweis A.3.1.1* zur Repräsentation von mehrperiodigen und optimal gelösten Planungsmodellen in Optimierungsproblemen.

Die Abbildung 3.1 stellt die beschriebene Problemstellung graphisch dar. Weiterhin kann Nachfrageunsicherheit $(D_t(\omega_t))$, Technologieunsicherheit $(A_t(\omega_t))$ und Preisunsicherheit $(p_t(\omega_t))$ mit einbezogen werden. Die stochastischen Parameter sind hierbei Funktionen des eingetretenen Umweltzustandes $\omega_t$.

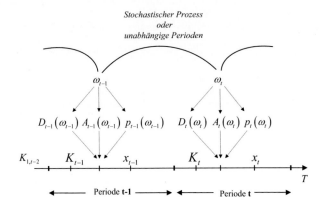

*Abbildung 3.1: Graphische Darstellung des Ansatzes von Eberly und Van Mieghem unter einem modifizierten Informationsstand*

Der Abbildung ist zu entnehmen, dass die Kapazitätsentscheidung zeitlich *vor* Realisation der stochastischen Parameter anfällt. Nach Realisation der stochastischen Parameter $p_t$, $A_t$ und $D_t$ folgt die Produktionsentscheidung, die wiederum als lineares Programm formuliert werden kann. Die Kapazitätsentscheidung $K_t$ determiniert die Produktionsentscheidung $x_t$ durch eine Restriktion.

$$\begin{aligned} &\max_{x_t \in \mathbb{R}_+^m} \quad p_t(\omega_t) \cdot x_t \\ &u.d.N \quad A_t(\omega_t) \cdot x_t \leq K_t \\ &\quad\quad\quad x_t \leq D_t(\omega_t) \end{aligned} \quad\quad (3.1)$$

In diesem Kapitel wird aufgezeigt, dass auch in einem mehrperiodigen Planungsmodell unter einem derart modifizierten Informationsstand die *ISD-Politik* die optimale

Lösungsstruktur darstellt. Dies ist maßgeblich darin begründet, dass auch in diesem Ansatz lineare Kontrollkostenstrukturen angenommen werden. Es ist ebenfalls möglich, eine konkave, stetige und differenzierbare Kapazitätswertfunktion herzuleiten.

Der Ansatz in diesem Kapitel steht gewissermaßen zwischen dem in Abschnitt 2.2 vorgestellten Ansatz und der Herangehensweise von Harrison und Van Mieghem[1]. Diese formulieren ein *zweistufiges stochastisch-dynamisches Programm mit recourse*. Im Anschluss an die Kapazitätsentscheidung erhält das Unternehmen eine zusätzliche Information in Form der Periodennachfrage, auf Basis derer dann die Produktionsentscheidung – als lineares Programm formuliert – folgt. Ein *mehrdimensionaler Newsvendor-Ansatz* wird aufgestellt, welcher eine graphisch-intuitive Darstellung der *ISD-Politik* auf Basis einer Abwägung von Schattenpreisen und marginalen Kontrollkosten ermöglicht.

Explizit berücksichtigen Harrison und Van Mieghem lediglich Nachfrageunsicherheit, wobei eine identische und dem Unternehmen bekannte Nachfrageverteilung in allen Perioden unterstellt wird. Periodenabhängigkeit ist demnach nicht auf stochastischer Ebene, sondern lediglich über die Kapazitätsentscheidung gegeben[2]. Auch in diesem Ansatz werden lineare Kontrollkostenstrukturen vorausgesetzt.

---

[1] Vgl. Harrison, J. M./Van Mieghem, J. A. (1999).
[2] Von Lagerhaltung, also einer weiteren Form der Periodenverknüpfung, wird auch in diesem Ansatz abgesehen.

Der in diesem Kapitel vorgestellte eigene Ansatz versucht Aspekte beider Planungsansätze zu integrieren:

Wie im Ansatz von Eberly und Van Mieghem sollte die Möglichkeit bestehen, neben Nachfrageunsicherheit auch Technologie- und Preisunsicherheit zu berücksichtigen.

Die Kapazitätsentscheidung sollte aus den vorgetragenen Argumenten *vor* Realisation aller stochastischen Parameter erfolgen[3].

Die Modellierung von über einen stochastischen Prozess verknüpften Perioden sollte im Ansatz berücksichtigt werden können. Ebenfalls sollte der Ansatz jedoch auf Problemstellungen anwendbar sein, in welchen unabhängige Perioden vorliegen.

Zunächst wird auf die letzte der genannten Anforderungen an den mehrperiodigen Planungsansatz eingegangen.

Unabhängigkeit bzw. Abhängigkeit zwischen Perioden schlägt sich in dem hier dargestellten Modell in der Form nieder, dass die Informationsgrundlage, auf die sich Kapazitätsentscheidungen stützen, festbleibt bzw. veränderlich ist. Im Fall unabhängiger Perioden enthalten alle eingetretenen Umweltzustände für das Unternehmen keine nutzbaren Informationen und ändern dessen Erwartungen an zukünftige Perioden nicht. Es wird in dieser Situation davon ausgegangen, dass dem Unternehmen alle zukünftigen Verteilungen von $\omega_t$ ($t = \{1,...,T\}$) vorliegen. Ebenfalls sind die Abhängigkeiten der stochastischen Parameter von $\omega_t$ bekannt. Das entscheidungsrelevante Wissen wird, um Unterschiede in der Modellierung auch notationell wieder zu finden, als $F_0$ bezeichnet. Auf $F_0$ konditioniert das Unternehmen sowohl die Erwartungen

---

[3] Weitere Autoren, die die Optimalität der *ISD-Politik* für mehrperiodige Kapazitätsplanungsansätze aufzeigen, gehen von einer vergleichbaren Informationslage aus. Vgl. hierzu: Harrison, J. M./Van Mieghem, J. A. (1999), Allon, G./Zeevi, A. (2005), Angelus, A./Porteus, E. L. (2003) und Narongwanich, W./Duenyas, I./Birge, J. R. (2002).

bezüglich des eintretenden Umweltzustandes der aktuellen Periode, als auch die Erwartungen bezüglich der eintretenden Umweltzustände in allen zukünftigen Perioden.

Falls ein stochastischer Prozess gegeben ist, der die Abhängigkeit der Umweltzustände zwischen den Perioden darstellt, ändert sich (in der Regel) die Informationsgrundlage auf Basis derer Kapazitätsentscheidungen getroffen werden. Wie im vorigen Abschnitt kann die Menge aller bis zu einer Periode beobachtbaren Informationen durch $F_t$ in einer aufsteigend geordneten Familie von Sigmaalgebren dargestellt werden. Welche Teilmenge hieraus jeweils entscheidungsrelevant ist, hängt wiederum vom konkreten stochastischen Prozess ab. Ebenfalls wird vorausgesetzt, dass Zusammenhänge zwischen Umweltzuständen und stochastischen Parametern bekannt sind.

$\pi_t(K_t, \omega_t)$ stellt weiterhin den (für alle $\omega_t \in \Omega$) in $K_t$ konkaven Repräsentanten des optimal gelösten linearen Programms (3.1) dar.

Die erwartete operative Erlösfunktion $\Pi_t(K_t)$ bildet sich als Erwartungswertfunktion von $\pi_t$ bezüglich $\omega_t$ [4] und ist im Fall unabhängiger Perioden auf $F_0$, bei abhängigen Perioden auf $F_t$, konditioniert. In jedem Fall ist diese Funktion konkav in $K_t$, da die Erwartungswertfunktion einer konkaven Funktion stets konkav ist[5].

$\Pi_t(K_t) = E\left[\pi_t(K_t, \omega_t) | F_0\right]$ bzw. $\Pi_t(K_t) = E\left[\pi_t(K_t, \omega_t) | F_t\right]$ beschreiben dementsprechend die Erlösaussichten der aktuellen Periode in Abhängigkeit vom gewählten Kapazitätsvektor.

---

[4] Diese Funktion ist stetig und differenzierbar falls $\omega_t$ stetig verteilt ist, wie bei Harrison, J. M./Van Mieghem, J. A. (1999) auf S. 21 zu finden ist. Dort wird eine ähnliche Erwartungswertbildung unter Nachfrageunsicherheit vorgenommen.

[5] Aus der Konkavität von $\pi_t(K_t, \omega_t)$ für alle $\omega_t \in \Omega$ folgt für $\Pi_t(K_t) = \int (\pi_t(K_t, \omega_t)) d\omega_t$ mit $\dfrac{\partial^2 \Pi_t(K_t, \omega_t)}{\partial K_t^2} = \int \dfrac{\partial^2 \pi_t(K_t, \omega_t)}{\partial K_t^2} d\omega_t$ aufgrund des negativen Integranden die Negativität der zweiten Ableitung und damit die Konkavität.

Im Folgenden wird nicht mehr zwischen abhängigen und unabhängigen Perioden unterschieden, da stets beide Fälle eingeschlossen sind. Die Menge der Informationen, auf welche Entscheidungen konditioniert werden, wird schlicht als $F$ bezeichnet[6].

Es folgt nun die Formalisierung des verbal dargestellten Ansatzes. Diese orientiert sich an der in Abschnitt 2.2 dargestellten Formalisierung des Ansatzes von Eberly und Van Mieghem.

Die Kapazitätsentscheidung der aktuellen Periode bezieht die zukünftigen Perioden mit ein, indem erwartete (diskontierte) Gewinnaussichten unter der Annahme berücksichtigt werden, dass in allen zukünftigen Perioden die optimale Politik angewendet wird. Politik wird im Folgenden als Zuweisung optimaler neuer Kapazitätsniveaus auf Basis von Anfangskapazitätsniveaus verstanden und ist nicht mehr vom eingetretenen Umweltzustand der Periode abhängig, da dieser zum Entscheidungszeitpunkt unbekannt ist.

Eine Politik $\kappa_t$ in Periode $t$ ist dementsprechend folgendermaßen definiert:

$$\kappa_t : \mathbb{R}_+^n \to \mathbb{R}_+^n : (K_{t-1}) \to (K_t) \tag{3.2}$$

Eine Investitionsstrategie ist weiterhin die Beschreibung einer Politik für alle Perioden:

$$\begin{aligned}\varsigma &= \left(\kappa_1(K_0), \kappa_2(K_1), \kappa_3(K_2), \ldots, \kappa_T(K_{T-1})\right), \\ &= (K_1, K_2, K_3, \ldots, K_T)\end{aligned} \tag{3.3}$$

Auch in diesem Ansatz wird eine Investitionsstrategie $\varsigma_t$ ab Periode $t$ für $t > 1$ als partielle Investitionsstrategie bezeichnet.

---

[6] Messbarkeit bezüglich der jeweiligen Sigmaalgebra wird auch in diesem Ansatz vorausgesetzt.

## 3. Modifizierung des Informationsstands im Ansatz von Eberly und Van Mieghem

Gemäß einem dynamischen Ansatz werden erwartete Gewinne aus zukünftigen Perioden in die Kapazitätsentscheidung der aktuellen Periode mit einbezogen. Vor der Formulierung der *Bellmann-Gleichung*, aus welcher durch Umstellung die Kapazitätswertfunktion hervorgeht, werden zwei hierfür notwendige Funktionen definiert: die Gegenwartswertfunktion $v_t(K_{t-1}, \varsigma_t)$ und die optimale Wertfunktion $V_t(K_{t-1})$. Die optimale Wertfunktion stellt die zentrale Komponente der *Bellmann-Gleichung* dar. Auch unter den Annahmen, die diesem Ansatz zugrunde liegen, kann gezeigt werden, dass diese Funktion konkav in $K_{t-1}$ ist.

Entsprechend wird das aus der Arbeit von Eberly und Van Mieghem bekannte „zweischrittige Vorgehen" angewendet: Zunächst erfolgt die Herleitung der Kapazitätswertfunktion. Daraufhin wird das mehrperiodige Planungsmodell in einem Optimierungsproblem repräsentiert, durch dessen Analyse strukturelle Aussagen über den optimalen Kapazitätsanpassungsprozess möglich sind.

Die Gegenwartswertfunktion $v_t(K_{t-1}, \varsigma_t)$ ordnet dem gegebenen Anfangskapazitätsvektor $K_{t-1}$ in Periode $t$ einen erwarteten (diskontierten) Gesamtgewinn in Abhängigkeit der angewendeten partiellen Investitionsstrategie $\varsigma_t$ zu, wobei lineare Kontrollkostenstrukturen angenommen werden. $v_t(K_{t-1}, \varsigma_t)$ hängt nun nicht mehr vom eingetretenen Umweltzustand $\omega_t$ ab[7].

$$v_t(K_{t-1}, \varsigma_t) = \mathrm{E}\left[\sum_{\tau=t}^{T} \tau^{\tau-1}\left(\Pi_\tau(K_\tau) - C_\tau(K_{\tau-1}, K_\tau) + R_\tau(K_{\tau-1}, K_\tau)\right) + \tau^{T+1-t} f(K_T)\big|F\right]$$
(3.4)

$P_t$ beschreibt auch in diesem Ansatz die Menge aller in Periode $t$ möglichen partiellen Investitionsstrategien. Falls die optimale Strategie aus dieser Menge angewendet

---
[7] Wiederum verkauft das Unternehmen in der letzten Periode alle Kapazitäten und erhält hierdurch einen Enderlös von $f(K_T)$. $f(K_T)$ wird hierbei ebenfalls als konkav in $K_T$ angenommen.

wird, erhält das Unternehmen einen Gewinn, der durch die optimale Wertfunktion $V_t(K_{t-1})$ bestimmt wird. $V_t(K_{t-1})$ ist nun ebenfalls nicht mehr vom eingetretenen Umweltzustand $\omega_t$ abhängig. Die optimale Wertfunktion ordnet jedem Anfangskapazitätsvektor $K_{t-1}$ den erwarteten, über alle Perioden aufsummierten Gesamtgewinn bei Anwendung der optimalen partiellen Investitionsstrategie in Periode $t$ zu. Die optimale Wertfunktion hat die folgende Gestalt:

$$V_t(K_{t-1}) = \sup_{\varsigma_t \in P_t} v_t(K_{t-1}, \varsigma_t) \tag{3.5}$$

Diese Funktion stellt die zentrale Komponente der *Bellmann-Gleichung* dar:

$$\begin{aligned}V_t(K_{t-1}) &= \sup_{\varsigma_t \in P_t}\left\{E\left[\pi_t(K_t,\omega_t)|F\right] - C_t(K_{t-1},K_t) + R_t(K_{t-1},K_t)) + \tau \cdot E(V_{t+1}(K_t)|F)\right\} \\ &= \sup_{\varsigma_t \in P_t}\left\{\Pi_t(K_t) - C_t(K_{t-1},K_t) + R_t(K_{t-1},K_t)) + \tau \cdot E(V_{t+1}(K_t)|F)\right\} \\ V_{T+1}(K_T) &= f(K_T)\end{aligned} \tag{3.6}$$

In Kapitel A.3.1 des Anhangs findet sich der *Beweis A.3.1.1*, welcher mittels Induktion und unter Verwendung eines Lemmas von *Heyman und Sobel*[8] die Konkavität der optimalen Wertfunktion in $K_{t-1}$ nachweist[9]. Ebenfalls wird in *Beweis A.3.1.1* die Stetigkeit und Differenzierbarkeit der optimalen Wertfunktion nachgewiesen. Dieser Beweis ist insbesondere für Kapitel 4 und die dort untersuchte Repräsentation von mehrperiodigen Planungsmodellen in Optimierungsproblemen unter nichtlinearen Kostenstrukturen zentral.

---

[8] Vgl. Heyman, D./Sobel, M. (1984).

[9] Die technische Vorgehensweise in diesem Beweis orientiert sich an der, die Eberly und Van Mieghem im Beweis von *Theorem 1* anwenden. Vgl. Eberly, J. C./Van Mieghem, J. A. (1997), S. 351.

Die optimale Wertfunktion (3.5) in diesem mehrperiodigen Ansatz hat demnach dieselben Eigenschaften wie im Ansatz von Eberly und Van Mieghem.

Als nächster Schritt muss nun die Repräsentation des Ansatzes in einem Optimierungsproblem erfolgen. Hierzu wird wiederum eine Kapazitätswertfunktion definiert. Diese weist jedem Vektor aus möglichen Kapazitätsniveaus in Periode $t$ einen reellen Wert zu, welcher sich aus den erwarteten Erlösen der aktuellen Periode und den erwarteten Gewinnen in allen zukünftigen Perioden additiv zusammensetzt.

Die Kapazitätswertfunktion $g_t : \mathbb{R}_+^n \to \mathbb{R}$ besitzt nun die folgende Struktur:

$$g_t(K_t) = E\left[\pi_t(K_t)|F\right] + \tau \cdot E\left(V_{t+1}(K_t)|F\right) = \Pi_t(K_t) + \tau \cdot E\left(V_{t+1}(K_t)|F\right) \quad (3.7)$$

Die Kapazitätswertfunktion in diesem Ansatz ist, im Unterschied zu der Kapazitätswertfunktion, die von Eberly und Van Mieghem hergeleitet wird, nicht von $\omega_t$ abhängig. Sie ist jedoch ebenfalls konkav in $K_t$, da sie eine Summe aus zwei in $K_t$ konkaven Funktionen darstellt. Erwartete zukünftige Gewinne werden hierbei durch die optimale Wertfunktion berechnet und stehen demnach unter der Annahme, dass in allen zukünftigen Perioden die optimale Politik angewendet wird.

Die (bezogen auf die mehrperiodige Gesamtproblemstellung) optimale Kapazitätsentscheidung in Periode $t$ kann durch Lösen des folgenden Optimierungsproblems errechnet werden:

$$\sup_{K_t} \left\{g_t(K_t) - C_t(K_{t-1}, K_t) + R_t(K_{t-1}, K_t)\right\} \quad (3.8)$$

Somit können durch Analyse dieses Optimierungsproblems Aussagen über die Struktur des optimalen Kapazitätsanpassungsverhaltens gemacht werden.

Weiterhin werden lineare Kontrollkostenstrukturen angenommen. Das Optimierungsproblem lässt sich somit auch folgendermaßen darstellen:

$$\sup_{K_{1,t},K_{2,t},...,K_{N,t}} \left\{ g_t\left(K_{1,t},K_{2,t},...,K_{N,t}\right) - \sum_{i=1}^{N} c_{i,t} \cdot (K_{i,t} - K_{i,t-1})^+ + \sum_{i=1}^{N} r_{i,t} \cdot (K_{i,t-1} - K_{i,t})^+ \right\} \quad (3.9)$$

Beim Vergleich des Optimierungsproblems (3.9) mit dem Optimierungsproblem (2.10) aus Abschnitt 2.2 fällt Folgendes auf:

Lediglich durch die veränderte Struktur der Kapazitätswertfunktion unterscheiden sich beide Probleme. Die Kapazitätswertfunktion $g_t(K_t)$, die diesem Kapitel zugrunde liegt, ist im Gegensatz zu der in der Arbeit von Eberly und Van Mieghem hergeleiteten Kapazitätswertfunktion $g_t(K_t,\omega_t)$ nicht vom eingetretenen Umweltzustand $\omega_t$ der aktuellen Periode abhängig. Bezogen auf die aktuelle Periode ordnet sie der getroffenen Kapazitätsentscheidung *erwartete* Erlöse zu, während die bei Eberly und Van Mieghem formulierte Kapazitätswertfunktion der Kapazitätsentscheidung und einem eingetretenen Umweltzustand *sichere* Erlöse zuordnet.

Das Lösen des jeweiligen Optimierungsproblems muss in beiden Ansätzen zur optimalen Kapazitätsentscheidung in der aktuellen Periode führen. Jedoch ist zum Zeitpunkt der Kapazitätsentscheidung der Umweltzustand der aktuellen Periode im Ansatz von Eberly und Van Mieghem bekannt. Nach Realisation von $\omega_t$ kann auch „deren Kapazitätswertfunktion" $g_t(K_t,\omega_t)$ als $g_t(K_t)$ formuliert werden. $g_t(K_t,\omega_t)$ wird in Abschnitt 2.2 als konkav in $K_t$ für alle eingetretenen Umweltzustände $\omega_t \in \Omega$ angenommen. Somit entsprechen sich beide Ansätze technisch im

Hinblick auf das Optimierungsproblem, durch welches die mehrperiodigen Planungsmodelle repräsentiert werden können.

Dementsprechend stellt die *ISD-Politik* auch für den in diesem Kapitel dargestellten Planungsansatz die Form der optimalen Politik dar. Somit können die relevanten Aussagen der Arbeit von Eberly und Van Mieghem direkt übernommen werden.

Als technisch entscheidender Schritt stellt sich wiederum die Repräsentation des mehrperiodigen Planungsmodells in einem Optimierungsproblem heraus. Insbesondere ist zu bemerken, dass dies auch unter dem in diesem Kapitel angenommen Informationsstand möglich ist[10].

Die *ISD-Politik* ist, wie in Abschnitt 2.3 dargestellt, eine Politik im „reinsten Sinne" und führt zu einer sehr detaillierten Beschreibung des optimalen Anpassungsprozesses. Die Menge aller möglichen Anfangskapazitätsvektoren wird hinsichtlich der optimalerweise auszuführenden Handlungsalternative partitioniert, worauf eine Zuweisung optimaler Zielkapazitätsvektoren für alle Anfangskapazitätsvektoren erfolgt.

Die Relevanz der *ISD-Politik* als Lösungsstruktur für mehrperiodige Planungsmodelle unter linearen Kosten- und Desinvestitionserlösstrukturen wird weiter bestätigt. Diese Form der optimalen Politik gilt auch in diesem Ansatz unabhängig von den zahlreichen Interaktionsmöglichkeiten zwischen den Kapazitäten.

Deutliche Einschränkungen der Anwendbarkeit des in diesem Kapitel vorgestellten Planungsmodells sind wiederum durch die Annahme linearer Kosten- und Desinvestitionserlösstrukturen gegeben. Nichtlineare Kontrollkostenfunktionen sind in der betrieblichen Realität durchaus relevant, wie in Abschnitt 2.4 argumentiert wird.

---

[10] Vgl. *Beweis A.3.1.1* in Kapitel A.3.1 des Anhangs.

Ebenso finden sich in Abschnitt 2.1 zahlreiche Autoren, die von gekrümmten Kosten- und Desinvestitionserlösstrukturen für Kapazität ausgehen.

Entsprechend lohnt die Untersuchung, inwieweit Aussagen über den optimalen Anpassungsprozess, bei Zugrundelegung des Planungsmodells von Eberly und Van Mieghem und des in diesem Kapitel vorgestellten Planungsmodells unter nichtlinearen Kontrollkostenstrukturen möglich sind. Das Kapitel 4 legt für diese Analyse insofern die Grundlage, als dass dort untersucht wird, inwieweit mehrperiodige Planungsmodelle unter nichtlinearen Kontrollkostenstrukturen in Optimierungsproblemen repräsentiert werden können, deren Strukturanalyse zur Beschreibung von optimalen Anpassungsprozessen führt.

# 4. Repräsentation von mehrperiodigen Planungsmodellen in Optimierungsproblemen unter nichtlinearen Kosten- und Desinvestitionserlösstrukturen

Dieses kurze, aber für die weitere Arbeit zentrale Kapitel, soll die Grundlage dafür schaffen, dass das optimale Kapazitätsanpassungsverhalten in den mehrperiodigen Kapazitätsplanungsmodellen aus den Kapiteln 2 und 3 auch unter nichtlinearen Kosten- und Desinvestitionserlösstrukturen untersucht werden kann. Es wird aufgezeigt, unter welchen Bedingungen eine Repräsentation der Planungsmodelle in Optimierungsproblemen auch unter verallgemeinerten Kontrollkostenstrukturen möglich ist.

Die Analyse von Optimierungsproblemen führt auch unter nichtlinearen Kontrollkostenstrukturen zu Struktureigenschaften des optimalen Kapazitätsanpassungsprozesses. Die Optimierungsprobleme werden deshalb in den Kapiteln 5 und 6 eingehend untersucht.

Die weiteren Ausführungen, sowohl in diesem wie auch in den weiteren Kapiteln, beschränken sich notationell auf Aussagen zum Planungsansatz aus Kapitel 3. Der Planungsansatz kann technisch als vergleichbar zum Ansatz von Eberly und Van Mieghem aufgefasst werden, wobei die relevanten Funktionen in diesem Ansatz, insbesondere die Kapazitätswertfunktion $g_t(K_t, \omega_t)$, stets zusätzlich vom eingetretenen Umweltzustand $\omega_t$ abhängig sind. Jedoch besitzen die Funktionen in diesem Ansatz für alle möglichen Umweltzustände $\omega_t \in \Omega$ dieselben Eigenschaften wie die Funktionen aus dem Ansatz in Kapitel 3. Da der Umweltzustand im Ansatz von Eberly und Van Mieghem im Entscheidungszeitpunkt stets als bekannt vorausgesetzt wird, liegen gewissermaßen auch hier Funktionen vor, die nicht mehr in Abhängigkeit vom aktuellen Umweltzustand formuliert werden müssen. Die Kapazitätswertfunktion wird deshalb im Weiteren mit $g_t(K_t)$ bezeichnet und ist auf beide dargestellte Planungsansätze bezogen.

Bevor die Analyse der Repräsentationsmöglichkeit unter nichtlinearen Kontrollkostenstrukturen erfolgt, wird die entsprechende Problemstellung unter linearen Strukturen thematisiert. In beiden bisher vorgestellten Planungsansätzen ist technisch die folgende zweistufige Vorgehensweise erkennbar:

1. Zunächst wird der mehrperiodige Ansatz in einem Optimierungsproblem dargestellt. Dies erfolgt durch Herleitung einer in $K_t$ konkaven Funktion, die als Kapazitätswertfunktion bezeichnet wird. Diese Funktion ordnet der in der aktuellen Periode getroffenen Kapazitätsentscheidung Erlöse[1] und erwartete Gewinne in allen zukünftigen Perioden unter der Annahme zu, dass in allen zukünftigen Perioden die optimale Politik angewendet wird. Durch Subtraktion der (linearen) Kostenfunktion und Addition der (linearen) Desinvestitionserlösfunktion erhält man das folgende konkave Optimierungsproblem, welches das mehrperiodige Planungsproblem repräsentiert.

$$\sup_{K_t} \left\{ g_t(K_t) - C_t(K_{t-1}, K_t) + R_t(K_{t-1}, K_t) \right\} \qquad (4.1)$$

$$= \sup_{K_{1,t}, K_{2,t}, \ldots, K_{N,t}} \left\{ g_t(K_{1,t}, K_{2,t}, \ldots, K_{N,t}) - \sum_{i=1}^{N} c_{i,t} \cdot (K_{i,t} - K_{i,t-1})^+ + \sum_{i=1}^{N} r_{i,t} \cdot (K_{i,t-1} - K_{i,t})^+ \right\}$$

---

[1] Wie im letzten Kapitel bemerkt, ordnet die Kapazitätswertfunktion aus Kapitel 3, bezogen auf die aktuelle Periode, der Kapazitätsentscheidung *erwartete* Erlöse zu, während die von Eberly und Van Mieghem formulierte Funktion der Kapazitätsentscheidung und einem eingetretenen Umweltzustand *sichere* Erlöse zuordnet.

2. Daraufhin wird dieses Optimierungsproblem auf Struktureigenschaften der optimalen Lösung untersucht. Im Ein- und Mehrkapazitätsfall ergibt sich die *ISD-Politik* als Form der optimalen Politik.

Die Kapazitätswertfunktion im Planungsansatz aus Kapitel 3 hat die folgende Gestalt[2]:

$$g_t(K_t) = \Pi_t(K_t) + \tau \cdot E(V_{t+1}(K_t)|F_t) \qquad (4.2)$$

Diese Funktion setzt sich demnach additiv aus der erwarteten operativen Erlösfunktion der Periode und der optimalen Wertfunktion zusammen.

Die Funktionskomponente der optimalen Wertfunktion bezieht die Folgen der aktuellen Kapazitätsentscheidung auf Gewinne in zukünftigen Perioden mit ein. Diese Funktion wird in *Beweis A.3.1.1* als konkav in $K_t$, stetig und differenzierbar nachgewiesen, wobei die Kosten- und Desinvestitionserlösfunktionen dort als linear angenommen werden. Somit sichert dieser Beweis letztlich die Möglichkeit, mit Hilfe des Optimierungsproblems (4.1) eine Kapazitätsentscheidung zu treffen, die bezogen auf die mehrperiodige Gesamtproblemstellung optimal ist. Es soll demnach im Folgenden untersucht werden, ob auch unter Annahme nichtlinearer Kontrollkostenstrukturen eine optimale Wertfunktion mit denselben Funktionseigenschaften hergeleitet werden kann. Hierauf folgend kann direkt die Kapazitätswertfunktion formuliert werden, indem die Summe aus optimaler Wertfunktion und der erwarteten operativen Erlösfunktion gebildet wird, wobei die Funktionseigenschaften der erwarteten

---

[2] Im Ansatz von Eberly und Van Mieghem wird die folgende Form der Kapazitätswertfunktion hergeleitet: $g_t(K_t, \omega_t) = \pi_t(K_t, \omega_t) + \tau \cdot E\left[V_{t+1}(K_t)|F_t\right](\omega_t)$.
Diese kann für gegebenes $\omega_t$ als $g_t(K_t) = \pi_t(K_t) + \tau \cdot E\left[V_{t+1}(K_t)|F_t\right]$ formuliert werden.

Erlösfunktion natürlich von der angenommenen Kontrollkostenstruktur unabhängig sind.

In *Beweis A.3.1.1* aus Kapitel A.3.1 ist ersichtlich, dass sich in jeder Periode $t = 1,...,T$ die Konkavität der erwarteten operativen Erlösfunktion $\Pi_t(K_t)$ induktiv auf die Konkavität der optimalen Wertfunktion $V_t(K_{t-1})$ überträgt. Voraussetzung hierfür ist jedoch, dass der Gesamtausdruck $\Pi_t(K_t) - C_t(K_{t-1}, K_t) + R_t(K_{t-1}, K_t)$ für alle $t = 1,...,T$ konkav in $K_t$ ist.

Bei linearen Kosten- und Desinvestitionserlösfunktionen besitzt die Funktion, die den Gesamtausdruck $\Pi_t(K_t) - C_t(K_{t-1}, K_t) + R_t(K_{t-1}, K_t)$ darstellt, eine negativ definite Hesse-Matrix[3]. Die nicht gekrümmten Kontrollkostenfunktionen haben auf die Krümmung des Ausdrucks keinen Einfluss. Die negativ definite Hesse-Matrix der konkaven Funktion $\Pi_t(K_t)$ entspricht der Hessematrix der Funktion, die für den Gesamtausdruck steht. Dies führt in *Beweis A.3.1.1* zur Konkavität der optimalen Wertfunktion $V_t$, woraus direkt deren Stetigkeit und Differenzierbarkeit abgeleitet werden kann. Durch Addition der optimalen Wertfunktion mit der erwarteten Erlösfunktion $\Pi_t(K_t)$ erhält man die Kapazitätswertfunktion, die Grundlage des Optimierungsproblems (4.1) ist.

---

[3] Für einen gegebenen Anfangskapazitätsvektor $K_{t-1}$ sind die Funktionen $\Pi_t, C_t$ und $R_t$ jeweils Funktionen in $N$ Variablen. In dieser Arbeit werden alle streng konkaven bzw. streng konvexen Funktionen als Funktionen mit negativ bzw. positiv definiter Hesse-Matrix aufgefasst. Entsprechend wird bei konkaven bzw. konvexen Funktionen von einer negativ bzw. positiv semidefiniten Hesse-Matrix ausgegangen[3]. Lineare Funktionen besitzen eine Hesse-Matrix, die ausschließlich aus 0-Elementen besteht.
Eine Funktion mit definiter Hesse-Matrix ist stets streng gekrümmt, wohingegen die Umkehrung dieser Aussagen nicht gilt. Für die in dieser Arbeit untersuchten Fragestellungen ist eine detaillierte Unterscheidung wohl nicht notwendig.

Im Falle der Miteinbeziehung nichtlinearer Kontrollkostenstrukturen muss ebenfalls die Krümmung des Gesamtausdrucks $\Pi_t(K_t) - C_t(K_{t-1}, K_t) + R_t(K_{t-1}, K_t)$ untersucht werden.

Eine konvexe Kostenfunktion mit dementsprechend positiv semidefiniter Hesse-Matrix kann problemlos miteinbezogen werden, da durch Subtraktion dieser Funktion die Konkavität des Gesamtausdrucks nur verstärkt wird. Gleiches gilt für die Annahme einer konkaven Desinvestitionserlösfunktion. Die negativ semidefinite Hesse-Matrix verstärkt die Konkavität des Gesamtausdrucks[4].

Die Annahme von konvexen Kosten- und konkaven Desinvestitionserlösfunktionen führt bei den Kapazitätsplanungsmodellen aus den Kapiteln 2 und 3 demnach ebenfalls zur Definition einer konkaven optimalen Wertfunktion. Entsprechend erhält man wiederum eine konkave Kapazitätswertfunktion und ein Optimierungsproblem des folgenden Typs[5] mit den entsprechend gekrümmten Kontrollkostenfunktionen:

$$\sup_{K_t} \left\{ g_t(K_t) - C_t(K_{t-1}, K_t) + R_t(K_{t-1}, K_t) \right\} \quad (4.3)$$

$$= \sup_{K_{1,t}, K_{2,t}, \ldots, K_{N,t}} \left\{ g_t(K_{1,t}, K_{2,t}, \ldots, K_{N,t}) - \sum_{i=1}^{N} C_{i,t}(K_{i,t} - K_{i,t-1}) + \sum_{i=1}^{N} R_{i,t}(K_{i,t-1} - K_{i,t}) \right\}$$

Dieses Optimierungsproblem ist konkav in $K_t$, da alle Komponenten unter Berücksichtigung der Vorzeichen konkav sind.

---

[4] Eine strenge Krümmung der Kontrollkostenstrukturen verstärkt natürlich ebenfalls die konkave Krümmung des Gesamtausdrucks.

[5] Notationell stellt $C_t$ die Gesamtkostenfunktion dar, die sich als Summe aller Kostenfunktionen der einzelnen Kapazitäten $C_t$ ergibt.

Die Miteinbeziehung von konkaven Kosten- und konvexen Desinvestitionserlösfunktionen ist jedoch nicht ohne weiteres möglich.

Die Funktion, die den Gesamtausdruck $\Pi_t(K_t) - C_t(K_{t-1}, K_t) + R_t(K_{t-1}, K_t)$ darstellt, kann nicht mehr als konkav in $K_t$ angenommen werden, da die Funktionen $-C_t$ bzw. $R_t$ konvex sind und somit jeweils eine positiv semidefinite Hesse-Matrix besitzen. Entscheidend für die Krümmung des Gesamtausdrucks ist die Ausgeprägtheit der Krümmungen der Summanden. Falls beispielsweise in einer Periode eine nur sehr schwach gekrümmte erwartete operative Erlösfunktion vorliegt, kann der obige Gesamtausdruck in dieser Periode konvex in $K_t$ sein. Dies verhindert jedoch die Anwendbarkeit des Induktionsbeweises *A.3.1.1* und damit die Repräsentation des mehrperiodigen Modells in einem Optimierungsproblem.

Demnach muss folgende Annahme getroffen werden, die jedoch nur für konkave Kostenfunktionen und konvexe Desinvestitionserlösfunktionen eine Restriktion darstellt und im Folgenden mit *ANNAHME* bezeichnet wird:

*ANNAHME*: $\Pi_t(K_t) - C_t(K_{t-1}, K_t) + R_t(K_{t-1}, K_t)$ ist streng konkav in $K_t$ für alle $K_{t-1}$, $K_t$ und $t = 1,..,T$.

Diese Annahme kann im Einkapazitätsfall anschaulich dargestellt werden. Falls das Kapazitätsniveau erhöht wird, verschwindet die Desinvestitionserlösfunktion und es muss garantiert werden, dass der Ausdruck $\Pi_{1,t}(K_{1,t}) - C_{1,t}(K_{1,t-1}, K_{1,t})$ konkav in $K_{1,t}$ ist. Demnach muss im Falle der Kapazitätsexpansion gelten:

$$\left| \frac{\partial^2 \Pi_{1,t}(K_{1,t})}{\partial K_{1,t}^2} \right| > \left| \frac{\partial^2 C_{1,t}(K_{1,t} - K_{1,t-1})}{\partial K_{1,t}^2} \right| \quad \forall K_{1,t-1}, \forall K_{1,t} > K_{1,t-1} \text{ und für } t = 1,...,T.$$

Im Desinvestitionsfall ist entsprechend $\Pi_t(K_t) + R_t(K_{t-1} - K_t)$ überall und in $t = 1,...,T$ konkav in $K_t$, falls die Bedingung

$$\left|\frac{\partial^2 \Pi_{1,t}(K_{1,t})}{\partial K_{1,t}^2}\right| > \left|\frac{\partial^2 R_{1,t}(K_{1,t-1} - K_{1,t})}{\partial K_{1,t}^2}\right| \quad \forall K_{1,t-1}, \forall K_{1,t} < K_{1,t-1} \text{ und für } t = 1,...,T$$

erfüllt ist.

Die *ANNAHME* fordert im Einkapazitätsfall die Krümmungsdominanz der erwarteten operativen Erlösfunktion gegenüber der Kontrollkostenfunktion in jeder Periode.

Falls die *ANNAHME* gilt, kann auch unter konkaven Kostenfunktionen und konvexen Desinvestitionserlösfunktionen analog zur Situation mit konvexen bzw. linearen Kostenfunktionen und konkaven bzw. linearen Desinvestitionserlösfunktionen argumentiert werden. Die optimale Wertfunktion und die Kapazitätswertfunktion sind stets konkav, und der zugrunde liegende mehrperiodige Ansatz kann durch ein in $K_t$ konkaves Optimierungsproblem des Typs (4.3) repräsentiert werden.

Das Optimierungsproblem ist weiterhin konkav, da die Krümmung der Kapazitätswertfunktion die der Kontrollkostenfunktion übersteigt. Dies ist gegeben, weil die Kapazitätswertfunktion die Summe aus der erwarteten operativen Erlösfunktion und der optimalen Wertfunktion darstellt. Beide Funktionen sind konkav in $K_t$, wobei „schon allein" die Krümmung der erwarteten operativen Erlösfunktion die der Kontrollkostenfunktion übersteigt.

In den Kapiteln 5 und 6 wird dieses konkave Optimierungsproblem im Ein- und Mehrkapazitätsfall analysiert. Dabei wird nicht mehr auf die dahinter stehenden mehrperiodigen Ansätze eingegangen. Alle Aussagen in diesen Kapiteln beziehen sich jedoch auf diese.

Die in diesen Kapiteln untersuchten Problemstellungen mit konkaven Kosten- und konvexen Desinvestitionserlösfunktionen stehen dabei unter der oben formulierten *ANNAHME*. Diese findet sich überraschenderweise (in leicht abgeschwächter Form) in den Strukturen des Optimierungsproblems wieder. Auch in diesem Kontext müssen Bedingungen eingehalten werden, um bei Zugrundelegung konkaver Kosten- und konvexer Desinvestitionserlösfunktionen, zu Strukturaussagen zu gelangen.

Folglich gewährt die Einhaltung der obigen *ANNAHME* die Existenz von Politikaussagen überhaupt und deren Bezug auf mehrperiodige Planungsprobleme.

In Kapitel A.5.2 des Anhangs wird auf Unterschiede in den notwendigen Bedingungen im Einkapazitätsfall eingegangen: Die in Kapitel 5 untersuchten Optimierungsprobleme erfordern eine etwas schwächere Bedingung als die der Krümmungsdominanz von $\Pi_t(K_t)$ gegenüber der Kontrollkostenfunktion in jeder Periode, welche die Darstellung des mehrperiodigen Ansatzes in einem konkaven Optimierungsproblem sichert.

Somit sind Konstellationen mit weniger restriktiven Anforderungen an die beteiligten Funktionen möglich, in welchen das Optimierungsproblem zwar zu Aussagen führt, jedoch diese nicht auf die mehrperiodigen Planungsprobleme übertragen werden können. Wie im Anhang ausgeführt, können derartige Aussagen allerdings auf einperiodige Planungsansätze bezogen werden.

Eine noch deutlichere Abgrenzung zwischen Aussagen, die zwar für Optimierungsprobleme gelten aber - zumindest nicht unter Verwendung von *Beweis A.3.1.1* - auf die mehrperiodigen Planungsmodelle anwendbar sind, ist bei der Miteinbeziehung von Fixkosten in die Kontrollkostenstrukturen notwendig. Die hierdurch verursachte Unstetigkeit der Kostenfunktion führt dazu, dass der Gesamtausdruck $\Pi_t(K_t) - C_t(K_{t-1}, K_t) + R_t(K_{t-1}, K_t)$ nicht überall konkav in $K_t$ ist. Dies verhindert die Anwendbarkeit des Beweises *A.3.1.1*, der die Möglichkeit zur Repräsentation der Planungsmodelle in Optimierungsproblemen sichert. Deshalb beziehen sich die Überlegungen zur Miteinbeziehung von Fixkosten auch nur auf einperiodige Planungsmodelle. Unter Miteinbeziehung von Fixkosten kann eine optimale Politik des Typs *(s,S)* in mehrdimensionaler Ausprägung festgestellt werden. Hierzu sei auf das Kapitel A.6.2 im Anhang verwiesen.

# 5. Untersuchung der optimalen Kapazitätsanpassung im Einkapazitätsfall

Dieses Kapitel greift die Optimierungsprobleme auf, die sich im letzten Kapitel als repräsentativ für die mehrperiodigen Planungsmodelle aus den Kapiteln 2 und 3 erwiesen haben. Durch Analyse der Optimierungsprobleme im Einkapazitätsfall können auch unter nichtlinearen Kosten- und Desinvestitionserlösfunktionen Strukturaussagen über den optimalen Kapazitätsanpassungsprozess in den mehrperiodigen Planungsmodellen formuliert werden. Optimale Politiken werden unter Zugrundelegung verschiedener Kosten- und Desinvestitionserlösfunktionen hergeleitet und nachgewiesen.

Es ist zu beachten, dass alle Aussagen in diesem Kapitel, die sich auf Problemstellungen mit konkaven Kostenfunktionen oder konvexen Desinvestitionserlösfunktionen beziehen, explizit unter der Bedingung stehen, dass die im letzten Kapitel formulierte *ANNAHME* eingehalten wird. Dies muss garantiert werden, da die untersuchten Optimierungsprobleme ansonsten nicht als repräsentativ für die mehrperiodigen Planungsmodelle angesehen werden können.

Die Gesamtproblemstellung wird zunächst in separaten Fällen untersucht:
Abschnitt 5.1 untersucht das Kapazitätsanpassungsverhalten eines Unternehmens, welches lediglich die Möglichkeit hat, das aktuelle Kapazitätsniveau zu erhöhen oder dieses beizubehalten. Ausgehend von einer streng konkaven Kapazitätswertfunktion werden hierbei streng konvexe und streng konkave Kostenfunktionen betrachtet. Es findet eine Herleitung der zugehörigen optimalen Politiken statt, die mit der *ISD-*

*Politik* verglichen werden. Ebenfalls findet sich in diesem Abschnitt die Betrachtung der *ISD-Politik* als Lösung eines speziellen Optimierungsproblems.

Der Abschnitt 5.2 untersucht hingegen die Problemstellung, dass das aktuelle Kapazitätsniveau nicht erhöht, aber reduziert werden kann. Durch eine Kapazitätsreduktion verringern sich zwar die Erlösaussichten des Unternehmens, jedoch erhält dieses Desinvestitionserlöse. Auch hier existieren optimale Politiken, die den optimalen Kapazitätsanpassungsvorgang vollständig beschreiben.

Aufgrund der existierenden Analogien zwischen den Unterproblemstellungen wird der Kapazitätsexpansionsprozess sehr detailliert, der Reduktionsprozess relativ kurz dargestellt.

Um Ergebnisse von höherem Allgemeinheitsgrad zu erhalten, werden in Abschnitt 5.3 Struktureigenschaften des optimalen Anpassungsvorgehens unter (weiter) verallgemeinerten Kontrollkostenstrukturen untersucht. So werden nicht nur streng gekrümmte Kosten- und Desinvestitionserlösfunktionen behandelt, sondern auch Funktionen, die lineare Teilstücke aufweisen können und als gekrümmt bezeichnet werden. Die hierfür optimalen Politiken enthalten sowohl die *ISD-Politik*, als auch die in den Abschnitten 5.1 und 5.2 eingeführten Politiken als Spezialfälle.

Darüber hinaus thematisiert dieser Abschnitt beispielsweise den Kapazitätsanpassungsprozess unter Kostenfunktionen, die lineare, streng konvexe und auch streng konkave Teilstücke enthalten. Hier sind optimale Politiken zwar nicht existent, doch kann durch die Kenntnis des Krümmungsverhaltens der Anpassungsprozess strukturell beschrieben werden. Zuletzt wird eine kurze Betrachtung von Kapazitätsanpassung unter nicht differenzierbaren Kontrollkostenfunktionen vorgenommen.

Die Zusammenführung der Teilprobleme (Möglichkeit zur Kapazitätserhöhung bzw. Möglichkeit zur Kapazitätsreduktion) findet in Abschnitt 5.4 statt. Die vorangegangenen Abschnitte werden zu einem integrierten Ansatz verbunden, der beide Möglichkeiten einer Kapazitätsveränderung im Einkapazitätsfall betrachtet.

Der gewählte Aufbau dieses Abschnitts mit einer Analyse von Teilproblemen und der sich daran anschließenden Einordnung in die Gesamtproblematik stellt eine Folge der Separierbarkeit der Problemstellung dar. Auf diese Weise wird versucht, zunächst einen umfangreichen Einblick in alle einbezogenen Detailfragen zu vermitteln. Ihre Zusammenführung stellt sich als die vergleichsweise kleinere Schwierigkeit heraus. Durch diese Aufspaltung soll eine inhaltliche „Überfrachtung" einzelner Abschnitte vermieden werden. Zudem sollen die in den Abschnitten 5.1 bis 5.3 untersuchten Variationen der Gegebenheiten auch Überblickscharakter besitzen. Alle Resultate in Bezug auf lineare Kosten- und Desinvestitionserlösfunktionen können als aus der Arbeit von Eberly und Van Mieghem hervorgehend, alle weiteren Aussagen als eigene Ergebnisse eingeordnet werden.

Technisch stützen sich die erarbeiteten Ergebnisse auf die Beweise, die in Kapitel A.5.1 des Anhangs zu finden sind. Eine rigorose Trennung zwischen Ergebnissen und technischen Aspekten ist nicht an jeder Stelle möglich, wurde aber weitestgehend eingehalten.

Durch die eingebetteten Abbildungen wird versucht, einen Mittelweg zwischen einem intuitiv-anschaulichen und einem technisch-mathematischen Vorgehen zu finden. Die zugrunde liegenden Beweise sollen letztlich nur noch der „juristischen" Bestätigung der gewonnenen Intuitionen dienen.

Explizit sind diesem Kapitel die folgenden Kapitel des Anhangs zugeordnet:

In Kapitel A.5.1 sind die Beweise zu den in diesem Kapitel hergeleiteten Politiken aufgeführt. Außerdem werden die Beweise hier weiter ausgewertet.

Das Kapitel A.5.2 untersucht, inwieweit die Analyse der Optimierungsprobleme, isoliert gesehen, weniger restriktive Bedingungen an eingehende Funktionen stellt als die, die den Funktionen aus Kapitel 4 und der dort getroffenen *ANNAHME* zugrunde gelegt sind.

In A.5.3 werden die Folgen der Abweichung von der Annahme einer streng konkaven Kapazitätswertfunktion dargestellt. Beispielhaft wird die Möglichkeit zur Kapazitätserhöhung unter einer streng konvexen Kostenfunktion und einer konkaven, aber nicht streng konkaven Kapazitätswertfunktion behandelt. Dieses Kapitel soll insbesondere dem weiteren Verständnis der Strukturen der Optimierungsprobleme dienen.

## 5.1 Kapazitätserhöhung unter streng gekrümmten Kostenstrukturen

Wie in Kapitel 4 dargestellt, können mehrperiodige Kapazitätsplanungsansätze unter verschiedenen Kosten- und Desinvestitionserlösfunktionen in dem folgenden Optimierungsproblem repräsentiert werden:

$$\max_{K_{1,t}} \left\{ g_t\left(K_{1,t}\right) - C_{1,t}(K_{1,t} - K_{1,t-1}) + R_{1,t}(K_{1,t-1} - K_{1,t}) \right\} ^{1} \qquad (5.1)$$

Dieses wird nun als Grundlage der Kapazitätsentscheidung des Unternehmens in Periode $t$ aufgefasst. Die Analyse der Entscheidung in Periode $t$ kann hierbei stellvertretend für alle weiteren Periodenentscheidungen angesehen werden, da bei diesen Entscheidungen dieselben Entscheidungskomponenten vorliegen. Deshalb wird in diesem Kapitel nicht mehr auf die mehrperiodigen Planungsmodelle eingegangen, wohingegen sich jedoch alle getroffenen Aussagen hierauf beziehen.
Da der Abschnitt 5.1 nur die Möglichkeit zur Kapazitätsexpansion untersucht, müssen Desinvestitionserlösfunktionen nicht betrachtet werden, was zu dem folgenden Optimierungsproblem führt:

$$\max_{K_{1,t}} \left\{ g_t\left(K_{1,t}\right) - C_{1,t}\left(K_{1,t} - K_{1,t-1}\right) \right\} \qquad (5.2)$$

Ein Unternehmen befindet sieht sich somit in Periode $t$ in der Entscheidungssituation, ob ausgehend von einem Anfangsbestand an Kapazität $K_{1,t-1}$ [2] dieses Niveau beibehalten oder erhöht werden sollte. Höhere Kapazitätsbestände führen zu höheren

---

[1] Im Weiteren wird der Maximumoperator statt dem Supremumoperator verwendet.
[2] Der Kapazitätsanfangsbestand stellt das Resultat der Kapazitätsentscheidung aus der Vorperiode dar.

Erlösen, welche durch die Kapazitätswertfunktion $g_t(K_{1,t})$ [3] bemessen werden. Diese stellt in Periode $t$ die erwarteten Erlöse der aktuellen Periode und die erwarteten aggregierten Gewinne in allen zukünftigen Perioden unter der Annahme dar, dass in zukünftigen Perioden stets die optimale Politik angewendet wird.

Da höhere Kapazitätsniveaus stets mit höheren Erlösen verbunden sind, wird $g_t$ als monoton steigend angenommen[4]. Das Unternehmen erhält durch zusätzliche Kapazitätseinheiten stets geringer werdende Stückerlöse, was durch die Eigenschaft der Konkavität der Kapazitätswertfunktion ausgedrückt wird.

Abbildung 5.1 stellt die Kapazitätswertfunktion $g_t(K_{1,t})$ und deren Ableitungsfunktion $\frac{\partial g_t(K_{1,t})}{\partial K_{1,t}}$ dar, die im Folgenden als Grenzerlösfunktion bezeichnet wird. Die Ableitungsfunktion ist aufgrund der Konkavität von $g_{1,t}$ monoton fallend und wird - wie auch alle weiteren Ableitungsfunktionen - als Gerade dargestellt. Dies ist der „darstellerischen Bequemlichkeit" geschuldet, schränkt aber die Allgemeinheit der Ergebnisse nicht ein. Sie verläuft zudem im positiven Wertebereich, was sich aus der Monotonieeigenschaft der Kapazitätswertfunktion ergibt.

---

[3] Diese Funktion stellt strukturell sowohl die Kapazitätswertfunktion aus dem Ansatz von Eberly und Van Mieghem, wie auch die Kapazitätswertfunktion aus dem Ansatz aus Kapitel 3 dar. Die Begründung hierfür ist in Kapitel 4 zu finden. Die Aussagen in diesem Kapitel beziehen sich somit explizit auf *beide* mehrperiodige Planungsmodelle.
Die Kapazitätswertfunktion wir im Folgenden auch kurz als „Erlösfunktion" bezeichnet.
[4] Zudem ist die Funktion stetig und differenzierbar, wie dem Kapitel 3 zu entnehmen ist. Alle Funktionen in diesem Kapitel werden als zweimal stetig differenzierbar angenommen.

5. Untersuchung der optimalen Kapazitätsanpassung im Einkapazitätsfall

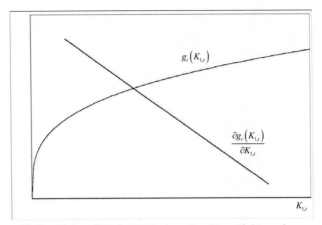

*Abbildung 5.1: Darstellung der streng konkaven Kapazitätswertfunktion und deren Ableitungsfunktion*

Falls sich das Unternehmen dazu entschließt, Kapazitätseinheiten zu erwerben, ist dies mit Kosten verbunden. Die Kosten der Kapazitätserhöhung vom Anfangskapazitätsniveau $K_{1,t-1}$ auf $K_{1,t}$ (mit $K_{1,t} > K_{1,t-1}$) werden durch die Kostenfunktion $C_{1,t}(K_{1,t-1}, K_{1,t})$ quantifiziert. Da $K_{1,t-1}$ dem Unternehmen bekannt ist und die Kosten nur vom Kapazitätszuwachs abhängig sind, kann die Kostenfunktion $C_{1,t}(K_{1,t-1}, K_{1,t})$ auch (gewissermaßen univariat) als $C_{1,t}(K_{1,t} - K_{1,t-1})$ dargestellt werden. Die Beibehaltung des aktuellen Kapazitätsniveaus ist kostenneutral, d.h. es gilt:

$$C_{1,t}(K_{1,t-1}, K_{1,t-1}) = C_{1,t}(K_{1,t-1} - K_{1,t-1}) = C_{1,t}(0) = 0.$$

Die monoton steigende Kostenfunktion wird in diesem Abschnitt entweder als linear, streng konvex oder streng konkav angenommen[5]. Die Annahme von konvexen bzw. konkaven Kostenfunktionen spiegelt die Hereinnahme von steigenden bzw. fallenden

---

[5] Zudem wird die Kostenfunktion als stetig und differenzierbar angenommen. Die Miteinbeziehung von Fixkosten verursacht bei einer Kontrollkostenfunktion, für die $C_{1,t}(0) = 0$ gilt, eine „unstetige Stelle". Überlegungen zur Miteinbeziehung von Fixkosten sind in Kapitel A.6.2 des Anhangs zu finden.

Einheitskosten für Kapazität wider, was bei Eberly und Van Mieghem[6] nicht untersucht wird.

In den Abbildungen 5.2, 5.3 und 5.4 sind beispielhaft jeweils zwei lineare, zwei streng konvexe und zwei streng konkave Kostenfunktionen, ausgehend von den Anfangskapazitätsniveaus 0 und $K'_{1,t-1}$, dargestellt. Ebenfalls finden sich dort die entsprechenden Grenzkostenfunktionen. Als Ableitungsfunktionen der Kostenfunktionen reflektieren sie Einheitskosten weiterer Kapazitätseinheiten, ausgehend vom jeweiligen Anfangskapazitätsniveau.

In einer linearen Kostenfunktion der Form $C_{1,t}(K_{1,t-1}, K_{1,t}) = c_{1,t} \cdot (K_{1,t} - K_{1,t-1})$ mit der Konstanten $c_{1,t} \in \mathbb{R}$ sind alle Kapazitätseinheiten mit denselben Einheitskosten verbunden, was den horizontalen Verlauf der Grenzkostenfunktion in Abbildung 5.2 zur Folge hat.

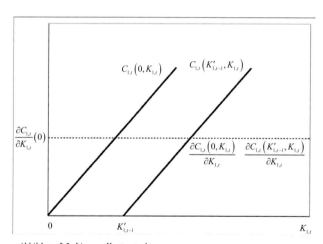

*Abbildung 5.2: Lineare Kostenstrukturen*

Die Annahme streng konvexer bzw. streng konkaver Kosten hat in den Abbildungen 5.3 und 5.4 einen ansteigenden bzw. fallenden Verlauf der Grenzkostenfunktionen

---

[6] Vgl. Eberly, J. C./Van Mieghem, J. A. (1997).

zur Folge. Die Ableitungsfunktionen sind wiederum als Geraden dargestellt. Aussagen über ihren Verlauf lassen sich ebenfalls aus den Eigenschaften der Monotonie und Krümmung ableiten.

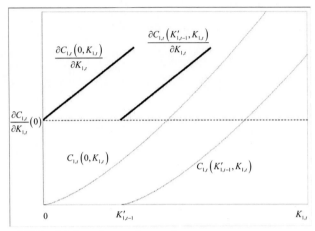

Abbildung 5.3: Streng konvexe Kostenstrukturen

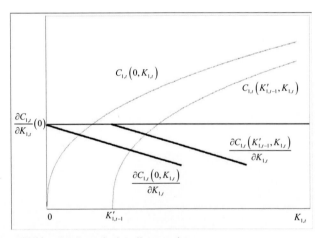

Abbildung 5.4: Streng konkave Kostenstrukturen

In den Abbildungen 5.2, 5.3 und 5.4 ist zu erkennen, dass die Grenzkostenfunktionen stets am Wert $\frac{\partial C_{1,t}}{\partial K_{1,t}}(0)$ ($=\frac{\partial C_{1,t}}{\partial K_{1,t}}(K_{1,t-1} - K_{1,t-1})$), also bei den Einheitskosten der ersten (marginalen) Einheit an zusätzlicher Kapazität beginnen. Dieses Ausgangsniveau der Einheitskosten wird im Weiteren eine zentrale Rolle einnehmen und wird für die drei Kostenstrukturen als identisch angenommen, um eine darstellerische Vergleichbarkeit zu ermöglichen[7]. Die erste Kapazitätseinheit ist demgemäß immer mit denselben Einheitskosten verbunden, bevor diese bei Annahme konkaver bzw. konvexer Kostenfunktionen ansteigen bzw. abfallen.

Die Fragestellungen, die in diesem Abschnitt behandelt werden sollen, sind insbesondere:

- Bei welchen Anfangskapazitätswerten $K_{1,t-1}$ ist es für ein Unternehmen vorteilhaft, das Kapazitätsniveau zu erhöhen, bzw. wann sollte das Kapazitätsniveau, das zu Beginn der aktuellen Periode zur Verfügung steht, beibehalten werden?

- Um wie viele Kapazitätseinheiten sollte eine eventuelle Kapazitätserhöhung optimalerweise ausfallen?

Die erste Fragestellung kann für den Fall linearer oder streng konvexer Kosten schnell beantwortet werden: Da hierbei die Einheitskosten für alle weiteren Kapazitätseinheiten niemals unterhalb von denen der ersten (marginalen) Kapazitätseinheit liegen, kann eine Kapazitätserhöhung nur dann sinnvoll sein, wenn diese Einheit einen positiven (marginalen) Gewinnbeitrag liefert. Sinkende Grenzerlöse führen verstärkend dazu, dass alle weiteren Kapazitätseinheiten mit geringeren Stückgewinnen verbunden sind.

Bei einer streng konkaven Kostenfunktion mit dementsprechend fallenden Einheitskosten ist die Situation ungleich schwieriger:

---

[7] Außerdem wird stets eine feste Kapazitätswertfunktion angenommen.

Hier kann im Fall einer stark gekrümmten Kostenfunktion eine Kapazitätsexpansion sinnvoll sein, obwohl die erste beschaffte Kapazitätseinheit einen negativen Gewinnbeitrag liefert. Dies ist möglich, falls die weiteren erworbenen Kapazitätseinheiten, die gemäß der Kostenstruktur mit geringeren Einheitskosten verbunden sind, einen deutlich positiven Gewinnbeitrag liefern, der das Unternehmen für den verlustbringenden Erwerb der ersten Kapazitätseinheiten entschädigt.

Wie dem Kapitel 4 zu entnehmen ist, führt die hier getroffene *ANNAHME* an konkave Kostenfunktionen zu einer Krümmungsdominanz der Kapazitätswertfunktion gegenüber der Kostenfunktion. Folglich fallen die Erlöse durch den Erwerb zusätzlicher Kapazitätseinheiten rascher als die hiermit verbundenen Kosten. Schnell sinkende Grenzerlöse stehen weniger schnell sinkenden Grenzkosten gegenüber. Eine Kapazitätserhöhung kann also auch bei Annahme konkaver Kosten nur dann gewinnbringend sein, falls die erste (marginale) Kapazitätseinheit einen positiven Gewinnbeitrag liefert.

Eine Kapazitätsanpassung ist, ausgehend vom Anfangskapazitätsniveau $K_{1,t-1}$ also genau dann sinnvoll, wenn folgende Relation erfüllt ist:

$$\frac{\partial g_t}{\partial K_{1,t}}\left(K_{1,t-1}\right) > \frac{\partial C_{1,t}}{\partial K_{1,t}}(0) \qquad (5.3)$$

Der Bereich an Anfangskapazitätsniveaus, in dem die obige Relation erfüllt ist, ist für alle drei untersuchten Kostenstrukturen derselbe, da die Kosten der ersten marginalen Kapazitätseinheit als identisch angenommen wurden. Dies wird in Abbildung 5.5 dargestellt.

## 5. Untersuchung der optimalen Kapazitätsanpassung im Einkapazitätsfall

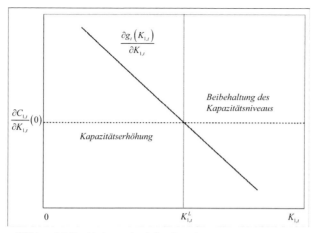

*Abbildung 5.5: Partitionierung der Anfangskapazitätsniveaus*

Für alle Anfangswerte $K_{1,t-1}$, die geringer als der in Abbildung 5.5 eingezeichnete Wert $K_{1,t}^L$ sind, ist die Ungleichung (5.3) erfüllt. Stets bewirkt hier die erste beschaffte Kapazitätseinheit einen positiven Gewinnbeitrag, da sie geringere Grenzkosten als Grenzerlöse verursacht. $K_{1,t}^L$ stellt also für alle drei Kostenstrukturen im Hinblick darauf eine Grenze dar, ob eine Kapazitätsanpassung durchgeführt werden sollte, oder ob die Beibehaltung des Anfangskapazitätsniveaus eher vorteilhaft ist. Somit ist eine Partitionierung der Menge aller möglichen Anfangskapazitätsniveaus gegeben.

In $K_{1,t}^L$ ist offensichtlich die folgende Bedingung erfüllt:

$$\frac{\partial g_t}{\partial K_{1,t}}(K_{1,t}^L) = \frac{\partial C_{1,t}}{\partial K_{1,t}}(0) \qquad (5.4)$$

$K_{1,t}^L$ ist somit genau das Anfangskapazitätsniveau, an welchem die erste (marginale) Kapazitätseinheit gewinnneutral erworben werden kann.

Entsprechend kann die folgende Aussage, unabhängig von der gewählten Kostenstruktur getroffen werden: Für $K_{1,t-1} < K_{1,t}^L$ gilt $K_{1,t}^*(K_{1,t-1}) > K_{1,t-1}$ und es ist somit gewinnbringend, Kapazität zu beschaffen. Ansonsten sollte das aktuelle Niveau beibehalten werden, also: $K_{1,t}^{*}\left(K_{1,t-1}\right) = K_{1,t-1}$.

$K_{1,t}^{*}\left(K_{1,t-1}\right)$ drückt hierbei das optimale Kapazitätsniveau nach Erhöhung, ausgehend vom Anfangskapazitätsniveau $K_{1,t-1}$, aus.

An dieser Stelle ist zu bemerken, dass die Einhaltung der *ANNAHME* auch die Partitionierbarkeit der Menge aller Anfangskapazitätsniveaus gewährleistet.

Nachdem die erste der formulierten Fragestellungen bearbeitet ist, wird im Folgenden untersucht, welcher Betrag an zusätzlicher Kapazität beschafft werden sollte, falls es grundsätzlich sinnvoll ist, den aktuellen Kapazitätsbestand zu erhöhen. Es sollen also Aussagen über $K_{1,t}^{*}\left(K_{1,t-1}\right)$ bei unterschiedlichen Kostenstrukturen getroffen werden.

Das Unternehmen muss zur Ermittlung des optimalen neuen Kapazitätsniveaus $K_{1,t}^{*}\left(K_{1,t-1}\right)$ das folgende Optimierungsproblem lösen:

$$\max_{K_{1,t} > K_{1,t-1}} \left\{ g_t\left(K_{1,t}\right) - C_{1,t}\left(K_{1,t} - K_{1,t-1}\right) \right\} \tag{5.5}$$

Aus Differentiation entsteht die folgende Optimalitätsbedingung der Kapazitätsanpassung:

$$\frac{\partial g_t}{\partial K_{1,t}}\left(K_{1,t}\right) = \frac{\partial C_{1,t}}{\partial K_{1,t}}\left(K_{1,t} - K_{1,t-1}\right) \tag{5.6}$$

Für ein gegebenes Anfangskapazitätsniveau $K_{1,t-1}$ stellt $K_{1,t}^*(K_{1,t-1})$ [8] das optimale Niveau nach Anpassung dar. Folglich muss $K_{1,t}^*(K_{1,t-1})$ Lösung der Optimalitätsbedingung (5.6) für gegebenes $K_{1,t-1}$ sein.

Im Falle einer linearen Kostenfunktion $C_{1,t}(K_{1,t-1},K_{1,t}) = c_{1,t} \cdot (K_{1,t} - K_{1,t-1})$ ergibt die Ableitung $\frac{\partial C_{1,t}(K_{1,t} - K_{1,t-1})}{\partial K_{1,t}} = c_{1,t}$ und die obige Optimalitätsbedingung hat die Form:

$$\frac{\partial g_t}{\partial K_{1,t}}(K_{1,t}) = c_{1,t}. \tag{5.7}$$

Die abgeleitete Kostenfunktion ist also konstant und unabhängig von $K_{1,t-1}$. Da die Kapazitätswertfunktion ebenfalls unabhängig von $K_{1,t-1}$ ist, folgt dies auch für die Optimalitätsbedingung unter linearen Kosten. Dementsprechend muss auch die Lösung $K_{1,t}^*(K_{1,t-1})$ des Optimierungsproblems, also das anzunehmende Kapazitätsniveau nach Erhöhung, unabhängig vom Anfangsbestand sein. Es ist also zu erwarten, dass für alle $K_{1,t-1}$ dasselbe Endkapazitätsniveau optimal ist. Dieses Endkapazitätsniveau ist zudem aus den vorhergehenden Überlegungen schon bekannt:

$c_{1,t}$ entspricht den Einheitskosten aller beschaffter Kapazitätseinheiten und somit auch denen der ersten Einheit. Es gilt also: $c_{1,t} = \frac{\partial C_{1,t}}{\partial K_{1,t}}(0)$ und die Optimalitätsbedingung (5.6) kann auch folgendermaßen formuliert werden: $\frac{\partial g_t}{\partial K_{1,t}}(K_{1,t}) = \frac{\partial C_{1,t}}{\partial K_{1,t}}(0)$. Die Lösung dieser Gleichung ist $K_{1,t}^L$, da dort laut Gleichung (5.4) diese Bedingung erfüllt ist.

---

[8] Existenz und Eindeutigkeit dieser Lösung wird angenommen. Aufgrund der Krümmungseigenschaften der beteiligten Funktionen ist diese Annahme nur bei sehr speziellen Konstellationen nicht erfüllt, wie die graphische Interpretation des Optimierungsproblems aufzeigt.
Da das vorliegende Optimierungsproblem konkav ist, muss keine Betrachtung der zweiten Ableitungen erfolgen.

Entsprechend sollte stets eine Anpassung auf diesen Wert erfolgen. Anfangs- und Endniveau bei Anpassung sind also weitgehend unabhängig voneinander, was für die *ISD-Politik* charakteristisch ist und aus der Linearität der Kostenfunktion folgt.

Bei allen nichtlinearen Kostenfunktionen verschwindet der Anfangskapazitätswert $K_{1,t-1}$ bei der Differentiation von $C_{1,t}(K_{1,t} - K_{1,t})$ nicht. Deshalb *muss* eine lineare Kostenstruktur vorliegen, falls die Politik, die aus der Optimalitätsbedingung hervorgeht, eine *ISD-Politik* ist. Eberly und Van Mieghem nehmen in ihrer Arbeit deshalb, wie auch alle weiteren Arbeiten, die die Optimalität der *ISD-Politik* für verschiedene Problemstellungen nachweisen[9], stets lineare Kontrollkostenstrukturen an.

Ausgehend von dieser Argumentation kann ausgeschlossen werden, dass die *ISD-Politik* bei nichtlinearen Kostenfunktionen Optimalitätscharakter besitzt. In dieser Situation ist die Optimalitätsbedingung und somit auch deren Lösung vom Anfangsniveau abhängig. Insbesondere muss also im Weiteren untersucht werden, welche Art der Abhängigkeit des Endniveaus vom Anfangsniveau bei gekrümmten Kostenfunktionen existiert.

Führen höhere Anfangskapazitätswerte stets zu höheren (optimalen) Niveaus nach Kapazitätserhöhung?

Aus ökonomischen Gründen muss grundsätzlich gelten, dass ein Unternehmen, welches die erste Kapazitätseinheit gewinnbringend erworben hat, so lange weitere

---

[9] Vgl. Abschnitt 2.1.

Einheiten an Kapazität nachfragt, wie diese einen positiven Stückgewinnbeitrag einbringen[10].

Die Abbildungen 5.6, 5.7 und 5.8[11] stellen das Optimierungsproblem (5.5) graphisch dar. Es sind Grenzkostenfunktionen für die Anfangskapazitätsniveaus 0 und $K'_{1,t-1}$ und die Grenzerlösfunktion dargestellt. Die Kosten der ersten (marginalen) Kapazitätseinheit werden erneut für alle Kostenfunktionen als identisch angenommen. Die zugrunde liegenden Kostenfunktionen verlaufen also zunächst mit der gleichen Steigung, bevor diese bei einer streng konvexen bzw. streng konkaven Kostenfunktion ansteigt bzw. abfällt. Im linearen Fall bleibt die Steigung konstant, was horizontale und sich überdeckende Grenzkostenfunktionen zur Folge hat.

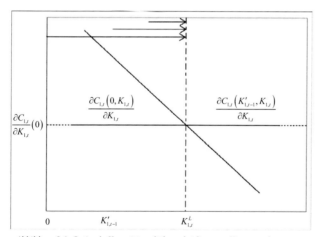

*Abbildung 5.6: Optimale Kapazitätserhöhung bei linearen Kostenstrukturen*

---

[10] Die geforderte Eindeutigkeit von $K^*_{1,t}(K_{1,t-1})$ garantiert, dass im Expansionsfall keine Einheiten mit negativem Gewinnbeitrag erworben werden, deren Verlust durch den Erwerb weiterer, gewinnbringender Einheiten ausgeglichen wird.

[11] Diese Abbildung entspricht der *ANNAHME* aus Kapitel 4 und auch der Bedingung der Eindeutigkeit von $K^*_{1,t}(K_{1,t-1})$, da hier eine stärker gekrümmte Kapazitätswertfunktion als Kostenfunktion zugrunde liegt. Dies bewirkt, dass die Grenzkostenfunktion steiler als die Grenzerlösfunktion verläuft.

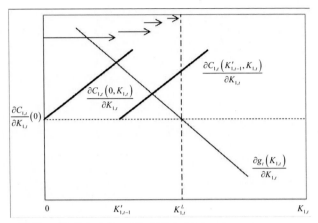

*Abbildung 5.7: Optimale Kapazitätserhöhung bei streng konvexen Kostenstrukturen*

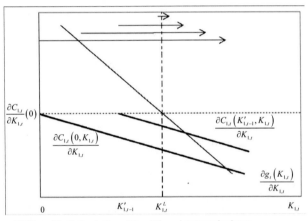

*Abbildung 5.8: Optimale Kapazitätserhöhung bei streng konkaven Kostenstrukturen*

Für eine (feste) Grenzkostenfunktion, ausgehend von einem (festen) Wert $K_{1,t-1}$, spiegelt der vertikale Abstand zur Grenzerlösfunktion an einer Stelle $K_{1,t}$ den marginalen Gewinnbeitrag dieser Einheit wieder. Gemäß der oben thematisierten ökonomischen Handlung wird - ausgehend vom Anfangskapazitätswert - soviel Kapazität erworben, bis die Grenzkostenfunktion die Grenzerlösfunktion schneidet. Die Optimalitätsbedingung (5.6) fordert deshalb ebenfalls eine Kapazitätserhöhung bis zum Schnittpunkt der beiden Ableitungsfunktionen. Das optimale Anpassungsverhalten soll in den Abbildungen mit Hilfe der eingezeichneten Pfeile hervorgehoben werden.

Bei Annahme linearer Kosten ergibt sich $K_{1,t}^L$ als optimales Kapazitätsniveau für alle $K_{1,t-1} < K_{1,t}^L$ und damit die *ISD-Politik* aus der Arbeit von Eberly und Van Mieghem. Im Falle nichtlinearer Kosten verursachen unterschiedliche $K_{1,t-1}$ unterschiedlich verlaufende Grenzkostenfunktionen und damit unterschiedliche Schnittpunkte mit der Grenzerlösfunktion. Da diese Schnittpunkte jedoch die Lösungen des Optimierungsproblems darstellen, führen letztlich unterschiedliche Anfangskapazitätsniveaus zu unterschiedlichen optimalen Kapazitätsniveaus $K_{1,t}^*(K_{1,t-1})$ nach Anpassung. Die Existenz eines Zusammenhangs zwischen Anfangs- und Endwerten kann für nichtlineare Kosten also bestätigt werden. Ebenso können nun Vermutungen über die Art dieser Verbindung aufgestellt werden:

Im Schaubild 5.7 wird die Länge der Pfeile, die von höheren Anfangswerten ausgehen, zwar geringer, jedoch zeigen diese auf Punkte mit höherem Wert $K_{1,t}$, grob formuliert also auf Punkte weiter rechts im Schaubild.
Hingegen wird im Schaubild 5.8, in welchem eine konkave Kostenfunktion vorliegt, deutlich, dass geringere Anfangswerte höhere Endwerte zur Folge haben. Auch in dieser Situation ist die Länge der Pfeile - also der optimale Kapazitätszuwachs - bei höheren Anfangswerten geringer. Der Zusammenhang zwischen $K_{1,t-1}$ und $K_{1,t}^*(K_{1,t-1})$ scheint also im Fall streng konvexer Kosten positiv, im Fall streng konkaver Kosten negativ zu sein. Diese Zusammenhänge finden sich als erste Struktureigenschaften in der gleich folgenden Politikbeschreibung wieder. Ein höherer Anfangsbestand an Kapazität hat dementsprechend bei unterschiedlichen

Kostenstrukturen unterschiedliche Wirkungen auf das optimale Endniveau. Das Ergebnis bei Eintritt konkaver Kosten überrascht. Es stellt jedoch die Konsequenz aus der Annahme fallender Einheitskosten dar, wie folgendes Beispiel zeigt:

Es werden zwei Unternehmen verglichen, die sich bezüglich ihrer Kapazitätswertfunktion und der konkaven Kostenfunktion nicht unterscheiden, aber ein anderes Anfangsniveau an Kapazität aufweisen. Außerdem wird davon ausgegangen, dass es für beide Unternehmen vorteilhaft ist, ihr Kapazitätsniveau zu erhöhen. Hierbei wird der Anpassungsprozess des Unternehmens mit geringerem Anfangsbestand zur Verdeutlichung in zwei Schritten betrachtet:

Zunächst erwirbt dieses Unternehmen so viel zusätzliche Kapazität, bis es sich auf dem Anfangsniveau des anderen Unternehmens befindet. Aufgrund der schon erworbenen Einheiten sieht es sich nun für alle weiteren Einheiten geringeren Einheitskosten gegenüber. Beide Unternehmen erhöhen das Kapazitätsniveau nun so lange, bis die geringer werdenden Stückerlöse nur noch den Einheitskosten der Kapazität entsprechen. Da das Unternehmen mit geringerem Kapazitätsanfangsbestand stets geringere Einheitskosten zu entrichten hat, wird dieser Punkt erst später erreicht. Es erfolgt also eine Anpassung auf einen höheren Endwert.

Beim Eintritt konvexer Kosten haben die ersten erworbenen Kapazitätseinheiten höhere Einheitskosten für alle weiteren Einheiten zu Folge, somit tritt der umgekehrte Effekt ein.

Zudem ist der Anpassungsprozess in allen drei untersuchten Szenarien dadurch zu charakterisieren, dass höhere Anfangswerte zu geringeren Kapazitätszuwächsen führen. Dies stellt die jeweils zweite Struktureigenschaft des Anpassungsprozesses dar. Im Falle streng konkaver Kosten ergibt sich diese Eigenschaft direkt dadurch, dass die optimalen Endwerte bei höheren Anfangswerten geringer sind. Folglich muss sich auch der Zuwachs verringern. Bei einer streng konvexen Kostenfunktion beschreibt dieser Zusammenhang den Anpassungsprozess jedoch zusätzlich.

Offensichtlich schlagen sich die Folgen der gewählten streng konvexen bzw. streng konkaven Kostenfunktionen auch in der Form nieder, dass stets auf ein geringeres bzw. höheres Endniveau als $K_{1,t}^L$ angepasst wird. Es existiert demzufolge eine Ober- bzw. Untergrenze für $K_{1,t}^*(K_{1,t-1})$, was die gleich folgende Politikbeschreibung als dritte Struktureigenschaft komplettiert. Die Sonderstellung der linearen Kostensituation ist auch hier gegeben, indem stets auf den festen Wert $K_{1,t}^L$ angepasst wird.

Die graphisch hergeleiteten Struktureigenschaften werden nun zusammengefasst und formalisiert. In Abschnitt A.5.1 des Anhangs werden sie in den Beweisen *A.5.1.1*, *A.5.1.2* und *A.5.1.3* explizit nachgewiesen. Sie stellen in ihrer Gesamtheit für die verschiedenen Situationen die optimale Politik in dem Sinne dar, dass sie den Anpassungsprozess vollständig beschreiben.

Es folgen die angekündigten Politikbeschreibungen:

---

*Politik im Falle der Möglichkeit zur Kapazitätsexpansion bei streng konvexen Kosten und einer streng konkaven Kapazitätswertfunktion:*

für $K_{1,t-1} < K_{1,t}^L$ gilt:
$$\begin{cases} \dfrac{\partial K_{1,t}^*(K_{1,t-1})}{\partial K_{1,t-1}} > 0 & (I) \\[2mm] \dfrac{\partial\left(K_{1,t}^*(K_{1,t-1}) - K_{1,t-1}\right)}{\partial K_{1,t-1}} < 0 & (II) \\[2mm] K_{1,t}^*(K_{1,t-1}) < K_{1,t}^L & (III) \end{cases}$$

für $K_{1,t-1} \geq K_{1,t}^L$ gilt: $\quad K_{1,t}^*(K_{1,t-1}) = K_{1,t-1} \quad (IV)$

**Politik im Falle der Möglichkeit zur Kapazitätsexpansion bei streng konkaven Kosten und einer streng konkaven Kapazitätswertfunktion:**

für $K_{1,t-1} < K_{1,t}^L$ gilt:
$$\begin{cases} \dfrac{\partial K_{1,t}^*(K_{1,t-1})}{\partial K_{1,t-1}} < 0 & (I) \\[6pt] \dfrac{\partial \left( K_{1,t}^*(K_{1,t-1}) - K_{1,t-1} \right)}{\partial K_{1,t-1}} < 0 & (II) \\[6pt] K_{1,t}^*(K_{1,t-1}) > K_{1,t}^L & (III) \end{cases}$$

für $K_{1,t-1} \geq K_{1,t}^L$ gilt: $\quad K_{1,t}^*(K_{1,t-1}) = K_{1,t-1} \quad (IV)$

Es ist zu beachten, dass zum Beweis der Aussagen (*I*) und (*II*) für konkave Kostenfunktionen wiederum eine Folge aus der in Kapitel 4 getroffenen *ANNAHME* benötigt wird. Diese Bedingung, aus welcher die Krümmungsdominanz der Kapazitätswertfunktion gegenüber der Kostenfunktion abgeleitet werden kann, gewährleistet demnach nicht nur die Übertragbarkeit der Aussagen auf die mehrperiodigen Planungsmodelle, sondern auch die Partitionierbarkeit der Anfangskapazitätsniveaus und der genannten Politikeigenschaften.

Die Unabhängigkeit des Endniveaus vom Anfangsniveau bei einer Kapazitätserhöhung unter der *ISD-Politik* drückt sich im Analogon zu der jeweils ersten Struktureigenschaft für nichtlineare Funktionen aus.

Es gilt bei einer linearen Kostensituation: $\quad \dfrac{\partial K_{1,t}^*(K_{1,t-1})}{\partial K_{1,t-1}} = 0 \qquad (5.8)$

Man erhält dies durch Differentiation von $K_{1,t}^*(K_{1,t-1}) = K_{1,t}^L$. Veränderte Anfangswerte wirken sich hier also nicht auf das optimale Endniveau aus.

Bezogen auf den optimalen Zuwachs an Kapazität haben steigende Anfangswerte hingegen auch unter linearen Kosten einen negativen Einfluss. Eine zusätzliche Kapazitätseinheit verkürzt den Abstand zum anzunehmenden Endniveau um genau eine Einheit.

Folglich sollte gelten: $\dfrac{\partial \left( K_{1,t}^{*}\left( K_{1,t-1}\right) - K_{1,t-1}\right)}{\partial K_{1,t-1}} = -1$ (5.9)

Dies kann aus (5.8) mit Hilfe der folgenden Umformung gezeigt werden:

$$\dfrac{\partial \left( K_{1,t}^{*}\left( K_{1,t-1}\right) - K_{1,t-1}\right)}{\partial K_{1,t-1}} = \dfrac{\partial K_{1,t}^{*}\left( K_{1,t-1}\right)}{\partial K_{1,t-1}} - 1$$

Zusammengefasst gilt also[12]:

---

**Politik im Falle der Möglichkeit zur Kapazitätsexpansion bei linearen Kosten und einer streng konkaven Kapazitätswertfunktion (ISD):**

für $K_{1,t-1} < K_{1,t}^{L}$ gilt: $K_{1,t}^{*}\left( K_{1,t-1}\right) = K_{1,t}^{L} \Rightarrow \begin{cases} \dfrac{\partial K_{1,t}^{*}\left( K_{1,t-1}\right)}{\partial K_{1,t-1}} = 0 & (I) \\ \dfrac{\partial \left( K_{1,t}^{*}\left( K_{1,t-1}\right) - K_{1,t-1}\right)}{\partial K_{1,t-1}} = -1 & (II) \end{cases}$

für $K_{1,t-1} \geq K_{1,t}^{L}$ gilt: $K_{1,t}^{*}\left( K_{1,t-1}\right) = K_{1,t-1}$ (III)

---

[12] Die Politikeigenschaften (I) und (II) sind hierbei nicht notwendig, da der anzunehmende Zielwert für jeden Anfangskapazitätswert konkret angegeben werden kann. Diese sind trotzdem aufgeführt, um eine Vergleichbarkeit mit den sonstigen Politikbeschreibungen zu ermöglichen.

Unter Verwendung einer linearen Kostenstruktur bestimmt die Grenze $K_{1,t}^L$ sowohl die optimalerweise durchzuführende Handlung (Kapazitätserhöhung oder Beibehaltung) als auch das optimale Kapazitätsniveau selbst, falls eine Kapazitätsexpansion vorteilhaft ist.

Falls nichtlineare Kosten vorliegen, bestimmt dieser Wert ebenfalls die optimale Handlung, stellt aber für kein mögliches Anfangsniveau das optimale Endniveau dar. Jedoch hat $K_{1,t}^L$ auch hier im Hinblick auf den Kapazitätsendwert seine Bedeutung: Hierfür wird eine Ober – bzw. Untergrenze festsetzt.

Dieser Abschnitt soll insbesondere darlegen, wie aus der Analyse der dargestellten Optimierungsprobleme zum einen die Kapazitätsexpansionskomponente der bei Eberly und Van Mieghem formulierten *ISD-Politik* gewonnen werden kann, zum anderen, dass auch Politikaussagen bei weiteren Kontrollkostenstrukturen möglich sind. Politik wird hierbei als eine hinreichende Beschreibung des Kapazitätsanpassungsprozesses verstanden. Hierzu wird eine bewiesene Partitionierung der Menge aller möglichen Anfangskapazitätswerte benötigt. Alle Anfangskapazitätswerte können hinsichtlich der optimalerweise durchzuführenden Handlung (Kapazitätserhöhung oder Beibehaltung des Kapazitätsniveaus) eingeteilt werden.

Ebenfalls sollten charakteristische Struktureigenschaften der jeweiligen Handlungsalternativen angegeben werden können.

Eine „Politik im reinsten Sinne", die jedem möglichen Anfangswert einen idealen Zielwert zuordnet, ist – außer bei linearen Kosten – nicht existent.

Es folgt die Betrachtung von Desinvestitionsvorgängen im folgenden Abschnitt.

## 5.2 Kapazitätsreduktion unter streng gekrümmten Desinvestitionserlösstrukturen

In diesem Abschnitt wird die Frage behandelt, ob und inwiefern optimale Politiken existieren, falls ein Unternehmen mit gegebenem Anfangskapazitätsniveau dieses zwar nicht erhöhen, jedoch - erlösbringend - reduzieren kann.

Abhängig vom Betrag an reduzierter Kapazität erhält das Unternehmen Erlöse, welche durch die Desinvestitionserlösfunktion $R_{1,t}(K_{1,t-1} - K_{1,t})$ bemessen werden. Diese wird im Verlauf des Abschnitts als linear, streng konkav oder streng konvex angenommen und ist nur für positive Argumente ($K_{1,t-1} > K_{1,t}$) definiert.

Eine Kapazitätsverringerung hat geringere Werte der Kapazitätswertfunktion zur Folge. Folglich ist zwischen entgangenen Erlösen und Desinvestitionserlösen abzuwägen. In Abbildung 5.9 sind eine streng konkave, eine lineare und eine streng konvexe Desinvestitionserlösfunktion, ausgehend von verschiedenen Anfangskapazitätsniveaus, beispielhaft dargestellt.

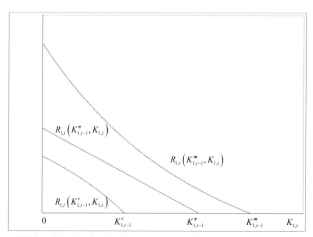

*Abbildung 5.9 : Verschiedene Desinvestitionserlösfunktionen*

Ein Unternehmen, welches Kapazitäten abbaut, bewegt sich in der Abbildung „nach links".

Entsprechend zum Abschnitt 5.1 soll untersucht werden, ob auch hier eine Einteilung der Menge aller möglichen Anfangskapazitätsniveaus hinsichtlich der optimalen Handlung (Kapazitätsabbau oder Beibehaltung des Kapazitätsniveaus) vorgenommen werden kann. Darüber hinaus stellt sich die Frage, welche strukturellen Eigenschaften den Kapazitätsreduktionsprozess charakteristisch beschreiben.

Analog zum vorigen Abschnitt gilt, dass eine Kapazitätsverringerung nur dann vorteilhaft ist, wenn die erste reduzierte Kapazitätseinheit Desinvestitionserlöse verursacht, die die entgangenen Erlöse übersteigen, und dieser Einheit also ein positiver Gewinnbeitrag zugerechnet werden kann.

Falls eine lineare oder streng konkave Desinvestitionserlösfunktion vorliegt, ist dies sofort einsehbar: Hier erhält das Unternehmen durch die erste reduzierte Kapazitätseinheit keine geringeren Desinvestitionserlöse als durch alle weiteren Einheiten. Da die entgangenen Erlöse bei zunehmender Verringerung des Kapazitätsniveaus ansteigen, ist die erste verkaufte Einheit mit dem geringsten entgangenen Erlös verbunden. Somit kann eine Kapazitätsreduktion nicht sinnvoll sein, wenn diese Einheit einen negativen Gewinnbeitrag verursacht.

Unter einer konvexen Desinvestitionserlösfunktion folgt dieser Zusammenhang aus der Einhaltung der *ANNAHME* aus Kapitel 4 und der hieraus ableitbaren Krümmungsdominanz der Kapazitätswertfunktion gegenüber der Desinvestitionserlösfunktion. Die entgangenen Erlöse durch Kapazitätsreduktion steigen schneller an, als die hierdurch verursachten Desinvestitionserlöse. Entsprechend kann eine Kapazitätsreduktion ebenfalls nicht vorteilhaft sein, falls die erste reduzierte Kapazitätseinheit einen negativen Gewinnbeitrag liefert.

Somit ist eine Partitionierung möglich und es existiert ein Grenzniveau, oberhalb dessen eine Kapazitätsverringerung sinnvoll ist. Dieses wird mit $K_{1,t}^H$ bezeichnet und dort gilt:

$$\frac{\partial g_t}{\partial K_{1,t}}\left(K_{1,t}^H\right) = -\frac{\partial R_{1,t}}{\partial K_{1,t}}(0) = \left|\frac{\partial R_{1,t}}{\partial K_{1,t}}(0)\right| \qquad (5.10)$$

In $K_{1,t}^H$ verursacht eine Kapazitätsverringerung um eine (marginale) Einheit gerade einen neutralen (marginalen) Gewinnbeitrag, da die Desinvestitionserlöse die entgangenen Erlöse amortisieren. Da Desinvestitionserlöse betrachtet werden, die durch *verringerte* Kapazitätseinheiten verursacht werden, ist eine Invertierung in (5.10) notwendig.

Bei genauer Betrachtung sind Parallelen zum Abschnitt 5.1, und damit zum Kapazitätsexpansionsprozess vorhanden: Dort wird die *ANNAHME* benötigt, um eine Partitionierbarkeit der Menge der Anfangskapazitätsniveaus auch unter streng konkaven Kostenfunktionen gewährleisten zu können.

Eine Kapazitätsexpansion unter konvexen Kosten hat mit einer Kapazitätsreduktion unter konkaven Desinvestitionserlösen gemein, dass eine abnehmende Vorteilhaftigkeit der entsprechenden Handlung bei umfangreicherer Durchführung derer festzustellen ist. Die jeweilig beteiligten Funktionen arbeiten sozusagen in „die gleiche Richtung".

Ebenso ist eine Äquivalenz zwischen dem Kapazitätsexpansionsprozess unter konkaven Kosten und dem Reduktionsprozess unter konvexen Desinvestitionserlösen auffällig.

Die *ANNAHME* wird benötigt, da gegenläufige Effekte den jeweiligen Anpassungsprozess bestimmen.

Eine Korrespondenz ist auch in der Hinsicht wieder zu finden, dass Kapazitätseinheiten in den beiden dargestellten Parallelsituationen unter gleichen Bedingungen, im Sinne einer gleichartigen Krümmung der Kosten- bzw. Desinvestitionserlösfunktion, gekauft und verkauft werden können. Je nach Blickwinkel kann in Abbildung 5.10 ein Investitionsprozess unter konkaven Kosten oder ein Desinvestitionsprozess unter konvexen Desinvestitionserlösen erkannt werden.

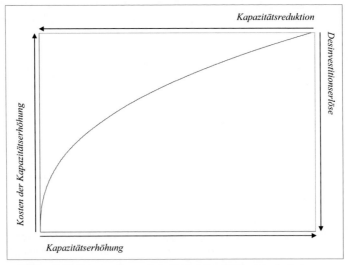

Abbildung 5.10: *Korrespondenz zwischen Kapazitätserhöhung unter konkaven Kostenstrukturen und Kapazitätsreduktion unter konvexen Desinvestitionserlösstrukturen*

Das folgende Maximierungsproblem soll eine Antwort auf die Frage geben, auf welchen Wert im Falle einer Kapazitätsreduktion angepasst werden sollte:

$$\max_{K_{1,t}<K_{1,t-1}} \left\{ g_t(K_{1,t}) + R_{1,t}(K_{1,t-1} - K_{1,t}) \right\} \qquad (5.11)$$

Aus Differentiation folgt: $\dfrac{\partial g_t}{\partial K_{1,t}}(K_{1,t}) = -\dfrac{\partial R_{1,t}}{\partial K_{1,t}}(K_{1,t-1} - K_{1,t})$ (5.12)

Optimalerweise sollte also ausgehend von $K_{1,t-1}$ Kapazität reduziert werden, bis die betragsmäßige Gleichheit der Ableitungsfunktionen herrscht. Graphisch wird der Reduktionsprozess für lineare, konvexe und konkave Desinvestitionserlöse in den Abbildungen 5.11, 5.12 und 5.13 dargestellt.

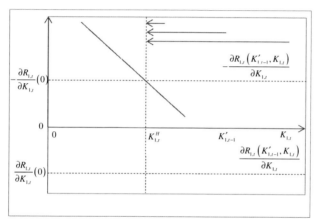

Abbildung 5.11: Optimale Kapazitätsreduktion bei linearen Desinvestitionserlösstrukturen

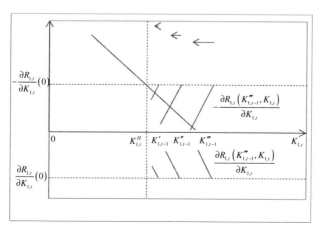

Abbildung 5.12: Optimale Kapazitätsreduktion bei streng konkaven Desinvestitionserlösstukturen

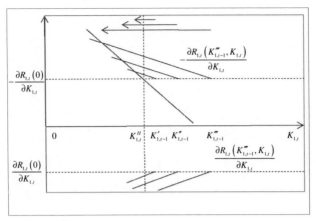

*Abbildung 5.13: Optimale Kapazitätsreduktion bei streng konvexen Desinvestitionserlösstrukturen*

In den Abbildungen wird jeweils eine Spiegelung an der $K_{1,t}$ - Achse vorgenommen, die der Invertierung der Funktion $\dfrac{\partial R_{1,t}(K_{1,t-1} - K_{1,t})}{\partial K_{1,t}}$ entspricht. Die Optimalität folgender Politiken lässt sich auf der Basis der Grafiken vermuten und wird in Abschnitt A.5.1 des Anhangs in den Beweisen *A.5.1.4*, *A.5.1.5* und *A.5.1.6* nachgewiesen:

---

***Politik im Falle der Möglichkeit zur Kapazitätsreduktion bei streng konkaven Desinvestitionserlösen und einer streng konkaven Kapazitätswertfunktion:***

für $K_{1,t-1} > K_{1,t}^H$ gilt:
$$\begin{cases} \dfrac{\partial K_{1,t}^*(K_{1,t-1})}{\partial K_{1,t-1}} > 0 & (I) \\[2mm] \dfrac{\partial (K_{1,t-1} - K_{1,t}^*(K_{1,t-1}))}{\partial K_{1,t-1}} > 0 & (II) \\[2mm] K_{1,t}^*(K_{1,t-1}) > K_{1,t}^H & (III) \end{cases}$$

für $K_{1,t-1} \leq K_{1,t}^H$ gilt: $\quad K_{1,t}^*(K_{1,t-1}) = K_{1,t-1}$ $\quad (IV)$

## 5. Untersuchung der optimalen Kapazitätsanpassung im Einkapazitätsfall

---

***Politik im Falle der Möglichkeit zur Kapazitätsreduktion bei streng konvexen Desinvestitionserlösen und einer streng konkaven Kapazitätswertfunktion:***

für $K_{1,t-1} > K_{1,t}^H$ gilt:
$$\begin{cases} \dfrac{\partial K_{1,t}^*\left(K_{1,t-1}\right)}{\partial K_{1,t-1}} < 0 & (I) \\[2mm] \dfrac{\partial \left(K_{1,t-1} - K_{1,t}^*\left(K_{1,t-1}\right)\right)}{\partial K_{1,t-1}} > 0 & (II) \\[2mm] K_{1,t}^*\left(K_{1,t-1}\right) < K_{1,t}^H & (III) \end{cases}$$

für $K_{1,t-1} \leq K_{1,t}^H$ gilt: $\quad K_{1,t}^*\left(K_{1,t-1}\right) = K_{1,t-1} \quad (IV)$

---

Unter Zugrundelegung von streng konkaven Desinvestitionserlösen haben höhere Anfangskapazitätswerte höhere Endkapazitätswerte zur Folge. Dadurch wird eine Parallelität zur Expansionssituation bei konvexen Kosten nochmals bestätigt. Wenn hingegen konvexe Desinvestitionserlöse (oder konkave Kosten) vorliegen, zeigt sich ein negativer Effekt. Entgegengesetzt zum Kapazitätsexpansionsfall verursachen höhere Anfangswerte stets größere Kapazitätsreduktionen. Charakteristisch ist jedoch, dass dieser Effekt – wie auch im Expansionsfall - unabhängig von der Krümmung der Kontrollkostenfunktion eintritt. Ober- bzw. Untergrenzen der Anpassung sind auch im Kapazitätsreduktionsfall vorhanden.

# 5. Untersuchung der optimalen Kapazitätsanpassung im Einkapazitätsfall

Die Kapazitätsreduktionskomponente der *ISD-Politik* für den Fall linearer Desinvestitionserlöse entspricht der erwarteten Struktur. Stets wird im Reduktionsfall auf einen festen Wert angepasst, entsprechend gilt:

---

*Politik im Falle der Möglichkeit zur Kapazitätsreduktion bei linearen Desinvestitionserlösen und einer streng konkaven Kapazitätswertfunktion (ISD):*

für $K_{1,t-1} > K_{1,t}^H$ gilt: $K_{1,t}^*\left(K_{1,t-1}\right) = K_{1,t}^L \Rightarrow \begin{cases} \dfrac{\partial K_{1,t}^*\left(K_{1,t-1}\right)}{\partial K_{1,t-1}} = 0 & (I) \\[2ex] \dfrac{\partial \left(K_{1,t-1} - K_{1,t}^*\left(K_{1,t-1}\right)\right)}{\partial K_{1,t-1}} = -1 & (II) \end{cases}$

für $K_{1,t-1} \leq K_{1,t}^H$ gilt: $K_{1,t}^*\left(K_{1,t-1}\right) = K_{1,t-1}$ $\quad (III)$

---

## 5.3 Kapazitätsanpassung unter weiteren Kosten- und Desinvestitionserlösstrukturen

In den Abschnitten 5.1 und 5.2 werden eine streng gekrümmte Kapazitätswertfunktion und lineare bzw. ebenfalls streng gekrümmte Kontrollkostenfunktionen allen Überlegungen zugrunde gelegt. Nun folgt eine Untersuchung des Kapazitätsanpassungsprozesses unter weniger restriktiven Voraussetzungen. In Abschnitt 5.3.1 wird der optimale Kapazitätsanpassungsprozess unter gekrümmten Kosten- und Desinvestitionserlösfunktionen thematisiert, die dementsprechend nicht auf ihrem gesamten Definitions- und Wertebereich einheitlich gekrümmt sind, sondern gekrümmte und lineare Teilstücke enthalten können.

Falls streng konvexe und streng konkave Teilstücke innerhalb einer Funktion auftreten, wird diese als Funktion mit wechselnder Krümmung bezeichnet und in Abschnitt 5.3.2 behandelt. Bei Annahme von Funktionen des ersten Typs ist es möglich, optimale Politiken herzuleiten, wohingegen im anderen Fall keine existieren.

Der Abschnitt endet mit einer kurzen Abhandlung des Kapazitätsanpassungsprozesses unter nicht differenzierbaren Kontrollkostenfunktionen.

Das zu lösende Optimierungsproblem wird durch die Anwesenheit von nicht streng gekrümmten Kontrollkostenfunktionen zwar etwas komplexer, jedoch wird das in Kapitel 4 aufgezeigte Vorgehen, der Repräsentation der mehrperiodigen Planungsmodelle in Optimierungsproblemen, hierdurch nicht beeinträchtigt.

Lediglich bei Annahme von konkaven Kostenfunktionen und konvexen Desinvestitionserlösfunktionen ist weiterhin die Einhaltung der in Kapitel 4 dargestellten *ANNAHME* notwendig.

Die „technische Grundlage" auch dieses Abschnittes stellen die Beweise in Kapitel A.5.1 des Anhangs dar. Insbesondere finden sich hier die Tabellen A.5.1.2, A.5.1.3, A.5.1.4 und A.5.1.5, die alle aus den Beweisen hervorgehenden Aussagen zusammenfassen.

## 5.3.1 Gekrümmte Kosten- und Desinvestitionserlösstrukturen

Eine direkte Verallgemeinerung der *ISD-Politik* wird in diesem Abschnitt erarbeitet. Die dargestellten Problemstellungen beinhalten Kontrollkostenfunktionen, die sowohl aus linearen als auch aus gekrümmten Teilen bestehen können. Hierzu wird beispielhaft der Kapazitätsanpassungsprozess bei einer streng konkaven Kapazitätswertfunktion und einer konvexen Kostenfunktion dargestellt, welche zunächst streng konvex und dann linear verläuft. Entsprechend verlaufen die Grenzkostenfunktionen, ausgehend von verschiedenen Anfangskapazitätswerten, zunächst steigend und dann konstant.

Abbildung 5.14 enthält die jeweiligen Ableitungsfunktionen, welche den Anpassungsvorgang durch Ihre Schnittpunkte weiterhin festlegen. Abbildung 5.15 stellt das optimale Kapazitätsendniveau in Abhängigkeit vom Anfangsniveau dar.

Der Verlauf der Funktionen $\dfrac{\partial K^*_{1,t}(K_{1,t-1})}{\partial K_{1,t-1}}$ und $\dfrac{\partial \left(K^*_{1,t}(K_{1,t-1}) - K_{1,t-1}\right)}{\partial K_{1,t-1}}$ ist in Abbildung 5.16 zu finden.

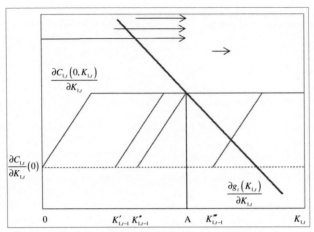

*Abbildung 5.14: Optimale Kapazitätserhöhung bei konvexen Kostenstrukturen*

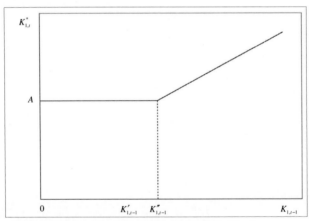

*Abbildung 5.15: Das optimale Kapazitätsendniveau als Funktion des Anfangskapazitätsniveaus bei konvexen Kostenstrukturen*

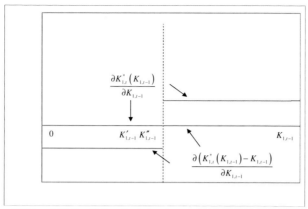

Abbildung 5.16: *Der Einfluss des Anfangskapazitätsniveaus auf das optimale Endkapazitätsniveau und auf den optimalen Kapazitätszuwachs bei konvexen Kostenstrukturen*

Die Krümmung der Kostenfunktion an der Stelle des Schnittpunktes ihrer Grenzkostenfunktion mit der Grenzerlösfunktion ist entscheidend. Hiervon hängen $K_{1,t}^*(K_{1,t-1})$ und somit auch die daraus abgeleiteten Ausdrücke ab. In allen bislang untersuchten Situationen ist die Krümmung der Kostenfunktion im optimalen Endwert für alle Anfangswerte identisch, da über den gesamten Wertebereich dieselbe Krümmung vorliegt. Demzufolge ist die Steigung der Funktionen $K_{1,t}^*(K_{1,t-1})$ und $K_{1,t}^*(K_{1,t-1}) - K_{1,t-1}$ überall gleich.

In der in den obigen Abbildungen dargestellten Problemstellung schneidet bei geringen Anfangskapazitätsniveaus der lineare, bei höheren Anfangskapazitätsniveaus der streng konvexe Teil der Grenzkostenfunktion die Grenzerlösfunktion. $K_{1,t-1}''$ stellt hierfür exakt die Grenze dar: Für alle Anfangskapazitätswerte unterhalb von $K_{1,t-1}''$ gelten somit die Eigenschaften der Kapazitätsexpansionskomponente der *ISD-Politik*. Für höhere Anfangswerte gelten die Eigenschaften der Politik für streng konvexe Kostenfunktionen. $K_{1,t}^*(K_{1,t-1})$ verläuft aus diesem Grunde zunächst konstant und dann steigend. Die Steigung von $K_{1,t}^{*}(K_{1,t-1})-K_{1,t-1}$ kann aus $\dfrac{\partial K_{1,t}^{*}(K_{1,t-1})}{\partial K_{1,t-1}}$ direkt durch Subtraktion von 1 errechnet werden.

Bezogen auf den gesamten Anpassungsprozess können die Struktureigenschaften der Politik durch „Summierung" der Politikeigenschaften der beteiligten Unterfälle erhalten werden:

Aus $\dfrac{\partial K_{1,t}^{*}(K_{1,t-1})}{\partial K_{1,t-1}} = 0$ und $\dfrac{\partial \left(K_{1,t}^{*}(K_{1,t-1}) - K_{1,t-1}\right)}{\partial K_{1,t-1}} = -1$ für lineare bzw.

$\dfrac{\partial K_{1,t}^{*}(K_{1,t-1})}{\partial K_{1,t-1}} > 0$ und $\dfrac{\partial \left(K_{1,t}^{*}(K_{1,t-1}) - K_{1,t-1}\right)}{\partial K_{1,t-1}} < 0$ für streng konvexe Kosten folgt

$\dfrac{\partial K_{1,t}^{*}(K_{1,t-1})}{\partial K_{1,t-1}} \geq 0$ und $\dfrac{\partial \left(K_{1,t}^{*}(K_{1,t-1}) - K_{1,t-1}\right)}{\partial K_{1,t-1}} < 0$ für die Situation mit konvexen Kosten.

Der Grund, warum dieses „Summierungsvorgehen" möglich ist, findet sich bei der Herleitung des Ausdrucks $\dfrac{\partial K_{1,t}^{*}(K_{1,t-1})}{\partial K_{1,t-1}}$ im *Beweis A.5.1.1*. Hier wird gezeigt, dass Folgendes gilt:

$$\dfrac{\partial K_{1,t}^{*}(K_{1,t-1})}{\partial K_{1,t-1}} = \dfrac{\dfrac{\partial^{2} C_{1,t}}{\partial K_{1,t}^{2}}(K_{1,t}^{*}(K_{1,t-1}) - K_{1,t-1})}{\dfrac{\partial^{2} C_{1,t}}{\partial K_{1,t}^{2}}(K_{1,t}^{*}(K_{1,t-1}) - K_{1,t-1}) - \dfrac{\partial^{2} g_{t}}{\partial K_{1,t}^{2}}(K_{1,t}^{*}(K_{1,t-1}))} \qquad (5.13)$$

Bei einem gegebenen Anfangskapazitätswert $K_{1,t-1}$ sind für den Wert des Ausdrucks $\dfrac{\partial K_{1,t}^{*}(K_{1,t-1})}{\partial K_{1,t-1}}$ die Krümmungen der beteiligten Funktionen an der Stelle $K_{1,t}^{*}(K_{1,t-1})$, also an der Stelle des Schnittpunktes der Ableitungsfunktionen ausschlaggebend. Da eine gekrümmte Funktion überall entweder linear oder streng gekrümmt ist, müssen bei $K_{1,t}^{*}(K_{1,t-1})$ entweder die Aussagen über lineare oder streng gekrümmte Funktionen gelten. Es ist also auch ausgehend von dieser Betrachtung sinnvoll, die Krümmung der Funktionen am Schnittpunkt der Ableitungsfunktionen zu analysieren. Falls alle Teilstücke der Grenzkostenfunktion die Grenzerlösfunktion schneiden und somit ihre Anpassungseigenschaften mit einbringen, muss eine „Summierung" im obigen Sinne erfolgen. Das „Ganze", das trivialerweise alle „Teile" enthält, kann sozusagen aus diesen Teilen schlicht zusammengesetzt werden.

Der Wert $K_{1,t}^L$, der in Gleichung (5.4) definiert wird, stellt auch hier eine Obergrenze für die Endkapazitätsniveaus dar. Nur in dem Fall, dass im Schnittpunkt der Ableitungsfunktionen die Kostenfunktion stets linear verläuft, findet eine Anpassung auf $K_{1,t}^L$ statt. In allen anderen Fällen wird dieses Niveau unterschritten. Entsprechend gilt als dritte Eigenschaft der optimalen Politik: $K_{1,t}^*(K_{1,t-1}) \leq K_{1,t}^L$

Nachfolgend sind die optimalen Politiken für die Möglichkeit zur Kapazitätserhöhung bzw. Kapazitätsreduktion unter gekrümmten Kostenfunktionen aufgeführt. Auf die dargestellte Weise ergeben sich diese aus den in den Anschnitten 5.1 und 5.2 dargestellten Politiken.

Optimale Politik bei Kapazitätsexpansion:

---

**Politik im Falle der Möglichkeit zur Kapazitätsexpansion bei konvexen Kosten und einer streng konkaven Kapazitätswertfunktion:**

für $K_{1,t-1} < K_{1,t}^L$ gilt:
$$\begin{cases} \dfrac{\partial K_{1,t}^*\left(K_{1,t-1}\right)}{\partial K_{1,t-1}} \geq 0 & (I) \\[2ex] \dfrac{\partial \left(K_{1,t}^*\left(K_{1,t-1}\right) - K_{1,t-1}\right)}{\partial K_{1,t-1}} < 0 & (II) \\[2ex] K_{1,t}^*\left(K_{1,t-1}\right) \leq K_{1,t}^L & (III) \end{cases}$$

für $K_{1,t-1} \geq K_{1,t}^L$ gilt: $\qquad K_{1,t}^*\left(K_{1,t-1}\right) = K_{1,t-1} \qquad (IV)$

---

**Politik im Falle der Möglichkeit zur Kapazitätsexpansion bei konkaven Kosten und einer streng konkaven Kapazitätswertfunktion:**

für $K_{1,t-1} < K_{1,t}^L$ gilt:
$$\begin{cases} \dfrac{\partial K_{1,t}^*\left(K_{1,t-1}\right)}{\partial K_{1,t-1}} \leq 0 & (I) \\[2ex] \dfrac{\partial \left(K_{1,t}^*\left(K_{1,t-1}\right) - K_{1,t-1}\right)}{\partial K_{1,t-1}} < 0 & (II) \\[2ex] K_{1,t}^*\left(K_{1,t-1}\right) \geq K_{1,t}^L & (III) \end{cases}$$

für $K_{1,t-1} \geq K_{1,t}^L$ gilt: $\qquad K_{1,t}^*\left(K_{1,t-1}\right) = K_{1,t-1} \qquad (IV)$

## 5. Untersuchung der optimalen Kapazitätsanpassung im Einkapazitätsfall

Optimale Politik bei Kapazitätsreduktion:

---

**Politik im Falle der Möglichkeit zur Kapazitätsreduktion bei konkaven Desinvestitionserlösen und einer streng konkaven Kapazitätswertfunktion:**

für $K_{1,t-1} > K_{1,t}^H$ gilt:
$$\begin{cases} \dfrac{\partial K_{1,t}^*(K_{1,t-1})}{\partial K_{1,t-1}} \geq 0 & (I) \\[2mm] \dfrac{\partial\left(K_{1,t-1} - K_{1,t}^*(K_{1,t-1})\right)}{\partial K_{1,t-1}} > 0 & (II) \\[2mm] K_{1,t}^*(K_{1,t-1}) \geq K_{1,t}^H & (III) \end{cases}$$

für $K_{1,t-1} \leq K_{1,t}^H$ gilt: $\qquad K_{1,t}^*(K_{1,t-1}) = K_{1,t-1} \qquad (IV)$

---

**Politik im Falle der Möglichkeit zur Kapazitätsreduktion bei konvexen Desinvestitionserlösen und einer streng konkaven Kapazitätswertfunktion:**

für $K_{1,t-1} > K_{1,t}^H$ gilt:
$$\begin{cases} \dfrac{\partial K_{1,t}^*(K_{1,t-1})}{\partial K_{1,t-1}} \leq 0 & (I) \\[2mm] \dfrac{\partial\left(K_{1,t-1} - K_{1,t}^*(K_{1,t-1})\right)}{\partial K_{1,t-1}} > 0 & (II) \\[2mm] K_{1,t}^*(K_{1,t-1}) \leq K_{1,t}^H & (III) \end{cases}$$

für $K_{1,t-1} \leq K_{1,t}^H$ gilt: $\qquad K_{1,t}^*(K_{1,t-1}) = K_{1,t-1} \qquad (IV)$

## 5.3.2 Wechselnd gekrümmte Kosten- und Desinvestitionserlösstrukturen, nicht differenzierbare Kosten- und Desinvestitionserlösstrukturen

Jede stetige und differenzierbare (Kontrollkosten-)Funktion ist entweder gekrümmt oder, gemäß der zu Beginn des Abschnitts 5.3 eingeführten Definition, wechselnd gekrümmt. Dieser Abschnitt zeigt auf, wie das Kapazitätsanpassungsverhalten unter wechselnd gekrümmten Kontrollkostenfunktionen mit Hilfe des in Abschnitt 5.3.1 dargestellten Vorgehens erklärt werden kann. Zudem werden Überlegungen bezüglich des Anpassungsverhaltens auf Basis von nicht differenzierbaren Kontrollkostenfunktionen angestellt[13].

Beispielhaft erfolgt hier eine Untersuchung des optimalen Anpassungsprozesses unter einer Kostenfunktion, die zunächst streng konvex, dann linear und dann streng konkav verläuft. Ihr Verlauf ist, ausgehend von zwei Anfangskapazitätsniveaus, in Abbildung 5.17 graphisch dargestellt[14].

---

[13] Unstetige Funktionen werden in dieser Arbeit im Zusammenhang mit Fixkosten in Kapitel A.6.2 des Anhangs behandelt.

[14] Ebenfalls wären Beispiele für einen Kapazitätsreduktionsprozess denkbar.

5. Untersuchung der optimalen Kapazitätsanpassung im Einkapazitätsfall

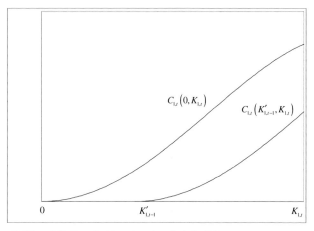

*Abbildung 5.17: Kostenfunktion mit stark wechselnder Krümmung*

Die Abbildungen 5.18 bzw. 5.19 stellen wiederum die Ableitungsfunktionen und damit den optimalen Anpassungsprozess bzw. die Abhängigkeit des optimalen Endniveaus vom Anfangskapazitätsniveau dar. Der Verlauf von $\dfrac{\partial K^{*}_{1,t}(K_{1,t-1})}{\partial K_{1,t-1}}$ und $\dfrac{\partial \left( K^{*}_{1,t}(K_{1,t-1}) - K_{1,t-1} \right)}{\partial K_{1,t-1}}$ findet sich in Abbildung 5.20.

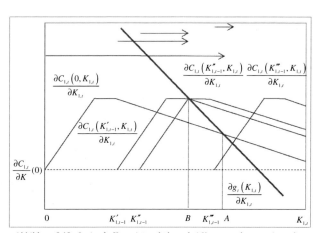

*Abbildung 5.18: Optimale Kapazitätserhöhung bei Kostenstrukturen mit stark wechselnder Krümmung*

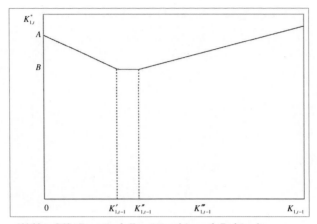

*Abbildung 5.19 : Das optimale Kapazitätsendniveau als Funktion des Anfangskapazitätsniveaus*

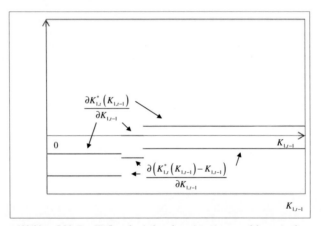

*Abbildung 5.20: Der Einfluss des Anfangskapazitätsniveaus auf das optimale Endkapazitätsniveau und auf den optimalen Kapazitätszuwachs*

Der zunächst fallende, dann konstante und dann steigende Verlauf von $K_{1,t}^*(K_{1,t-1})$ spiegelt die wechselnde Krümmung der Kostenfunktion wider. Bei geringen Anfangskapazitätswerten befindet sich der Schnittpunkt der Ableitungsfunktionen im letzten (streng konkaven), bei mittleren Anfangskapazitätswerten im linearen und bei hohen Anfangskapazitätswerten im ersten (streng konvexen) Teil der Kostenfunktion.

Die Reihenfolge der für die entsprechenden Anfangswerte gegebenen Struktureigenschaften ist deshalb zur Reihenfolge der Krümmungseigenschaften innerhalb der Kostenfunktionen gerade „umgekehrt".

Höhere Anfangswerte zu Beginn der Periode besitzen also zunächst einen negativen, dann neutralen und letztlich einen positiven Einfluss auf die optimalen Endniveaus. Eine generelle Wirkungsrichtung kann nicht festgestellt werden. Ebenfalls kann über die Existenz von Ober- bzw. Untergrenzen für Endwerte keine Aussage getroffen werden: Abhängig von der konkret zu untersuchenden Kostenfunktion kann $K_{1,t}^*(K_{1,t-1})$ nach oben oder unten beschränkt sein.

Hieran scheitert der Versuch, eine optimale Politik im Sinne von festen Struktureigenschaften, die für *alle* derartigen Kostenfunktionen gelten, zu finden. Allenfalls ist der negative Einfluss der Anfangskapazitätswerte auf den optimalen Zuwachs stets gegeben, wie in Abbildung 5.20 angedeutet wird.

Die hier dargestellte Form der Analyse des optimalen Anpassungsprozesses ermöglicht zwar keine Politikbeschreibung, aber zumindest eine Erklärung des Anpassungsverhaltens: Der Zusammenhang zwischen Anfangskapazitätswerten und optimalen Endkapazitätswerten kann auf die Krümmungseigenschaften der beteiligten Funktionen zurückgeführt werden.

In Abbildung 5.21 findet sich die Darstellung von nicht differenzierbaren Kostenfunktionen. Der „Knick" verhindert trotz des linearen Verlaufs der Funktionen die Anwendung der Aussagen der *ISD-Politik* auf dieses Problem, da bei der Herleitung derselben Differenzierbarkeit vorausgesetzt wird. Jedoch erscheint die angegebene Kostenstruktur durchaus möglich zu sein: Der Erwerb von Kapazitätseinheiten verursacht konstante Einheitskosten, die oberhalb eines gewissen Schwellenwertes an Kapazitätszuwachs sprunghaft als höher angenommen werden. Die Grenzkostenfunktion ist in dieser Situation nicht mehr stetig und an den „Knickstellen" nicht definiert[15].

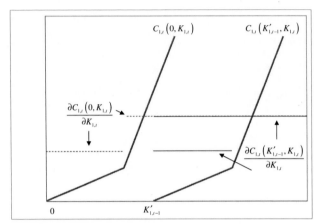

Abbildung 5.21: Nicht differenzierbare Kostenfunktionen und zugehörige Grenzkostenfunktionen

In den Abbildungen 5.22 und 5.23 werden die Folgen für den Anpassungsprozess deutlich.

---

[15] Das hinter dem Optimierungsproblem stehende mehrperiodige Modell zur Kapazitätsplanung fordert ebenfalls die Stetigkeit und Differenzierbarkeit der eingehenden Funktionen in jeder Periode. Falls nicht differenzierbare Kostenfunktionen vorliegen, können diese durch differenzierbare Näherungsfunktionen, die nur marginal von der eigentlichen Kostenfunktion abweichen, ersetzt werden. Auf diese Weise sind weiterhin Aussagen über mehrperiodige Planungsprobleme möglich.

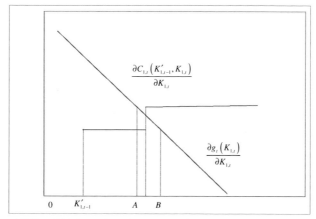

Abbildung 5.22: *Grenzerlösfunktion und Grenzkostenfunktion, ausgehend vom Anfangskapazitätsniveau* $K'_{1,t-1}$

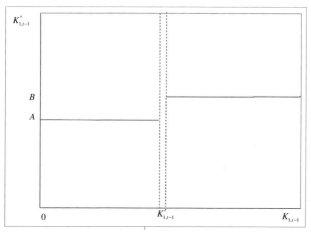

Abbildung 5.23: *Abhängigkeit des optimalen Endkapazitätsniveaus vom Anfangskapazitätsniveau*

Ausgehend vom Anfangskapazitätsniveau $K'_{1,t-1}$ hat das Optimierungsproblem (5.5) keine Lösung, es existiert also kein Schnittpunkt der Ableitungsfunktionen. $K^*_{1,t}$ ist, wie auch in Abbildung 5.23 zu erkennen ist, nicht überall definiert. Für alle Anfangskapazitätsniveaus, für die eine Lösung existiert, folgt der Anpassungsprozess den Strukturen linearer Kosten: $K^*_{1,t}(K_{1,t-1})$ verläuft konstant, da konstante Grenzkosten vorliegen.

Ausgehend von geringen Anfangswerten wird stets das Niveau A eingenommen, ausgehend von hohen erhöht das Unternehmen auf das Kapazitätsniveau B. Bei genauer Betrachtung existiert gewissermaßen eine Mischung aus Aussagen der Kapazitätsexpansionskomponente der *ISD-Politik* und der Politik für konvexe Kostenfunktionen. Die Anpassung findet auf feste Werte statt, wobei höhere Ausgangsniveaus zu höheren Endniveaus führen. Eigenschaften einer konvexen Kostenfunktion kommen über die steigenden Einheitskosten ins Spiel.

Auch in dieser Situation kann ein optimal durchgeführter Kapazitätsanpassungsvorgang mit Hilfe der Krümmungseigenschaften der Funktionen beschrieben werden. Ebenfalls hilft das Wissen über Politikaussagen für grundlegende Arten von Kontrollkostenfunktionen. Folglich dienen die Ausführungen in den Abschnitten 5.1 und 5.2 neben einem „Selbstzweck" auch zur Beschreibung weiterer Effekte.

## 5.4 Kapazitätserhöhung und Kapazitätsreduktion

In den vergangenen Abschnitten ist eine separate Behandlung von Investitions- und Desinvestitionsprozessen zu finden. Das Anfangskapazitätsniveau konnte zwar stets beibehalten, aber nicht erhöht *oder* verringert werden. Nun stehen dem Unternehmen alle drei Handlungsalternativen offen, und das das mehrperiodige Planungsmodell repräsentierende Optimierungsproblem (5.1) wird vollständig untersucht.

Hierbei wird die Anpassungsalternative gewählt, die bei optimaler Umsetzung zum besten Ergebnis führt: Bei gegebenem Anfangskapazitätsniveau $K_{1,t-1}$ wird dieses entweder beibehalten, auf $K_{1,t}^{*}(K_{1,t-1})$ erhöht oder auf $K_{1,t}^{**}(K_{1,t-1})$ gesenkt. $K_{1,t}^{*}(K_{1,t-1})$ und $K_{1,t}^{**}(K_{1,t-1})$ stellen hierbei die optimalen Lösungen des jeweiligen Optimierungsproblems dar. Die optimale Handlungsalternative führt bei optimaler Umsetzung zum maximalen Wert aus der folgenden Menge:

$$\left\{ g_t(K_{1,t-1}), g_t(K_{1,t}^{*}(K_{1,t-1})) - C_{1,t}(K_{1,t}^{*}(K_{1,t-1}) - K_{1,t-1}), g_t(K_{1,t}^{**}(K_{1,t-1})) + R_{1,t}(K_{1,t-1} - K_{1,t}^{**}(K_{1,t-1})) \right\}$$
(5.14)

Die vorangegangenen Abschnitte untersuchen jeweils Teilaspekte dieser Situation. Die dargestellten Politiken teilen die Menge aller Anfangskapazitätsniveaus in Partitionen ein, in welchen dieselbe Handlungsalternative optimal ist. Lediglich die Umsetzung, also der konkrete optimale Wert nach Anpassung ist, außer im Fall einer *ISD-Politik*, unterschiedlich. Zudem werden in diesen Abschnitten beschreibende Eigenschaften des optimalen Kapazitätsveränderungsprozesses für die verschiedenen Partitionen hergeleitet.

Nun ergibt sich die Frage, ob auch im Falle der Möglichkeit zur Kapazitätsveränderung in beide Richtungen optimale Politiken existent sind und nachgewiesen werden können.

Die Beschaffung von Kapazität ist in der betrieblichen Realität in der Regel mit sehr viel höheren Kosten verbunden, als ein Unternehmen durch deren Abbau erhält. Ansonsten könnte Kapazität dazu verwendet werden, dass sich ein Unternehmen von Periode zu Periode durch den Ankauf und anschließenden Verkauf bereichert. Ein solcher Vorgang sollte im Sinne einer *No-Arbitrage-Bedingung* ausgeschlossen werden. Folglich muss die Kostenfunktion stets betragsmäßig größer sein als die Desinvestitionserlösfunktion:

$$\left| C_{1,t} \left( K_{1,t} - K_{1,t-1} \right) \right| > \left| R_{1,t} \left( K_{1,t-1} - K_{1,t} \right) \right| \quad \forall K_{1,t-1} \text{ und } \forall K_{1,t} \qquad (5.15)$$

Diese Modellbedingung muss auch für die erste marginale Kapazitätseinheit gelten. Dies führt zu folgender Bedingung: $\dfrac{\partial C_{1,t}}{\partial K_{1,t}}(0) > \left| \dfrac{\partial R_{1,t}}{\partial K_{1,t}}(0) \right|$ \qquad (5.16)

Das Anfangskapazitätsniveau, an welchem der Zukauf bzw. Verkauf einer Einheit gerade einen neutralen Gewinnbeitrag verursacht, wird in Abschnitt 5.1 bzw. 5.2 mit $K_{1,t}^{L}$ bzw. $K_{1,t}^{H}$ bezeichnet.

Aus der Relation (5.16) folgt: $\dfrac{\partial g_t}{\partial K_{1,t}}(K_{1,t}^{L}) = \dfrac{\partial C_{1,t}}{\partial K_{1,t}}(0) > \left| \dfrac{\partial R_{1,t}}{\partial K_{1,t}}(0) \right| = \dfrac{\partial g_t}{\partial K_{1,t}}(K_{1,t}^{H})$

(5.17)

Die Kapazitätswertfunktion wird als konkav angenommen, ihre Ableitungsfunktion ist somit monoton fallend. Folglich muss $K_{1,t}^{L} < K_{1,t}^{H}$ gelten. Die Grenze $K_{1,t}^{L}$, unterhalb derer es für das Unternehmen vorteilhaft ist Kapazität zu erwerben, liegt also bei einem geringeren Niveau als $K_{1,t}^H$. $K_{1,t}^H$ stellt die Untergrenze der Anfangskapazitätsniveaus dar, von denen ausgehend optimalerweise Kapazität abgebaut werden sollte. Abbildung 5.24 verdeutlicht die Ausgangssituation.

Abbildung 5.24: Partitionierung der Anfangskapazitätsniveaus

Bei allen Anfangskapazitätswerten unterhalb von $K_{1,t}^L$ verläuft die Grenzkostenfunktion unterhalb der Grenzerlösfunktion. Oberhalb von $K_{1,t}^H$ verläuft hingegen die Ableitungsfunktion der (betragsmäßigen) Desinvestitionserlösfunktion oberhalb der Kapazitätswertfunktion. Deshalb ist es für alle $K_{1,t-1} < K_{1,t}^L$ sinnvoll, zusätzliche Einheiten zu erwerben. Für $K_{1,t-1} > K_{1,t}^H$ ist der Absatz von Einheiten lohnend. Zwischen diesen Grenzen sollte das Unternehmen den aktuellen Bestand an Kapazität beibehalten. Zusätzliche Einheiten wären mit vergleichsweise zu hohen Kosten, reduzierte Einheiten mit zu geringen Erlösen verbunden.

Es kann also eine klare Einteilung aller Anfangskapazitätswerte in Partitionen vorgenommen werden, in denen dieselbe Handlung (natürlich in unterschiedlicher Ausprägung) vorgenommen werden sollte.

Entsprechend kann grundsätzlich ausgesagt werden:

$$\text{für } \begin{cases} K_{1,t-1} < K_{1,t}^L \\ K_{1,t}^L \leq K_{1,t-1} \leq K_{1,t}^H \\ K_{1,t-1} > K_{1,t}^H \end{cases} \text{ gilt } \begin{cases} K_{1,t}^*(K_{1,t-1}) > K_{1,t-1} \\ K_{1,t}^*(K_{1,t-1}) = K_{1,t-1} \\ K_{1,t}^*(K_{1,t-1}) < K_{1,t-1} \end{cases} \qquad (5.18)$$

Außerdem können alle bisherigen Ergebnisse angewendet werden: Die in der jeweiligen Partition zu lösenden Maximierungsprobleme sind die aus den vorigen Abschnitten bekannten. Es können aus diesem Grunde, ohne weitere Herleitung, die optimalen Politiken angegeben werden.

Interessant ist die Tatsache, dass die oben thematisierte Bedingung (5.15) eine Partitionierbarkeit der Menge aller möglichen Anfangskapazitätsniveaus gewährleistet. Im Mehrkapazitätsfall ist dies hingegen nicht mehr gegeben[16].

Beispielhaft wird nun die optimale Politik im Falle einer konkaven Kosten- und konvexen Desinvestitionserlösfunktion angegeben:

für $\begin{cases} K_{1,t-1} < K_{1,t}^L \\ K_{1,t}^L \leq K_{1,t-1} \leq K_{1,t}^H \\ K_{1,t-1} > K_{1,t}^H \end{cases}$ gilt:

$\begin{cases} \dfrac{\partial K_{1,t}^*(K_{1,t-1})}{\partial K_{1,t-1}} \leq 0 \quad (I) \qquad \dfrac{\partial \left(K_{1,t}^*(K_{1,t-1}) - K_{1,t-1}\right)}{\partial K_{1,t-1}} < 0 \quad (II) \qquad K_{1,t}^*(K_{1,t-1}) \geq K_{1,t}^L \quad (III) \\ K_{1,t}^*(K_{1,t-1}) = K_{1,t-1} \\ \dfrac{\partial K_{1,t}^*(K_{1,t-1})}{\partial K_{1,t-1}} \leq 0 \quad (I) \qquad \dfrac{\partial \left(K_{1,t-1} - K_{1,t}^*(K_{1,t-1})\right)}{\partial K_{1,t-1}} > 0 \quad (II) \qquad K_{1,t}^*(K_{1,t-1}) \leq K_{1,t}^H \quad (III) \end{cases}$

Eine derartige Darstellung der optimalen Politik ist für jede Kombination aus den in den vorigen Abschnitten untersuchten Fällen möglich. Der Spezialfall linearer Kosten- und Desinvestitionserlösstrukturen ergibt hierbei die *ISD-Politik* im Einkapazitätsfall, wie sie bei Eberly und Van Mieghem dargestellt wird.

---

[16] Vgl. Kapitel 6.

Die Abbildungen 5.25 bzw. 5.26 enthalten den Verlauf der Funktion $K_{1,t}^{*}\left(K_{1,t-1}\right)$ für streng gekrümmte bzw. gekrümmte Kosten- und Desinvestitionserlösfunktionen unter Annahme einer streng konkaven Kapazitätswertfunktion.

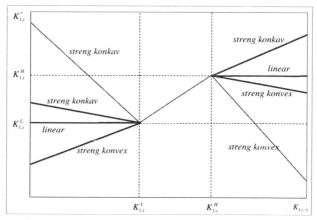

Abbildung 5.25: Abhängigkeit des optimalen Endkapazitätsniveaus vom Anfangskapazitätsniveau bei streng gekrümmten Kontrollkostenstrukturen

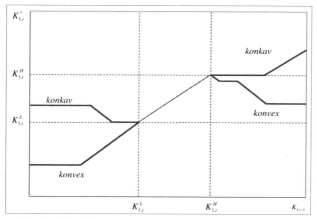

Abbildung 5.26: Abhängigkeit des optimalen Endkapazitätsniveaus vom Anfangskapazitätsniveau bei gekrümmten Kontrollkostenstrukturen

Abbildung 5.25 zeigt alle neun möglichen Kombinationen aus streng gekrümmten und linearen Funktionen, deren optimale Politik in Abschnitt 5.1 hergeleitet wurde.

Abbildung 5.26 enthält vier Kombinationen, die sich aus jeweils einer konkaven oder konvexen Kosten- bzw. Desinvestitionserlösfunktion ergeben. Informationen über die Steigungen aller Funktionen finden sich als erste Eigenschaften der jeweils optimalen Politik wieder. Jedoch gibt auch die jeweils zweite beschreibende Eigenschaft eine Auskunft darüber, da beispielsweise folgende Umformung vorgenommen werden kann:

$$\frac{\partial \left( K_{1,t}^{*}\left( K_{1,t-1}\right) - K_{1,t-1}\right) }{\partial K_{1,t-1}} \leq 0 \Leftrightarrow \frac{\partial K_{1,t}^{*}\left( K_{1,t-1}\right) }{\partial K_{1,t-1}} - 1 \leq 0 \Leftrightarrow \frac{\partial K_{1,t}^{*}\left( K_{1,t-1}\right) }{\partial K_{1,t-1}} \leq 1 \qquad (5.19)$$

Entsprechend hat die Funktion $K_{1,t}^{*}\left( K_{1,t-1}\right)$ bei einer konvexen Kostenfunktion eine Steigung die kleiner oder gleich 1 ist. Unter Miteinbeziehung der ersten Eigenschaft gilt: $0 \leq \frac{\partial K_{1,t}^{*}\left( K_{1,t-1}\right) }{\partial K_{1,t-1}} \leq 1$. Die Funktion „darf" sowohl horizontal verlaufende Teilstücke, als auch solche mit positiver Steigung besitzen. Alle in Abbildung 5.26 dargestellten Kurvenverläufe basieren auf derartigen Kosten- und Desinvestitionserlösstrukturen. In Abbildung 5.25 verlaufen lediglich die aus linearen Funktionen resultierenden Teile horizontal. Alle sonstigen zugrunde liegenden Funktionen sind streng gekrümmt, was eine positive oder negative Steigung von $K_{1,t}^{*}\left( K_{1,t-1}\right)$ zur Folge hat.

Für $K_{1,t}^{L} \leq K_{1,t-1} \leq K_{1,t}^{H}$ sollte das Unternehmen das aktuelle Kapazitätsniveau beibehalten. Aus $K_{1,t}^{*}\left( K_{1,t-1}\right) = K_{1,t-1}$ ergibt sich $\frac{\partial K_{1,t}^{*}\left( K_{1,t-1}\right) }{\partial K_{1,t-1}} = 1$, was den Abbildungen ebenfalls entnommen werden kann.

In Abbildung 5.25 ist zusätzlich der Verlauf von $K_{1,t}^{*}\left( K_{1,t-1}\right)$ in einer Situation mit konkaver Kosten- und konvexer Desinvestitionserlösfunktion dünn eingezeichnet dargestellt. Dieser Fall stellt einen Extremfall dar. Die jeweils dritten Struktureigenschaften ($K_{1,t}^{*}(K_{1,t-1}) \geq K_{1,t}^{L}$ bzw. $K_{1,t}^{*}(K_{1,t-1}) \leq K_{1,t}^{H}$) sind stark ausgeprägt: Bei einem sehr geringen Anfangskapazitätsniveau entscheidet sich das Unternehmen für eine Anpassung auf einen sehr hohen Wert. Dieser liegt oberhalb von $K_{1,t}^{H}$ und somit oberhalb der Grenze, die zu einer Kapazitätsreduktion auffordert. Nun ist es optimal, auf ein Zielniveau unterhalb von $K_{1,t}^{L}$ „zu springen". Die Reduktion fällt hierbei so deutlich aus, dass wiederum ein Kapazitätsniveau angenommen wird, das eine deutliche Erhöhung in der nächsten Periode zur Folge hat.

Bei gleich bleibenden Erlösaussichten und somit gleich bleibender Kapazitätswertfunktion ($g_t(K_{1,t}) = g_{t+1}(K_{1,t+1})$) von Periode $t$ zu $t+1$, sind dadurch ähnliche Effekte möglich, die zu Beginn des Abschnitts ausgeschlossen werden sollten. Eine Bewegung zwischen sehr geringen und sehr hohen Kapazitätsniveaus ist erlösbringend und Kapazitätseinheiten würden nur aus dem Grund erworben, um sie in der nächsten Periode wieder zu verkaufen.

Abbildung 5.27 soll diesen Vorgang verdeutlichen, indem der Kapazitätsbestand über mehrere Perioden unter der Annahme von gleich bleibenden Erlösaussichten dargestellt wird.

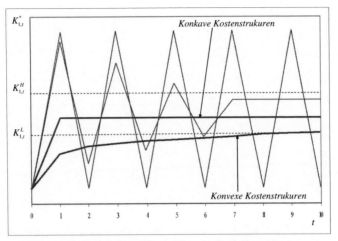

*Abbildung 5.27: Mögliche Entwicklungen der optimalen Endkapazitätsniveaus über die Perioden unter variierten Kontrollkostenstrukturen*

Die dünner eingezeichneten Linien kennzeichnen derartig „extreme" Kapazitätsbestandsverläufe. Jeweils ist ein „Springen" zwischen sehr unterschiedlich hohen Kapazitätsniveaus zu sehen. Im einen Fall ist ein andauernder Effekt, im anderen Fall ein auslaufender Effekt zu beobachten. Nur in der angegebenen Kombination der Kontrollkostenfunktionen ist dieser Effekt in mehrperiodiger Ausprägung möglich. Falls beispielsweise von konkaven Kosten- und Desinvestitionserlösfunktionen ausgegangen wird, ist die „Oszillation" beim Desinvestionsvorgang beendet.

Dieses Vorgehen ist zwar modelltechnisch möglich, erscheint jedoch als wenig realistisch. Die zu Beginn des Abschnitts getroffene Bedingung lässt prinzipiell die Existenz des Effektes zu. Die in der Praxis vorzufindenden Kontrollkostenstrukturen werden ein solches Verhalten nicht hervorrufen. Man könnte diese somit durch die folgenden Bedingungen zusätzlich beschreiben:

Falls eine konkave Kostenfunktion vorliegt, gilt für

$$K_{1,t-1} < K_{1,t}^L : K_{1,t}^*\left(K_{1,t-1}\right) \leq K_{1,t}^H.$$ (5.20)

Falls eine konvexe Desinvestitionserlösfunktion vorliegt, gilt für

$$K_{1,t-1} > K_{1,t}^H : K_{1,t}^*\left(K_{1,t-1}\right) \geq K_{1,t}^L.$$ (5.21)

In beiden Fällen findet also eine Anpassung auf ein Kapazitätsniveau statt, welches bei gleichbleibenden Erwartungen an die Zukunft in der nächsten Periode nicht verlassen wird.

Der Abbildung 5.27 sind ebenfalls typische Kapazitätsexpansionsverläufe unter konkaven bzw. konvexen Kostenstrukturen zu entnehmen.

Unter konkaven Kostenstrukturen entscheidet sich ein Unternehmen dazu, in der ersten Periode sehr viel zusätzliche Kapazität zu erwerben. In den weiteren Perioden finden daraufhin keine Kapazitätszukäufe mehr statt. Aufgrund der dritten Struktureigenschaft der optimalen Politik unter konkaven Kostenstrukturen ($K_{1,t}^* \geq K_{1,t}^L$) wird bei der Kapazitätserhöhung in der ersten Periode ein höheres Endniveau als $K_{1,1}^L$ angenommen. Da diese Abbildung eine Situation mit gleich bleibenden Erlösaussichten widerspiegelt, gilt: $K_{1,1}^L = K_{1,2}^L = ... = K_{1,10}^L$. Somit ist das Grenzniveau, oberhalb dessen keine Kapazitätsexpansion stattfindet, über die Perioden hinweg konstant. Folglich liegt ab der zweiten Periode ein Anfangskapazitätsniveau vor, welches nicht mehr verändert wird. Der gesamte Kapazitätsexpansionsprozess wird demnach in einer Periode durchgeführt.

Bei Annahme konvexer Kostenstrukturen finden hingegen mehrere „kleine" Kapazitätszukäufe statt. Gemäß der dritten Struktureigenschaft der optimalen Politik unter konvexen Kostenstrukturen ($K_{1,t}^* \leq K_{1,t}^L$) wird stets ein geringerer optimaler

Endwert als das konstante Grenzniveau $K_{1,1}^L = K_{1,2}^L = ... = K_{1,10}^L$ angenommen. Über die Perioden hinweg findet gewissermaßen eine Annäherung an dieses Niveau statt. Die hier dargestellten Zusammenhänge können mit den hergeleiteten Struktureigenschaften begründet werden. Eine Bestätigung der beschriebenen Kapazitätsexpansionsverläufe unter nichtlinearen Kostenfunktionen ist ebenfalls in der Literatur zu finden[17].

Nach der Darstellung des Einkapazitätsfalls in diesem Kapitel stellt sich die Frage, ob die erarbeiteten Ergebnisse für nichtlineare Kontrollkostenfunktionen strukturell auf den Mehrkapazitätsfall ausgedehnt werden können. Eberly und Van Mieghem zeigen auf, dass unter Annahme linearer Kontrollkostenfunktionen im Ein- und Mehrkapazitätsfall strukturell dieselbe Form der optimalen Politik vorliegt. Der Einkapazitätsfall unter nichtlinearen Kosten- und Desinvestitionserlösfunktionen wird in Kapitel 6 thematisiert.

---

[17] Vgl. Malcomson, J. M. (1975), S. 288 für eine Diskussion von Über- bzw. Unterkapazität bei Annahme unterschiedlich gekrümmter Kostenstrukturen.

# 6. Untersuchung der optimalen Kapazitätsanpassung im Mehrkapazitätsfall

Dieses Kapitel untersucht den in Kapitel 4 eingeführten Typ von Optimierungsproblemen. Es wird jedoch im Folgenden davon ausgegangen, dass dem Unternehmen mehr als eine Kapazität zur Verfügung steht. Auch die in diesem Kapitel thematisierten Optimierungsprobleme repräsentieren die beiden mehrperiodigen Kapazitätsplanungsmodelle aus den Kapiteln 2 und 3[1]. Die Optimierungsprobleme stehen für die Kapazitätsentscheidung in einer beliebigen Periode, wobei die Lösungen der Optimierungsprobleme als optimale Kapazitätsentscheidungen, bezogen auf die mehrperiodige Gesamtproblemstellung, angesehen werden können.

Wiederum werden Struktureigenschaften der Optimierungsprobleme herausgearbeitet, die den Kapazitätsanpassungsprozess möglichst detailliert beschreiben sollen. Diese Herangehensweise ist notwendig, da eine Politik im „reinsten Sinne", die jedem Anfangskapazitätsvektor einen optimalen Zielkapazitätsvektor zuordnet, weiterhin nur dann existent ist, wenn lineare Kontrollkostenstrukturen vorliegen. In diesem Fall ist die von Eberly und Van Mieghem[2] eingeführte *ISD-Politik* optimal und beschreibt den Anpassungsprozess vollständig.

Ein deutlich höheres Maß an Komplexität ist im Mehrkapazitätsfall, verglichen mit dem Einkapazitätsfall, dadurch gegeben, dass die Kapazitäten auf unterschiedliche Weise interagieren können. Im einfachsten Fall findet keine Interaktion statt. Die Kapazitäten werden beispielsweise zur Fertigung von zugeordneten Produkten

---

[1] Zur Begründung, warum alle getroffenen Aussagen auf *beide* Planungsmodelle bezogen werden können, wird auf das Kapitel 4 verwiesen.

[2] Vgl. Eberly, J. C./Van Mieghem, J. A. (1997).

eingesetzt und agieren demnach völlig unabhängig voneinander. Hierbei kann der Anpassungsprozess im Mehrkapazitätsfall als vollständig separierbar angesehen werden und kann durch die im vorigen Kapitel hergeleiteten Aussagen beschrieben werden. Jedoch sind auch positive bzw. negative Wechselwirkungen zwischen den Kapazitäten in dem Sinne möglich, dass ein höheres Kapazitätsniveau einer Kapazität, die Attraktivität von höheren Niveaus der anderen Kapazitäten steigert bzw. mindert.

Derartige Zusammenhänge bestimmen ebenfalls den Anpassungsprozess und müssen demnach bei einer Beschreibung von diesem miteinbezogen werden.

Der Abschnitt 6.1 macht deutlich, wie die beschriebenen Formen der Interaktionen zwischen den Kapazitäten in der Modellierung berücksichtigt werden. Dies kann als technische Grundlage für die weiteren Untersuchungen verstanden werden.

Abschnitt 6.2 stellt dar, inwiefern unter Annahme nichtlinearer Kontrollkostenstrukturen nicht mehr von einer gegebenen Partitionierung der Menge der Anfangskapazitätsvektoren ausgegangen werden kann.

Der Abschnitt 6.3 enthält wesentliche Struktureigenschaften des optimalen Anpassungsprozesses im Mehrkapazitätsfall. Hierbei werden keine Einschränkungen an die bestehenden Interaktionen zwischen den beteiligten Kapazitäten getroffen.

Der Abschnitt 6.4 zeigt weitere Struktureigenschaften des optimalen Anpassungsprozesses auf, welche diesen auf einer sehr grundsätzlichen Ebene beschreiben. Es werden feste Kapazitätsinteraktionen vorausgesetzt, wie beispielsweise die Situation, dass alle Kapazitäten auf positive Weise wechselwirken.

Explizit sind diesem Kapitel die folgenden Kapitel des Anhangs zugeordnet:

Das Kapitel A.6.1 enthält alle relevanten Beweise der Aussagen, die in diesem Kapitel formuliert werden.

In Kapitel A.6.2 wird untersucht, in welcher Form eine Miteinbeziehung von Fixkosten die Struktur der optimalen Politik im Ein- und Mehrkapazitätsfall beeinflusst. Auch diesem Kapitel liegen die Planungsmodelle aus den Kapiteln 2 und 3 zugrunde, wobei sich die getroffenen Aussagen nur auf einperiodige Problemstellungen beziehen.

## 6.1 Modellierung von Kapazitätsinteraktionen

Aussagen über das mehrperiodige Planungsmodell aus Kapitel 3 können durch die Analyse des folgenden Optimierungsproblems formuliert werden.

$$\sup_{K_t} \left\{ g_t(K_t) - C_t(K_{t-1}, K_t) + R_t(K_{t-1}, K_t) \right\}$$

$$= \sup_{K_{1,t}, K_{2,t}, \dots, K_{N,t}} \left\{ g_t(K_{1,t}, K_{2,t}, \dots, K_{N,t}) - \sum_{i=1}^{N} c_{i,t} \cdot (K_{i,t} - K_{i,t-1})^+ + \sum_{i=1}^{N} r_{i,t} \cdot (K_{i,t-1} - K_{i,t})^+ \right\}$$

(6.1)

Das Planungsmodell aus Kapitel 2 nimmt hierbei an, dass Kapazität zu proportionalen Konditionen beschafft und abgesetzt werden kann. Auch unter gekrümmten Kontrollkostenfunktionen besteht die Möglichkeit der Repräsentation der mehrperiodigen Modelle in Optimierungsproblemen, falls die in Kapitel 4 formulierte *ANNAHME* bei der Untersuchung von Kapazitätsplanungsmodellen mit konkaven Kosten- und konvexen Desinvestitionserlösfunktionen eingehalten wird[3]. Dies führt auf das folgende Optimierungsproblem:

$$\sup_{K_t} \left\{ g_t(K_t) - C_t(K_{t-1}, K_t) + R_t(K_{t-1}, K_t) \right\}$$

$$= \sup_{K_{1,t}, K_{2,t}, \dots, K_{N,t}} \left\{ g_t(K_{1,t}, K_{2,t}, \dots, K_{N,t}) - \sum_{i=1}^{N} C_{i,t}(K_{i,t} - K_{i,t-1}) + \sum_{i=1}^{N} R_{i,t}(K_{i,t-1} - K_{i,t}) \right\}$$

(6.2)

---

[3] Von der Einhaltung der *ANNAHME* wird auch in dem vorliegenden Kapitel ausgegangen.

Die Gesamtkontrollkosten errechnen sich weiterhin als Summe der Kontrollkosten der $N$ Kapazitäten, denen jeweils eine nichtlineare Kostenfunktion $C_{i,t}\left(K_{i,t}-K_{i,t-1}\right)$ und eine nichtlineare Desinvestitionserlösfunktion $R_{i,t}\left(K_{i,t-1}-K_{i,t}\right)$ zugeordnet ist. Die Kapazitätswertfunktion $g_t$ ist eine im Vektor $\left(K_{1,t}, K_{2,t}, ..., K_{N,t}\right)$ konkave Funktion und ordnet diesem Vektor in Periode $t$ die Summe aus (erwarteten) Erlösen der aktuellen Periode und den erwarteten (aggregierten) Gewinnen in allen zukünftigen Perioden unter der Annahme zu, dass in zukünftigen Perioden stets die optimale Politik angewendet wird.

Die gemischten Ableitungen dieser Funktion spiegeln die Interaktionen zwischen den Kapazitäten und damit den zentralen Aspekt wider, der die Betrachtung des Mehrkapazitätsfalls vom Einkapazitätsfall unterscheidet. Dies soll im Weiteren dargestellt werden[4], bevor eine Untersuchung auf Partitionierbarkeit der Anfangskapazitätsvektoren und eine Analyse der Struktureigenschaften des optimalen Anpassungsprozesses folgen.

Abbildung 6.1 stellt beispielhaft die Situation dar, dass ein Unternehmen im Besitz von vier Kapazitäten ist. Das Unternehmen fertigt hierbei zwei Produkte, wobei Produkt 1 sowohl auf Kapazität 1 als auch auf Kapazität 2 gefertigt werden kann. Beide Kapazitäten können hierbei die Nachfrage nach Produkt 1 zusammen befriedigen[5]. Produkt 2 muss hingegen unter Nutzung der Kapazitäten 3 *und* 4 gefertigt werden. Die Kapazität 4 kann beispielsweise als Kontrollkapazität aufgefasst werden.

---

[4] Die Modellierung von Kapazitätsinteraktionen in der vorliegenden Diplomarbeit orientiert sich an der, welche bei Eberly, J. C./Van Mieghem, J. A. (1997) und Harrison, J.M./Van Mieghem, J. A. (1999) zu finden ist.

[5] Vgl. Harrison, J. M./Van Mieghem, J. A. (1999), S. 23 für eine Modellierung von drei Kapazitäten und zwei Produkten.

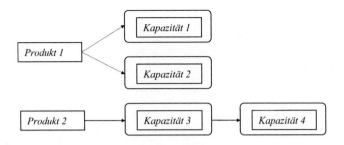

*Abbildung 6.1: Interaktion von Kapazitäten*

Somit ist zunächst insofern eine komplementäre Beziehung zwischen den Kapazitäten 3 und 4 festzustellen, als dass diese den Einsatz der jeweils anderen Kapazität begünstigen. Ein zu geringes Niveau einer der beiden Kapazitäten wirkt sofort als Engpass.

Hingegen „konkurrieren" die Kapazitäten 1 und 2 um die Fertigung des Produktes 1. Beispielsweise ist eine Kapazitätserhöhung der Kapazität 1 besonders dann rentabel, wenn von einem geringen Niveau der Kapazität 2 auszugehen ist. Unter dieser Bedingung kann von einer großteiligen Fertigung des Produktes 1 auf Kapazität 1 ausgegangen werden. Eine derartige Form der Interaktion wird im Folgenden als ein substituales Verhältnis von Kapazitäten bezeichnet.

Die Kapazitäten 3 und 4 stehen mit den Kapazitäten 1 und 2 nicht direkt in Verbindung. Veränderte Niveaus dieser Kapazitäten besitzen keinen Einfluss auf die Vorteilhaftigkeit von veränderten Niveaus der anderen Kapazitäten. Es ist also ein unabhängiges Verhältnis zwischen diesen Kapazitäten festzustellen.

Die beschriebenen Interaktionen finden sich in den gemischten Ableitungen der Kapazitätswertfunktion wieder[6]. Positive bzw. negative gemischte Ableitungen drücken hierbei ein komplementäres bzw. substituales Verhältnis der Kapazitäten

---

[6] Vgl. Eberly, J. C./Van Mieghem, J. A. (1997), S. 357.

## 6. Untersuchung der optimalen Kapazitätsanpassung im Mehrkapazitätsfall

aus. Im Fall unabhängig agierender Kapazitäten verschwinden die gemischten Ableitungen.

Die Hesse-Matrix der zum obigen Beispiel gehörenden Kapazitätswertfunktion $H\left(g_t\left(K_{1,t}, K_{2,t}, K_{3,t}, K_{4,t}\right)\right)$ besitzt dementsprechend die folgende Gestalt, wobei positive Werte mit $+$, negative Werte mit $-$ und weder positive noch negative Werte mit 0 abgekürzt werden.

$$H\left(g_t\left(K_{1,t}, K_{2,t}, K_{3,t}, K_{4,t}\right)\right)$$

$$= \begin{pmatrix} \frac{\partial^2 g_t}{\partial K_{1,t} \partial K_{1,t}} & \frac{\partial^2 g_t}{\partial K_{1,t} \partial K_{2,t}} & \frac{\partial^2 g_t}{\partial K_{1,t} \partial K_{3,t}} & \frac{\partial^2 g_t}{\partial K_{1,t} \partial K_{4,t}} \\ \frac{\partial^2 g_t}{\partial K_{2,t} \partial K_{1,t}} & \frac{\partial^2 g_t}{\partial K_{2,t} \partial K_{2,t}} & \frac{\partial^2 g_t}{\partial K_{2,t} \partial K_{3,t}} & \frac{\partial^2 g_t}{\partial K_{2,t} \partial K_{4,t}} \\ \frac{\partial^2 g_t}{\partial K_{3,t} \partial K_{1,t}} & \frac{\partial^2 g_t}{\partial K_{3,t} \partial K_{2,t}} & \frac{\partial^2 g_t}{\partial K_{3,t} \partial K_{3,t}} & \frac{\partial^2 g_t}{\partial K_{3,t} \partial K_{4,t}} \\ \frac{\partial^2 g_t}{\partial K_{4,t} \partial K_{1,t}} & \frac{\partial^2 g_t}{\partial K_{4,t} \partial K_{2,t}} & \frac{\partial^2 g_t}{\partial K_{4,t} \partial K_{3,t}} & \frac{\partial^2 g_t}{\partial K_{4,t} \partial K_{4,t}} \end{pmatrix} = \begin{pmatrix} - & - & 0 & 0 \\ - & - & 0 & 0 \\ 0 & 0 & - & + \\ 0 & 0 & + & - \end{pmatrix}$$

Die Hesse-Matrix der Kapazitätswertfunktion wird als negativ definit angenommen, was impliziert, dass die Kapazitätswertfunktion streng konkav ist[7]. Hieraus resultieren die negativen Diagonalelemente. Die Vorzeichen aller weiteren Elemente ergeben sich aus den angestellten Überlegungen zur Interaktion der Kapazitäten[8].

---

[7] In diesem Kapitel wird stets die strenge Konkavität der Kapazitätswertfunktion angenommen.

[8] Die Folgen der Kapazitätsinteraktionen auf die gemischten Ableitungen sind auch intuitiv einsehbar. Beispielsweise ist der Ausdruck $\frac{\partial^2 g_t}{\partial K_{3,t} \partial K_{4,t}} = \partial\left(\frac{\partial g_t}{\partial K_{4,t}}\right) / \partial K_{3,t}$ positiv, da die marginalen zusätzlichen Erlöse durch den Einsatz zusätzlicher Kapazitätseinheiten der vierten Kapazität steigen, wenn mehr Einheiten der Kapazität drei eingesetzt werden.

## 6.2 Partitionierbarkeit der Anfangskapazitätsniveaus

Der vorliegende Abschnitt thematisiert die Partitionierbarkeit der Menge der Anfangskapazitätsvektoren hinsichtlich der optimalerweise auszuführenden Handlungsalternative bei konvexen bzw. konkaven Kosten- und Desinvestitionserlösstrukturen. Bei $N$ Kapazitäten ergeben sich $N^3$ potentielle Handlungsalternativen für das Unternehmen, welches das Kapazitätsniveau jeder Kapazität beibehalten, erhöhen oder verringern kann.

Im Fall linearer Kontrollkostenstrukturen partitionieren die Grenzfunktionen $K_{i,t}^L\left(K_{(i),t-1}\right)$ und $K_{i,t}^H\left(K_{(i),t-1}\right)$ [9] für $i = \{1,...,N\}$ die Menge aller Anfangskapazitätsvektoren, wie Eberly und Van Mieghem aufzeigen[10]. Unter einer gekrümmten Kontrollkostenstruktur kann keine exakte Partitionierung mittels dieser Grenzfunktionen durchgeführt werden, wie anhand numerischer Gegenbeispiele aufgezeigt werden kann[11]. Grob formuliert partitionieren jedoch die Grenzfunktionen $K_{i,t}^L\left(K_{(i),t-1}\right)$ und $K_{i,t}^H\left(K_{(i),t-1}\right)$ „nahezu alle" Anfangskapazitätsvektoren auch unter konkaven und konvexen Kontrollkostenfunktionen korrekt.

$K_{i,t}^L\left(K_{(i),t-1}\right)$ und $K_{i,t}^H\left(K_{(i),t-1}\right)$ stellen hierbei die Grenzfunktionen unter den linearen Kosten- und Desinvestitionserlösfunktionen $C_{i,t}\left(K_{i,t-1}, K_{i,t}\right) = c_{i,t} \cdot \left(K_{i,t} - K_{i,t-1}\right)$ und $R_{i,t}\left(K_{i,t-1}, K_{i,t}\right) = r_{i,t} \cdot \left(K_{i,t-1} - K_{i,t}\right)$ dar, wobei für $c_{i,t}$ und $r_{i,t}$ gilt:

$$\frac{\partial C_{i,t}}{\partial K_{i,t}}(0) = c_{i,t} \text{ und } \frac{\partial R_{i,t}}{\partial K_{i,t}}(0) = r_{i,t} \text{ mit } i \in \{1,...,N\} \tag{6.3}$$

---

[9] $K_{i,t}^H$ ist hierbei von allen Anfangskapazitätsniveaus außer dem der $i$-ten Kapazität selbst abhängig.
[10] Vgl. *Theorem 2* bei Eberly, J. C./Van Mieghem, J. A. (1997), S.353. Eine Partitionierung ist auch für das mehrperiodige Planungsmodell aus Kapitel 3 gegeben, wie dort ausgeführt ist.
[11] Vgl. zur Diplomarbeit gehörende CD-Rom mit Gegenbeispielen in *EXCEL*.

Es werden also Einheitskosten $c_{i,t}$ und Desinvestitionserlöse pro Einheit $r_{i,t}$ in der Höhe angenommen, dass diese den Einheitskosten und Desinvestitionserlösen der ersten marginalen Kapazitätseinheit unter gekrümmten Kontrollkostenfunktionen entsprechen.

Insbesondere im Fall konkaver Kosten bzw. konvexer Desinvestitionserlöse sind nur schwerlich numerische Gegenbeispiele für Anfangskapazitätsvektoren zu finden, die durch diese Grenzfunktionen der *ISD-Politik* „falsch" partitioniert werden.

In den Abbildungen 6.2 bzw. 6.3 sind Partitionierungen für derartige Gegenbeispiele unter nichtlinearen Kontrollkostenstrukturen skizziert, die sich auf der Basis von ersten numerischen Untersuchungen[12] vermuten lassen. Es sind Partitionierungen für den Zweikapazitätsfall unter konvexen Kosten- und konkaven Desinvestitionserlösstrukturen bzw. konkaven Kosten- und konvexen Desinvestitionserlösstrukturen eingezeichnet. Ebenfalls sind die Grenzfunktionen $K_{1,t}^{L}(K_{2,t-1})$, $K_{1,t}^{H}(K_{2,t-1})$, $K_{2,t}^{L}(K_{1,t-1})$ und $K_{2,t}^{H}(K_{1,t-1})$ gestrichelt dargestellt.

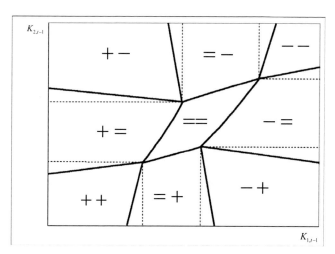

*Abbildung 6.2: Partitionierung der Anfangskapazitätsvektoren im Zweikapazitätsfall unter konvexen Kosten- und konkaven Desinvestitionserlösstrukturen*

---

[12] Vgl. zur Diplomarbeit gehörende CD-Rom.

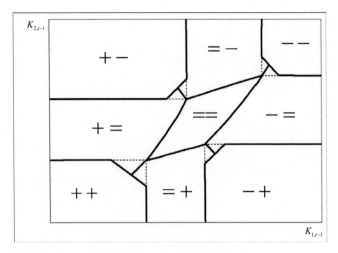

*Abbildung 6.3: Partitionierung der Anfangskapazitätsvektoren im Zweikapazitätsfall unter konkaven Kosten- und konvexen Desinvestitionserlösstrukturen*

Eine Partition ist dadurch definiert, dass für alle Anfangskapazitätsvektoren, die sich innerhalb der Partition befinden, dieselbe Form der Handlung optimal ist. Beispielsweise ist für Anfangskapazitätstupel „nahe des Ursprungs" die Handlung optimal, das Niveau beider Kapazitäten zu erhöhen, was in den Abbildungen durch „++" dargestellt wird.

Die Untersuchung, ob auf analytischem Wege Funktionen bestimmt werden können, welche die Partitionen festlegen, steht noch aus. Es sei aber nochmals betont, dass die Partitionierung der *ISD-Politik* auch in nahezu jeder Konstellation mit gekrümmten Kontrollkostenfunktionen optimal ist.

In der vorliegenden Diplomarbeit wird Politik als eine detaillierte Beschreibung des Anpassungsprozesses verstanden. Hierzu wird zum einen eine Partitionierung der Menge der Anfangskapazitätsvektoren hinsichtlich der optimal auszuführenden Handlung benötigt. Zum anderen wird die Existenz von hergeleiteten Struktureigenschaften, welche die optimale Ausführung der Handlungen beschreiben, vorausgesetzt. Da im Mehrkapazitätsfall keine bewiesene Partitionierung feststeht, kann keine vollständige Politik vorliegen.

Die weiteren Aussagen beschreiben Struktureigenschaften der optimalen Ausführung aller möglichen Handlungen. Hierbei wird stets davon ausgegangen, dass die durchgeführte Handlung, beispielsweise die Erhöhung der Kapazitätsniveaus aller Kapazitäten, die beste Handlungsalternative darstellt. Die Struktureigenschaften beschreiben entsprechend die für gegebene Anfangskapazitätsvektoren optimalen Handlungen in optimaler Ausführung.

## 6.3 Struktureigenschaften des optimalen Anpassungsprozesses

Welche Struktureigenschaften beschreiben den optimalen Anpassungsprozess charakteristisch? In Kapitel 5 werden für unterschiedlich gekrümmte Kosten- und Desinvestitionserlösfunktionen Eigenschaften herausgearbeitet, die Aussagen bezüglich folgender drei Aspekte des Anpassungsprozesses beinhalten[13]:

(1) Welche Auswirkungen auf den optimalen Endwert einer Kapazität sind durch veränderte Anfangswerte derselben Kapazität gegeben?

(2) Welche Auswirkungen auf den optimalen Zuwachs bzw. die optimale Verringerung des Niveaus einer Kapazität sind durch veränderte Anfangswerte derselben Kapazität gegeben?

(3) Existieren Ober- bzw. Untergrenzen für die optimalen Endwerte der Kapazitäten?

Diese Eigenschaften drücken auch im Mehrkapazitätsfall wesentliche Eigenschaften des optimalen Anpassungsprozesses aus. Es wird deshalb im Folgenden untersucht, inwieweit diese bei unterschiedlichen Kontrollkostenstrukturen nachweisbar sind. Ebenso beantwortet dieser Abschnitt die Frage, welcher Einfluss dem aktuellen Kapazitätsniveau von Kapazitäten zugeschrieben werden kann, deren Kapazitätsniveau in der aktuellen Periode nicht verändert wird. Es wird zu sehen sein, dass hier die Kapazitätsinteraktionen eine entscheidende Rolle spielen.

---

[13] Die Aussagen sind auf Kapazitäten bezogen, deren Niveau verändert wird. Falls das Kapazitätsniveau einer Kapazität beibehalten wird, ist keine weitere Beschreibung des „Anpassungsprozesses" notwendig.

Zunächst wird der Zusammenhang zwischen Anfangskapazitätswerten und optimalen Endkapazitätswerten und somit die erste der obigen Fragestellungen thematisiert. Der *Beweis A.6.1.1* in Kapitel A.6.1 des Anhangs zeigt auf, dass im Mehrkapazitätsfall dieselben Struktureigenschaften des optimalen Anpassungsverhaltens nachweisbar sind, wie sie im Einkapazitätsfall vorliegen. Die folgenden Aussagen ergeben sich aus dem angesprochenen Beweis:

---

**Struktureigenschaften des optimalen Kapazitätsanpassungsprozesses bei Kapazität** $i \in \{1, ..., N\}$:

bei Kapazitätsexpansion unter streng konvexen Kosten:
$$\frac{\partial \left( K_{i,t}^* \left( K_{1,t-1}, ..., K_{i,t-1}, ..., K_{N,t-1} \right) \right)}{\partial K_{i,t-1}} > 0 \quad (6.4)$$

bei Kapazitätsexpansion unter streng konkaven Kosten:
$$\frac{\partial \left( K_{i,t}^* \left( K_{1,t-1}, ..., K_{i,t-1}, ..., K_{N,t-1} \right) \right)}{\partial K_{i,t-1}} < 0 \quad (6.5)$$

bei Kapazitätsreduktion unter streng konkaven Desinvestitionserlösen:
$$\frac{\partial \left( K_{i,t}^* \left( K_{1,t-1}, ..., K_{i,t-1}, ..., K_{N,t-1} \right) \right)}{\partial K_{i,t-1}} > 0 \quad (6.6)$$

bei Kapazitätsreduktion unter streng konvexen Desinvestitionserlösen:
$$\frac{\partial \left( K_{i,t}^* \left( K_{1,t-1}, ..., K_{i,t-1}, ..., K_{N,t-1} \right) \right)}{\partial K_{i,t-1}} < 0 \quad (6.7)$$

---

Ebenso lassen sich Eigenschaften bei gekrümmten, aber nicht streng gekrümmten Kontrollkostenfunktionen herleiten.

> **Struktureigenschaften des optimalen Kapazitätsanpassungsprozesses bei Kapazität** $i \in \{1,...,N\}$ :
>
> bei Kapazitätsexpansion unter konvexen Kosten:
> $$\frac{\partial \left( K_{i,t}^{*}\left( K_{1,t-1},...,K_{i,t-1},...,K_{N,t-1}\right)\right)}{\partial K_{i,t-1}} \geq 0 \quad (6.8)$$
>
> bei Kapazitätsexpansion unter konkaven Kosten:
> $$\frac{\partial \left( K_{i,t}^{*}\left( K_{1,t-1},...,K_{i,t-1},...,K_{N,t-1}\right)\right)}{\partial K_{i,t-1}} \leq 0 \quad (6.9)$$
>
> bei Kapazitätsreduktion unter konkaven Desinvestitionserlösen:
> $$\frac{\partial \left( K_{i,t}^{*}\left( K_{1,t-1},...,K_{i,t-1},...,K_{N,t-1}\right)\right)}{\partial K_{i,t-1}} \geq 0 \quad (6.10)$$
>
> bei Kapazitätsreduktion unter konvexen Desinvestitionserlösen:
> $$\frac{\partial \left( K_{i,t}^{*}\left( K_{1,t-1},...,K_{i,t-1},...,K_{N,t-1}\right)\right)}{\partial K_{i,t-1}} \leq 0 \quad (6.11)$$

Folglich besitzen auch im Mehrkapazitätsfall höhere Anfangskapazitätsniveaus unter einer konvexen Kostenfunktion oder konkaven Desinvestitionserlösfunktion einen positiven Einfluss auf das anzunehmende Endniveau. Falls jedoch eine konkave Kostenfunktion oder konvexe Desinvestitionserlösfunktion vorliegt, ist dieser Einfluss negativ.

Unter der Einhaltung der *ANNAHME* wird die Gültigkeit dieser Aussagen im Mehrkapazitätsfall nachgewiesen. Hierbei werden keinerlei Anforderungen an die Form der Interaktion zwischen den Kapazitäten gestellt. Folglich gelten diese Eigenschaften sowohl für *unabhängige* Kapazitäten, als auch für Kapazitäten mit *komplementärem* oder *substitualem* Verhältnis. Die Einhaltung der *ANNAHME* gewährt demnach auch im Mehrkapazitätsfall den Nachweis der Struktureigenschaften des Optimierungsproblems und den Bezug dieser Eigenschaften auf mehrperiodige Planungsprobleme.

Die obigen Eigenschaften beschreiben den optimalen Anpassungsvorgang selbst dann, wenn Kapazitäten mit unterschiedlichen Kontrollkostenfunktionen vorliegen. Alle Kombinationen aus linearen, konvexen und konkaven Kosten- und Desinvestitionserlösfunktionen bei einer beliebigen Anzahl an Kapazitäten sind eingeschlossen.

Falls lineare Kontrollkostenstrukturen vorliegen, besitzen veränderte Anfangskapazitätsniveaus keinen Einfluss auf die anzunehmenden Endkapazitätsniveaus. Die Aussagen entsprechen demnach unter Zugrundelegung von linearen oder nichtlinearen Kontrollkostenstrukturen denen des Einkapazitätsfalls.

Unter derart unrestriktiven Voraussetzungen können die Aussagen, die den Zusammenhang zwischen dem Anfangskapazitätsniveau und dem optimalen Kapazitätszuwachs bzw. Kapazitätsrückgang beschreiben, über die Beweise *A.6.1.2* und *A.6.1.3* nicht bestätigt werden. Aus dem *Beweis A.6.1.2* gehen die folgenden Struktureigenschaften für konkave und streng konkave Kostenfunktionen bzw. konvexe und streng konvexe Desinvestitionserlösfunktionen hervor:

---

***Struktureigenschaften des optimalen Kapazitätsanpassungsprozesses bei Kapazität*** $i \in \{1,...,N\}$:

bei Kapazitätsexpansion unter streng konkaven Kosten:
$$\frac{\partial \left( K_{i,t}^* \left( K_{1,t-1},...,K_{i,t-1},...,K_{N,t-1} \right) - K_{i,t-1} \right)}{\partial K_{i,t-1}} < 0 \quad (6.12)$$

bei Kapazitätsexpansion unter konkaven Kosten:
$$\frac{\partial \left( K_{i,t}^* \left( K_{1,t-1},...,K_{i,t-1},...,K_{N,t-1} \right) - K_{i,t-1} \right)}{\partial K_{i,t-1}} < 0 \quad (6.13)$$

bei Kapazitätsreduktion unter streng konvexen Desinvestitionserlösen:
$$\frac{\partial \left( K_{i,t-1} - K_{i,t}^* \left( K_{1,t-1},...,K_{i,t-1},...,K_{N,t-1} \right) \right)}{\partial K_{i,t-1}} > 0 \quad (6.14)$$

bei Kapazitätsreduktion unter konvexen Desinvestitionserlösen:
$$\frac{\partial \left( K_{i,t-1} - K_{i,t}^* \left( K_{1,t-1},...,K_{i,t-1},...,K_{N,t-1} \right) \right)}{\partial K_{i,t-1}} > 0 \quad (6.15)$$

---

Die Aussagen für konkave Kostenfunktionen und konvexe Desinvestitionserlösfunktionen gelten ebenfalls unabhängig von den Kontrollkostenstrukturen der sonstigen Kapazitäten und den Interaktionen zwischen diesen. Für Kapazitäten mit konvexer Kostenfunktion oder konkaver Desinvestitionserlösfunktion können die entsprechenden Eigenschaften über *Beweis A.6.1.3* jedoch nur dann nachgewiesen werden, wenn diese Kapazitäten nicht zusammen mit Kapazitäten auftreten, die konkave Kosten- oder konvexe Desinvestitionserlösfunktionen aufweisen. Demnach gelten die folgenden Aussagen für alle Kombinationen aus Kapazitäten mit konvexen oder linearen Kostenfunktionen und konkaven oder linearen Desinvestitionserlösfunktionen.

---

**Struktureigenschaften des optimalen Kapazitätsanpassungsprozesses bei Kapazität** $i \in \{1,...,N\}$:

bei Kapazitätsexpansion unter streng konvexen Kosten:
$$\frac{\partial \left( K_{i,t}^* \left( K_{1,t-1},...,K_{i,t-1},...,K_{N,t-1} \right) - K_{i,t-1} \right)}{\partial K_{i,t-1}} < 0 \quad (6.16)$$

bei Kapazitätsexpansion unter konvexen Kosten:
$$\frac{\partial \left( K_{i,t}^* \left( K_{1,t-1},...,K_{i,t-1},...,K_{N,t-1} \right) - K_{i,t-1} \right)}{\partial K_{i,t-1}} < 0 \quad (6.17)$$

bei Kapazitätsreduktion unter streng konkaven Desinvestitionserlösen:
$$\frac{\partial \left( K_{i,t-1} - K_{i,t}^* \left( K_{1,t-1},...,K_{i,t-1},...,K_{N,t-1} \right) \right)}{\partial K_{i,t-1}} > 0 \quad (6.18)$$

bei Kapazitätsreduktion unter konkaven Desinvestitionserlösen:
$$\frac{\partial \left( K_{i,t-1} - K_{i,t}^* \left( K_{1,t-1},...,K_{i,t-1},...,K_{N,t-1} \right) \right)}{\partial K_{i,t-1}} > 0 \quad (6.19)$$

---

Numerisch lässt sich die Gültigkeit aller aufgeführten Eigenschaften unabhängig von Kombinationen aus Kontrollkostenstrukturen der Kapazitäten nachweisen. Der *Beweis A.6.1.3* macht lediglich nicht über alle Kombinationen Aussagen. Dieser Beweis könnte demnach in diesem Punkt weiterentwickelt werden.

Aus den aufgeführten Struktureigenschaften geht hervor, dass veränderte Anfangskapazitätswerte im Mehrkapazitätsfall denselben Einfluss auf den optimalen Kapazitätszuwachs bzw. Kapazitätsrückgang einer Kapazität besitzen, wie im Einkapazitätsfall[14]. Unabhängig von der Krümmung der Kostenfunktion fällt der optimale Kapazitätszuwachs bei zunehmenden Anfangskapazitätswerten. Bezogen

---

[14] Diese Übereinstimmung ist auch unter Zugrundelegung linearer Kontrollkostenstrukturen gegeben. Die obigen Ableitungen ergeben hierbei die Werte -1 bzw. 1, wobei für eine Interpretation auf Kapitel 5 verwiesen wird.

auf den Kapazitätsreduktionsprozess führen höhere Anfangskapazitätswerte zu stärker ausgeprägten Veränderungen des Kapazitätsniveaus.

Ohne weitere Voraussetzungen existieren auch im Mehrkapazitätsfall Ober- bzw. Untergrenzen für die optimalen Kapazitätswerte nach Anpassung. Die Funktionen $K_{i,t}^L\left(K_{(i),t-1}\right)$ und $K_{i,t}^H\left(K_{(i),t-1}\right)$, welche unter linearen Kontrollkostenstrukturen die Partitionierbarkeit der Menge der Anfangskapazitätsvektoren sichern, treten als Grenzfunktionen der angepassten Kapazitätswerte auf. Diesen Grenzfunktionen liegen hierbei Einheitskosten bzw. Desinvestitionserlöse pro Einheit in der Höhe zugrunde, so dass diese den Einheitskosten und Desinvestitionserlösen der ersten marginalen Kapazitätseinheit unter gekrümmten Kontrollkostenfunktionen entsprechen. Entsprechend muss für $c_{i,t}$ und $r_{i,t}$ Folgendes gelten:

$$\frac{\partial C_{i,t}}{\partial K_{i,t}}(0) = c_{i,t} \text{ und } \frac{\partial R_{i,t}}{\partial K_{i,t}}(0) = r_{i,t} \text{ mit } i \in \{1,...,N\} \qquad (6.19)$$

Die Funktionen $K_{i,t}^L\left(K_{(i),t-1}\right)$ und $K_{i,t}^H\left(K_{(i),t-1}\right)$ partitionieren demnach auch unter nichtlinearen Kontrollkostenstrukturen „nahezu alle" Anfangskapazitätsvektoren korrekt und stellen Ober- bzw. Untergrenzen für die optimalen Kapazitätswerte nach der Anpassung dar. Es folgt eine Zusammenfassung der Aussagen, wobei alle Aussagen aus *Beweis A.6.1.4* hervorgehen.

*Struktureigenschaften des optimalen Kapazitätsanpassungsprozesses bei*
*Kapazität* $i \in \{1,...,N\}$ :

| | | |
|---|---|---|
| bei Kapazitätsexpansion unter streng konvexen Kosten: | $K_{i,t}^* < K_{i,t}^L \left(K_{(i),t-1}\right)$ | (6.21) |
| bei Kapazitätsexpansion unter streng konkaven Kosten: | $K_{i,t}^* > K_{i,t}^L \left(K_{(i),t-1}\right)$ | (6.22) |
| bei Kapazitätsreduktion unter streng konkaven Desinvestitionserlösen: | $K_{i,t}^* > K_{i,t}^H \left(K_{(i),t-1}\right)$ | (6.23) |
| bei Kapazitätsreduktion unter streng konvexen Desinvestitionserlösen: | $K_{i,t}^* < K_{i,t}^H \left(K_{(i),t-1}\right)$ | (6.24) |

*Struktureigenschaften des optimalen Kapazitätsanpassungsprozesses bei*
*Kapazität* $i \in \{1,...,N\}$ :

| | | |
|---|---|---|
| bei Kapazitätsexpansion unter konvexen Kosten: | $K_{i,t}^* \leq K_{i,t}^L \left(K_{(i),t-1}\right)$ | (6.25) |
| bei Kapazitätsexpansion unter konkaven Kosten: | $K_{i,t}^* \geq K_{i,t}^L \left(K_{(i),t-1}\right)$ | (6.26) |
| bei Kapazitätsreduktion unter konkaven Desinvestitionserlösen: | $K_{i,t}^* \geq K_{i,t}^H \left(K_{(i),t-1}\right)$ | (6.27) |
| bei Kapazitätsreduktion unter konvexen Desinvestitionserlösen: | $K_{i,t}^* \leq K_{i,t}^H \left(K_{(i),t-1}\right)$ | (6.28) |

Im Unterschied zu Kapitel 5 sind Ober- und Untergrenzen der optimalen Endwerte keine reellen Werte sondern Funktionen, welche vom Anfangsniveau aller Kapazitäten außer dem der Kapazität abhängen, für die sie eine Grenze darstellen.

Im Fall von Kapazitäten mit konkaven Kostenfunktionen und konvexen Desinvestitionserlösfunktionen befinden sich die optimalen Endwerte einer Kapazität stets im Bereich zwischen den beiden Grenzfunktionen für diese Kapazität. Die optimalen

Endwerte bei Kapazitäten mit jeweils anders gekrümmten Kontrollkostenfunktionen befinden sich hingegen ober- und unterhalb der beiden Grenzfunktionen.

Unter Zugrundelegung von linearen Kosten- und Desinvestitionserlösfunktionen gilt die Optimalität der *ISD-Politik*. Die anzunehmenden Endkapazitätsniveaus befinden sich somit stets auf den Funktionen $K_{i,t}^{L}\left(K_{(i),t-1}\right)$ und $K_{i,t}^{H}\left(K_{(i),t-1}\right)$. Dies gilt unabhängig von den Interaktionen zwischen den Kapazitäten, wie bei Eberly und Van Mieghem nachgewiesen wird.

Nachdem die Struktureigenschaften formalisiert sind, werden diese nun graphisch dargestellt.

Die Abbildungen 6.4 bzw. 6.5 stellen den optimalen Anpassungsprozess unter streng konvexen Kosten- und streng konkaven Desinvestitionserlösfunktionen bzw. streng konkaven Kosten- und streng konvexen Desinvestitionserlösfunktionen im Zweikapazitätsfall dar. Für diese Konstellationen von Kontrollkostenstrukturen können alle oben aufgeführten Struktureigenschaften bewiesen werden. Bewusst wurde die dargestellte Form der Partitionierung gewählt. Die Grenzfunktionen, die bei linearen Kontrollkostenstrukturen die Menge der Anfangskapazitätstupel in Partitionen einteilen, erfüllen auch in den beiden Graphiken, die auf gekrümmten Kontrollkostenfunktionen beruhen, diese Funktion.

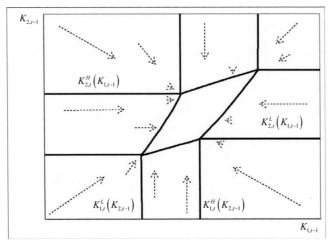

*Abbildung 6.4: Optimaler Anpassungsprozess bei streng konvexen Kosten- und streng konkaven Desinvestitionserlösstrukturen im Zweikapazitätsfall*

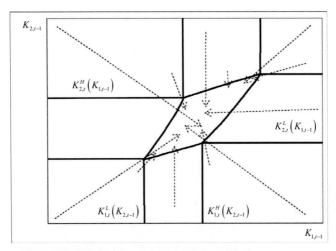

*Abbildung 6.5: Optimaler Anpassungsprozess bei streng konkaven Kosten- und streng konvexen Desinvestitionserlösstrukturen im Zweikapazitätsfall*

Die dargestellten Anpassungsprozesse unterscheiden sich zunächst dadurch, dass die in Abbildung 6.4 eingezeichneten optimalen Endwerte stets außerhalb des Bereiches liegen, der durch die Grenzfunktionen der beiden Kapazitäten entsteht. In Abbildung

6.5 befinden sich die optimalen Endwerte hingegen innerhalb des durch die Grenzfunktionen erzeugten Bereiches. Im Fall von streng konkaven Kosten- und streng konvexen Desinvestitionserlösfunktionen können jedoch auch Anpassungsvorgänge vorliegen, die sich durch ein höheres Maß an Kapazitätsveränderung auszeichnen. Beispielsweise muss das optimale Endniveau bei einer Kapazität mit einer konkaven Kostenfunktion oberhalb von $K_{i,t}^{L}\left(K_{(i),t-1}\right)$ liegen. Dieses kann sich aber durchaus sogar oberhalb von $K_{i,t}^{H}\left(K_{(i),t-1}\right)$ befinden[15]. Die beschriebenen Zusammenhänge ergeben sich aus den Struktureigenschaften 6.21, 6.22, 6.23 und 6.24[16].

Ebenfalls ist ein grundsätzlicher Unterschied zwischen den beiden Anpassungsprozessen in der Form festzustellen, dass in Abbildung 6.4 geringere Anfangswerte zu höheren Endwerten bei der Kapazitätsexpansion führen. Höhere Anfangswerte führen bei einer Kapazitätsreduktion zu geringeren Endwerten.

Dies ist in Abbildung 6.5 ebenfalls gerade in umgekehrter Form erkennbar. Höhere bzw. geringere Anfangswerte führen zu höheren bzw. geringeren Endwerten. Dies kann als graphische Interpretation der Struktureigenschaften 6.4, 6.5, 6.6 und 6.7 aufgefasst werden.

Die in den beiden Abbildungen dargestellten Anpassungsprozesse besitzen hingegen in dem Punkt Gemeinsamkeiten, dass ausgehend von sehr hohen und sehr geringen Anfangswerten die deutlichsten Kapazitätsveränderungsvorgänge zu beobachten sind. Der optimale Kapazitätszuwachs fällt also bei zunehmenden Anfangskapazitätswerten, wohingegen der optimale Kapazitätsrückgang bei zunehmenden Anfangskapazitätswerten steigt. Entsprechend stimmen die Struktureigenschaften 6.12, 6.14 6.16 und 6.18 bezüglich der betreffenden Kapazitätsexpansions- und Kapazitätsreduktionseigenschaften überein.

---

[15] Vgl. Abschnitt 5.4 für Überlegungen zu derartigen Effekten.

[16] Für eine ausführlichere graphische Interpretation der Struktureigenschaften sei auf das Kapitel 3 verwiesen.

Der optimale Kapazitätsanpassungsprozess unter linearen und nichtlinearen Kostenstrukturen im Mehrkapazitätsfall entspricht auf struktureller Ebene dem des Einkapazitätsfalls. Die nachgewiesenen Struktureigenschaften für die zugrunde gelegten Formen der Kosten- und Desinvestitionserlösfunktionen der Kapazitäten unterscheiden sich im Ein- und Mehrkapazitätsfall nicht. Diese Feststellung ist insbesondere deshalb bemerkenswert, da alle Aussagen unabhängig von den Interaktionsmöglichkeiten zwischen den Kapazitäten und für eine beliebige Anzahl an Kapazitäten gelten.

Die weiteren Ausführungen in diesem Kapitel thematisieren die Folgen von Interaktionen zwischen den Kapazitäten. Bevor in dem folgenden Abschnitt unter anderem untersucht wird, inwieweit sich die optimalen Endniveaus angepasster Kapazitäten gegenseitig beeinflussen, ist im aktuellen Abschnitt noch die Fragestellung zu klären, welcher Einfluss dem Anfangskapazitätsniveau von Kapazitäten zugeschrieben werden kann, deren Kapazitätsniveau in der aktuellen Periode nicht verändert wird. Besitzen konstant gehaltene Kapazitätsniveaus einen Einfluss auf den optimalen Endwert von Kapazitäten, deren Niveau verändert wird?

Der *Beweis A.6.1.5* untersucht diese Problematik und weist sehr intuitive Zusammenhänge nach.

> **Abhängigkeit des optimalen Kapazitätsendniveaus der Kapazität i vom Anfangskapazitätsniveau der Kapazität j, falls das Kapazitätsniveau der Kapazität j in der aktuellen Periode nicht verändert wird.** $(i, j \in \{1,...,N\}, i \neq j)$
>
> bei einem komplementären Verhältnis der Kapazitäten i und j gilt:
> $$\frac{\partial K_{i,t}^*}{\partial K_{j,t-1}^*} > 0 \qquad (6.29)$$
>
> bei einem substitualen Verhältnis der Kapazitäten i und j gilt:
> $$\frac{\partial K_{i,t}^*}{\partial K_{j,t-1}^*} < 0 \qquad (6.30)$$
>
> bei einem unabhängigen Verhältnis der Kapazitäten i und j gilt:
> $$\frac{\partial K_{i,t}^*}{\partial K_{j,t-1}^*} = 0 \qquad (6.31)$$

Sowohl im Investitionskontext als auch im Desinvestitionskontext führen beispielsweise höhere Anfangsniveaus von Kapazitäten, deren Kapazitätsniveau in der aktuellen Periode nicht verändert wird, zu höheren bzw. geringeren Endniveaus von Kapazitäten, zu denen ein komplementäres bzw. substituales Verhältnis besteht. Diesen Aussagen kann insofern ein hoher Allgemeinheitsgrad zugeschrieben werden, als dass sie für eine beliebige Anzahl an Kapazitäten und völlig unabhängig von den Kosten- und Desinvestitionserlösfunktionen der beteiligten Kapazitäten gelten. Ebenfalls sind die Aussagen unabhängig davon, ob das Kapazitätsniveau der Kapazität j erhöht, verringert oder beibehalten wird.

Die Zusammenhänge gelten für alle Formen von Kontrollkostenstrukturen und somit auch für den linearen Fall, in welchem die *ISD-Politik* Optimalitätscharakter besitzt. Es kann aus ihnen beispielsweise abgeleitet werden, warum die Funktionen $K_{i,t}^L(K_{(i),t-1})$ und $K_{i,t}^H(K_{(i),t-1})$, die unter linearen Kontrollkostenstrukturen die Menge der optimalen Endkapazitätsniveaus darstellen, in den Bereichen einen steigenden oder fallenden Verlauf bezüglich des Anfangsniveaus einer Kapazität besitzen, in denen das Kapazitätsniveau dieser Kapazität nicht verändert wird. Falls beispielsweise im Zweikapazitätsfall[17] den Kapazitäten ein komplementäres Verhältnis zugeschrieben werden kann, führt ein höheres Anfangsniveau der ersten Kapazität, falls deren Kapazitätsniveau in der aktuellen Periode nicht verändert wird, zu einem höheren optimalen Endniveau der zweiten Kapazität und damit zu einem steigenden Verlauf der Funktion $K_{2,t}^{L}(K_{1,t-1})$. Der *Beweis A.6.1.5* ermöglicht demnach auch Strukturbeschreibungen der von Eberly und Van Mieghem eingeführten *ISD-Politik*.

Falls das Niveau einer Kapazität als unverändert angenommen wird, können also aus den Interaktionsbeziehungen zwischen dieser Kapazität und den sonstigen Kapazitäten direkte Schlüsse gezogen werden. Falls das Kapazitätsniveau dieser Kapazität jedoch ebenfalls verändert wird, stellt sich die Problemstellung als ungleich komplexer heraus. Strukturaussagen sind weiterhin möglich, jedoch muss von spezifischen Interaktionskonstellationen zwischen den Kapazitäten ausgegangen werden. Eine entsprechende Untersuchung ist im folgenden Abschnitt zu finden.

---

[17] Vgl. Abbildung 2.4.

## 6.4 Spezielle Interaktionskonstellationen

In diesem Abschnitt werden, ausgehend von speziellen Interaktionskonstellationen zwischen Kapazitäten, weitere Untersuchungen zu gegenseitigen Wechselwirkungen zwischen den Kapazitäten durchgeführt. Wie zu Beginn des Kapitels eingeführt, können Kapazitäten in positiver und negativer Weise interagieren. Ebenfalls sind Problemstellungen mit unabhängig agierenden Kapazitäten denkbar. Die Form der Interaktionen zwischen den Kapazitäten bestimmt die Vorzeichen der Einträge der Hesse-Matrix der Kapazitätswertfunktion.

Die Aussagen aus dem vorangegangenen Abschnitt gelten unabhängig von allen Interaktionsmöglichkeiten zwischen den Kapazitäten. Die formulierten Struktureigenschaften enthielten Aussagen über den Einfluss des Anfangswertes einer Kapazität auf deren optimalen Endkapazitätswert und auf den optimalen Zuwachs bzw. Rückgang des Kapazitätsniveaus.

Ebenfalls wird in Abschnitt 6.3 analysiert, welcher Einfluss dem aktuellen Kapazitätsniveau von Kapazitäten zugeschrieben werden kann, deren Niveau in der aktuellen Periode nicht verändert wird.

Im Weiteren wird der Einfluss von Kapazitäten untersucht, deren Kapazitätsniveau nicht mehr als konstant angenommen wird.

Es finden sich in diesem Abschnitt Aussagen zu den folgenden beiden Problemstellungen:

Welcher Einfluss auf die optimalen Endwerte anderer Kapazitäten kann veränderten Anfangswerten von Kapazitäten zugeschrieben werden, deren Kapazitätsniveau in der aktuellen Periode verändert wird?

Inwiefern beeinflussen sich die optimalen Endwerte der Kapazitäten gegenseitig?

Es kann vermutet werden, dass diese Zusammenhänge wesentlich davon abhängig sind, ob die Kapazitäten komplementär, substitual oder unabhängig voneinander agieren. Ebenfalls stellt sich die Frage, inwieweit diese Zusammenhänge durch die Kosten- und Desinvestitionserlösstrukturen der Kapazitäten beeinflusst werden.

Die in diesem Abschnitt formulierten Aussagen beziehen sich zwar nur auf spezielle Interaktionskonstellationen zwischen den Kapazitäten, jedoch können diese Konstellationen als „Basisfälle" bezeichnet werden.

Es werden Problemstellungen untersucht, in welchen alle Kapazitäten komplementär, substitual oder unabhängig voneinander agieren, wobei im substitualen Fall nur von zwei Kapazitäten ausgegangen werden kann. Das Kapitel A.6.1 des Anhangs enthält alle Beweise, auf die in diesem Abschnitt Bezug genommen wird.

Bezüglich der Kosten- und Desinvestitionserlösfunktionen der Kapazitäten sind in diesem Abschnitt keine Restriktionen notwendig. Demnach können verschiedenste Kombinationen aus Kapazitäten mit unterschiedlichen Kontrollkostenstrukturen untersucht werden.

Die Kapazitätswertfunktion, die zur Repräsentation der mehrperiodigen Planungsmodelle aus den Kapiteln 2 und 3 in Optimierungsproblemen benötigt wird, besitzt in den drei thematisierten Interaktionskonstellationen die Gestalt, die der Abbildung 6.6 entnommen werden kann. Aus darstellerischen Gründen wird hierbei vom Zweikapazitätsfall ausgegangen, wobei wiederum positive Werte mit + und negative Werte mit − abgekürzt werden.

| Komplementäre Kapazitäten | Substituale Kapazitäten | Unabhängige Kapazitäten |
|---|---|---|
| $\begin{pmatrix} - & + \\ + & - \end{pmatrix}$ | $\begin{pmatrix} - & - \\ - & - \end{pmatrix}$ | $\begin{pmatrix} - & 0 \\ 0 & - \end{pmatrix}$ |

*Abbildung 6.6: Gestalt der Hesse-Matrix der Kapazitätswertfunktion in den untersuchten Kapazitätskonstellationen*

Ausgehend von der jeweiligen Gestalt der Kapazitätswertfunktion untersucht der *Beweis A.6.1.6*[18], welche Folgen veränderten Anfangskapazitätswerten einer Kapazität auf die optimalen Endkapazitätswerte der andere Kapazitäten zugeschrieben werden kann. Die bewiesenen Zusammenhänge sind nachfolgend unter Zugrundelegung gekrümmter und streng gekrümmter Funktionen zusammengefasst. Es finden sich Aussagen zu Problemstellungen mit Kapazitäten, die auf positive oder negative Weise interagieren.

---

***Abhängigkeit des optimalen Kapazitätsendniveaus der Kapazität i vom Anfangskapazitätsniveau der Kapazität j im Komplementärfall und einer***

| | | |
|---|---|---|
| *Kapazitätsexpansion unter streng konvexen Kosten bei der Kapazität j:* | $\dfrac{\partial K^*_{i,t}}{\partial K_{j,t-1}} > 0$ | (6.32) |
| *Kapazitätsexpansion unter streng konkaven Kosten bei der Kapazität j:* | $\dfrac{\partial K^*_{i,t}}{\partial K_{j,t-1}} < 0$ | (6.33) |
| *Kapazitätsreduktion unter streng konkaven Desinvestitionserlösen bei der Kapazität j:* | $\dfrac{\partial K^*_{i,t}}{\partial K_{j,t-1}} > 0$ | (6.34) |
| *Kapazitätsreduktion unter streng konvexen Desinvestitionserlösen bei der Kapazität j:* | $\dfrac{\partial K^*_{i,t}}{\partial K_{j,t-1}} < 0$ | (6.35) |
| | $(i,j \in \{1,...,N\}, i \neq j)$ | |

---

[18] Aus technischer Sicht mag es interessant sein, dass *Beweis A.6.1.6* einen Satz von Stieltjes aus dem Jahre 1887 benutzt, welcher im Kontext der Theorie von elliptischen partiellen Differentialgleichungen Verwendung findet. Vgl. Varga, R. S. (2000) für eine allemeine Darstellung.

***Abhängigkeit des optimalen Kapazitätsendniveaus der Kapazität i vom***
***Anfangskapazitätsniveau der Kapazität j im Komplementärfall und einer***

| | | |
|---|---|---|
| *Kapazitätsexpansion unter konvexen Kosten bei der Kapazität j:* | $\dfrac{\partial K_{i,t}^*}{\partial K_{j,t-1}} \geq 0$ | (6.36) |
| *Kapazitätsexpansion unter konkaven Kosten bei der Kapazität j:* | $\dfrac{\partial K_{i,t}^*}{\partial K_{j,t-1}} \leq 0$ | (6.37) |
| *Kapazitätsreduktion unter konkaven Desinvestitionserlösen bei der Kapazität j:* | $\dfrac{\partial K_{i,t}^*}{\partial K_{j,t-1}} \geq 0$ | (6.38) |
| *Kapazitätsreduktion unter konvexen Desinvestitionserlösen bei der Kapazität j:* | $\dfrac{\partial K_{i,t}^*}{\partial K_{j,t-1}} \leq 0$ | (6.39) |

$$\left(i,j \in \{1,...,N\}, i \neq j\right)$$

***Abhängigkeit des optimalen Kapazitätsendniveaus der Kapazität i vom***
***Anfangskapazitätsniveau der Kapazität j im Substitualfall und einer***

| | | |
|---|---|---|
| *Kapazitätsexpansion unter streng konvexen Kosten bei der Kapazität j:* | $\dfrac{\partial K_{i,t}^*}{\partial K_{j,t-1}} < 0$ | (6.40) |
| *Kapazitätsexpansion unter streng konkaven Kosten bei der Kapazität j:* | $\dfrac{\partial K_{i,t}^*}{\partial K_{j,t-1}} > 0$ | (6.41) |
| *Kapazitätsreduktion unter streng konkaven Desinvestitionserlösen bei der Kapazität j:* | $\dfrac{\partial K_{i,t}^*}{\partial K_{j,t-1}} < 0$ | (6.42) |
| *Kapazitätsreduktion unter streng konvexen Desinvestitionserlösen bei der Kapazität j:* | $\dfrac{\partial K_{i,t}^*}{\partial K_{j,t-1}} > 0$ | (6.43) |

$$\left(i,j \in \{1,...,N\}, i \neq j\right)$$

| **Abhängigkeit des optimalen Kapazitätsendniveaus der Kapazität i vom Anfangskapazitätsniveau der Kapazität j im Substitualfall und einer** | | |
|---|---|---|
| Kapazitätsexpansion unter konvexen Kosten bei der Kapazität j: | $\dfrac{\partial K_{i,t}^*}{\partial K_{j,t-1}} \leq 0$ | (6.44) |
| Kapazitätsexpansion unter konkaven Kosten bei der Kapazität j: | $\dfrac{\partial K_{i,t}^*}{\partial K_{j,t-1}} \geq 0$ | (6.45) |
| Kapazitätsreduktion unter konkaven Desinvestitionserlösen bei der Kapazität j: | $\dfrac{\partial K_{i,t}^*}{\partial K_{j,t-1}} \leq 0$ | (6.46) |
| Kapazitätsreduktion unter konvexen Desinvestitionserlösen bei der Kapazität j: | $\dfrac{\partial K_{i,t}^*}{\partial K_{j,t-1}} \geq 0$ | (6.47) |
| | $(i,j \in \{1,...,N\}, i \neq j)$ | |

Es wird zunächst deutlich, dass alle Wirkungsrichtungen im Komplementär- und im Substitualfall exakt umgekehrt sind. Beispielsweise führt ein höherer Anfangswert einer Kapazität, deren Niveau unter konvexen Kostenstrukturen erhöht wird, im Komplementärfall zu höheren optimalen Endwerten der sonstigen Kapazitäten, wohingegen dies im Substitualfall zu geringeren optimalen Endwerten der sonstigen Kapazitäten führt.

Es ist ebenso festzustellen, dass der Einfluss eines veränderten Anfangswertes einer Kapazität auf die optimalen Endwerte der sonstigen Kapazitäten völlig unabhängig davon ist, ob die aktuellen Niveaus dieser Kapazitäten erhöht, verringert oder beibehalten werden. Somit hat beispielsweise ein erhöhter Anfangswert einer Kapazität, deren Niveau unter konvexen Kostenstrukturen erhöht wird, auf die optimalen Endwerte aller sonstigen Kapazitäten einen positiven Einfluss.

Die Korrespondenz zwischen Kapazitätserhöhungen unter konvexen bzw. konkaven Kostenfunktionen mit Kapazitätsreduktionen unter konkaven bzw. konvexen Desinvestitionserlösen, die in Abschnitt 3.2 thematisiert wird, findet sich auch in der hier untersuchten Problemstellung wieder. Beispielsweise besitzen erhöhte Anfangsniveaus von Kapazitäten, deren Niveau unter konkaven Kostenstrukturen erhöht wird, ebenso negative Effekte auf die optimalen Endwerte der sonstigen Kapazitäten, wie erhöhte Anfangsniveaus von Kapazitäten, deren Niveau unter konvexen Desinvestitionserlösstrukturen reduziert wird.

Die Problemstellung mit voneinander unabhängig agierenden Kapazitäten kann hingegen mit einer Eigenschaft beschrieben werden. Veränderte Anfangsniveaus von Kapazitäten besitzen keinen Einfluss auf die optimalen Endwerte der sonstigen Kapazitäten.

Für die Interpretation dieser Strukturaussagen hilft die Überlegung, welcher Einfluss einem veränderten optimalen Niveau einer Kapazität auf die optimalen Niveaus der sonstigen Kapazitäten zugeschrieben werden kann. Der in Kapitel A.6.1 aufgeführte *Beweis A.6.1.7* untersucht diese Zusammenhänge.

Es können die folgenden beiden Aussagen formuliert werden, die unabhängig von den jeweiligen Kontrollkostenfunktionen und den durchgeführten Handlungen aller Kapazitäten gelten.

---

***Abhängigkeit des optimalen Kapazitätsendniveaus der Kapazität i vom optimalen Kapazitätsendniveau der Kapazität j :***

*Im Komplementärfall:* $\quad \dfrac{\partial K_{i,t}^*}{\partial K_{j,t}^*} > 0 \quad$ (6.48)

*Im Substitualfall:* $\quad \dfrac{\partial K_{i,t}^*}{\partial K_{j,t}^*} < 0 \quad$ (6.49)

$$\left(i, j \in \{1, ..., N\}, i \neq j\right)$$

Höhere optimale Endkapazitätswerte einer Kapazität führen im Komplementärfall zu höheren optimalen Endkapazitätswerten der sonstigen Kapazitäten. Im Substitualfall kann hingegen ein negativer Einfluss festgestellt werden. Auf einer strukturellen Ebene sind damit sehr intuitive Eigenschaften des optimalen Anpassungsprozesses nachweisbar und die Wechselwirkung zwischen Kapazitäten, welche auf positive oder negative Weise interagieren, kann letztlich auf einen Zusammenhang zurückgeführt werden.

Ebenfalls wird in *Beweis A.6.1.7* aufgezeigt, dass in einer Situation mit unabhängig agierenden Kapazitäten höhere optimale Endwerte von Kapazitäten keinen Einfluss auf die optimalen Endwerte anderer Kapazitäten besitzen. Es kann demnach auch diese Situation anhand einer Struktureigenschaft vollständig beschrieben werden.

Unter Annahme linearer Kosten- und Desinvestitionserlösfunktionen besteht kein Zusammenhang zwischen veränderten Anfangskapazitätsniveaus einer Kapazität und den optimalen Endwerten der sonstigen Kapazitäten, wie aus *Beweis A.6.1.6* hervorgeht. Diese Aussage beschreibt die *ISD-Politik*, die unter Annahme linearer Kontrollkostenstrukturen Optimalitätscharakter besitzt. Falls beispielsweise die Erhöhung der Kapazitätsniveaus aller Kapazitäten die optimale Handlungsalternative darstellt, findet eine Kapazitätsanpassung auf einen festen Endkapazitätsvektor statt. Ein veränderter Anfangskapazitätsvektor hat hierbei auf den optimalen Endkapazitätsvektor keinen Einfluss. Charakteristische Eigenschaften der *ISD-Politik* ergeben sich demnach als Spezialfälle aus diesen Beweisen.

Es folgt eine Interpretation der oben aufgeführten Struktureigenschaften, die den Zusammenhang zwischen veränderten Anfangsniveaus einer Kapazität und den optimalen Endwerten der sonstigen Kapazitäten untersuchen.

Weshalb führt ein höheres Anfangsniveau einer Kapazität, deren Niveau unter konvexen Kostenstrukturen erhöht wird, im Komplementärfall zu höheren optimalen Endwerten der sonstigen Kapazitäten, wohingegen unter konkaven Kostenstrukturen ein negativer Einfluss festzustellen ist?

Die Beantwortung dieser Fragestellung ergibt sich aus drei bewiesenen Struktureigenschaften:

Nach den Gleichungen (6.8) und (6.9) gilt, dass höhere Anfangskapazitätsniveaus einer Kapazität, deren Niveau unter konvexen bzw. konkaven Kostenstrukturen erhöht wird, zu höheren bzw. geringeren Endkapazitätsniveaus dieser Kapazität führen.

Im Komplementärfall gilt gemäß der Gleichung (6.48), dass sich höhere optimale Niveaus gegenseitig „begünstigen".


Ein höheres Anfangsniveau einer Kapazität, deren Niveau unter konvexen Kostenstrukturen erhöht wird, führt zu einem höheren Endniveau dieser Kapazität, was wiederum einen positiven Einfluss auf die Endniveaus der sonstigen Kapazitäten ausübt. Hingegen folgt aus einem höheren Anfangsniveau einer Kapazität, deren Niveau unter konkaven Kostenstrukturen erhöht wird, ein geringeres Endniveau dieser Kapazität, was mit einem negativen Einfluss auf die Endniveaus der sonstigen Kapazitäten verbunden ist.

Die Struktureigenschaften, die den Zusammenhang zwischen veränderten Anfangsniveaus einer Kapazität, und den optimalen Endniveaus der sonstigen Kapazitäten untersuchen, können demnach mit Hilfe der Eigenschaften (6.48) und (6.49) auf intuitivem Wege interpretiert werden.

Die Gesamtheit der Struktureigenschaften, die in diesem Kapitel für den Mehrkapazitätsfall hergeleitet werden, ermöglicht eine detaillierte Beschreibung des optimalen Anpassungsprozesses in den mehrperiodigen Planungsmodellen aus den Kapiteln 2 und 3. Insbesondere beschreiben die Struktureigenschaften aus Abschnitt 6.4 die wechselseitige Beeinflussung zwischen den Kapazitäten in grundlegenden Fällen.

Auf Problemstellungen, in denen mehrere Kapazitäten auf verschiedene Weise interagieren, können die Aussagen aus Abschnitt 6.4 nicht angewendet werden. Hier kann ein Ansatzpunkt für weitere Untersuchungen gesehen werden.

Wie in Abschnitt 6.2 erwähnt, steht eine bewiesene Partitionierung der Menge der Anfangskapazitätsniveaus noch aus. Der Nachweis deren Existenz (oder Nichtexistenz) würde die Untersuchung des Mehrkapazitätsfalls vervollständigen.

# 7. Schlussbetrachtung

Die vorliegende Diplomarbeit ist aus einer theoretischen Perspektive heraus motiviert und soll dem Verständnis von Lösungsstrukturen in stochastisch-dynamischen Kapazitätsplanungsmodellen dienen. Hiermit soll insbesondere der Ausgangspunkt für weitere Untersuchungen geschaffen werden, die unter Anwendung der gewonnenen Ergebnisse durchgeführt werden.

Ausgehend von der Arbeit von Eberly und Van Mieghem wird im Verlauf dieser Diplomarbeit eine Vorgehensweise aufgezeigt, wie der optimale Kapazitätsanpassungsprozess in bestimmten Formen von stochastisch-dynamischen Kapazitätsplanungsmodellen analytisch bestimmt werden kann. Ein „zweischrittiges Vorgehen" mit einer Repräsentation der mehrperiodigen Planungsmodelle in speziellen Optimierungsproblemen und der sich daran anschließenden Analyse der Optimierungsprobleme ermöglicht derartige Strukturaussagen. Falls eine im anzunehmenden Kapazitätsvektor konkave Zielfunktion des Periodenproblems vorliegt und falls Kapazität mit linearen Kosten- und Desinvestitionserlösen verbunden ist, ergibt sich stets die *ISD-Politik* als Form der optimalen Lösungsstruktur. Die vorliegende Diplomarbeit verdeutlicht, dass diese Politik letztlich (nur) die Lösung eines speziellen Optimierungsproblems darstellt, welches unter Zugrundelegung der erwähnten Modellbedingungen stets erhalten werden kann.

Zahlreiche weitere und zunächst sehr unterschiedliche Arbeiten mit derselben optimalen Politik sind im Fachgebiet der Kapazitätsplanung entstanden und zeichnen sich dementsprechend durch eine sehr ähnliche Modellierung aus.

Das durch Modifikation des Informationsstands im Ansatz von Eberly und Van Mieghem in dieser Diplomarbeit entwickelte Planungsmodell kann ebenfalls in diese „Klasse von mehrperiodigen Planungsmodellen" eingeordnet werden.

Eine konkave Zielfunktion in jeder Periode kann durch die Verwendung von Erwartungswertfunktionen als eine wenig restriktive Modellbedingung aufgefasst werden. Folglich erscheint die Beschreibung von weiteren mehrperiodigen Planungsproblemen, die nicht notwendigerweise direkt im Bereich Kapazitätsplanung liegen müssen, mit Hilfe des dargestellten Modellansatzes als sinnvoll.

Die vorliegende Diplomarbeit stellt jedoch auch insbesondere dar, wie auch unter Annahme von nichtlinearer Kosten- und Desinvestitionserlösstrukturen mehrperiodige Planungsmodelle in Optimierungsproblemen repräsentiert werden können und leitet im Einkapazitätsfall die hierfür optimalen Politiken, im Mehrkapazitätsfall wesentliche Struktureigenschaften des optimalen Anpassungsprozesses her.

Diese Aussagen können sowohl auf das Modell von Eberly und Van Mieghem, als auch auf die zu dieser Arbeit strukturähnlichen Arbeiten angewendet werden und erhalten somit eine gewisse Relevanz.

Vorstellbar wäre beispielsweise eine Überprüfung der Robustheit von Aussagen, die sich aus den angesprochenen Arbeiten unter Annahme linearer Kontrollkostenstrukturen ergeben. So könnten auf direktem Wege Analysen durchgeführt werden, die sich an der Arbeit von Harrison und Van Mieghem[1] orientieren und hierbei untersuchen, ob auch unter Annahme verallgemeinerter Kontrollkostenstrukturen ein signifikanter Unterschied zwischen den Ergebnissen einer deterministischen und einer stochastischen Kapazitätsplanung aufgezeigt werden kann.

---

[1] Vgl. Harrison, J. M./Van Mieghem, J. A. (1999).

## A.3.1 Beweis der Konkavität, Stetigkeit und Differenzierbarkeit der optimalen Wertfunktion

Der in diesem Kapitel dargestellte *Beweis A.3.1.1* ermöglicht die Repräsentation des in Kapitel 3 dargestellten Planungsmodells in Form eines Optimierungsproblems.

Zunächst wird mittels eines Induktionsbeweises die Konkavität der Funktion $V_t(K_{t-1})$ in $K_{t-1}$ in allen Perioden bewiesen. Dies erfolgt unter Verwendung des folgenden Lemmas von *Heyman und Sobel*[1]:

*(Concavity Preservation):*

If $Y(x)$ is a non-empty set for every $x \in X$, the set
$A = \{(x,y) : x \in X, y \in Y(x)\}$ is a convex set, and $g(x,y)$ is jointly concave on A,
then $h(x) = \sup_{y \in Y(x)} g(x,y)$ is a concave function on any convex subset of
$A = \{x \in X : h(x) > -\infty\}$.

Dieses Lemma dient im *Beweis A.3.1.1* dazu, aus der Konkavität der Funktion $V_t^\alpha(K_{t-1})$ die Konkavität der optimalen Wertfunktion $V_t(K_{t-1})$ zu folgern. Diese Funktionen unterscheiden sich im Wesentlichen durch einen Supremum-Operator.

Aus der Konkavität der optimalen Wertfunktion $V_t(K_{t-1})$ folgt mittels der folgenden *Proposition 16* aus Roydens *Real Analysis*[2] die Stetigkeit und Differenzierbarkeit der Funktion. Hierzu müssen alle Aussagen „invertiert" werden, da der Satz auf eine konvexe Funktion bezogen ist.

---

[1] Vgl. Heyman, D. und Sobel, M. (1984), S.525.
[2] Vgl. Royden, H. L., (1970), S.109.

Anhang: A.3.1 Beweis der Konkavität, Stetigkeit und Differenzierbarkeit der optimalen Wertfunktion

*If g is convex on $(a,b)$, then g is absolutely continuous on each closed subinterval of $(a,b)$. The right- and left-hand derivatives of g exist at each point of $(a,b)$ and are equal to each other except on a countable set.*

## Beweis A.3.1.1

*Behauptung*: $V_t(K_{t-1})$ ist konkav in $K_{t-1}$, stetig und differenzierbar für alle $t \in \{1,...,T+1\}$.

*Beweis*:

Die Enderlösfunktion $V_{T+1}(K_T) = f(K_T)$ wird im Modell als konkav in $K_T$ angenommen.

$V_t^\alpha(K_{t-1})$ ist folgendermaßen definiert:

$$V_t^\alpha(K_{t-1}) = \Pi_t(K_t) - C_t(K_{t-1}, K_t) + R_t(K_{t-1}, K_t)) + \tau \cdot E(V_{t+1}(K_t)|F)$$

$V_t^\alpha(K_{t-1})$ ist konkav in $(K_{t-1}, K_t) \in A$, wobei $A = \mathbb{R}_+^{2n}$ eine konvexe Menge darstellt. Diese Konkavität gilt, falls $V_{t+1}(K_t)$ konkav in $K_t$ ist, da $E(V_{t+1}(K_t)|F)$ ebenfalls konkav in $K_t$ ist[3], und der Ausdruck damit eine Summe konkaver Funktionen darstellt[4].

$V_t(K_{t-1}) = \sup_{\varsigma_t \in P_t} V_t^\alpha(K_{t-1})$ ist aufgrund des Lemmas von *Heyman* und *Sobel* somit konkav in $K_{t-1}$.

---

[3] Die Erwartungswertfunktion einer konkaven Funktion ist konkav.
[4] $-C_t(K_{t-1}, K_t)$ ist eine konkave Funktion.

XIII

Durch Induktion folgt daraus die Konkavität der Funktion $V_t\left(K_{t-1}\right)$ in jeder Periode.

Die Stetigkeit und Differenzierbarkeit ergibt sich direkt aus der Konkavität unter Zuhilfenahme von *Proposition 16*.

□

## A.5.1 Beweise und deren Auswertung im Einkapazitätsfall

In den Abschnitten 5.1 und 5.2 werden Eigenschaften der optimalen Politiken bei streng gekrümmten Kostenstrukturen und einer streng gekrümmten Kapazitätswertfunktion hergeleitet. Diese werden in den Abschnitten A.5.1.1 und A.5.2.2 bewiesen. Die Abschnitte enthalten darüber hinaus weitere Auswertungen dieser Beweise. Hiermit werden die optimalen Politiken für gekrümmte, aber nicht streng gekrümmte Kontrollkostenstrukturen aus Abschnitt 5.3 belegt.

Ebenfalls enthalten die tabellarischen Auswertungen die Beweise für die in Kapitel A.5.3 des Anhangs vorgestellten Politiken für Situationen mit konkaver, aber nicht streng konkaver Kapazitätswertfunktion.

Analog zum Hauptteil dieser Arbeit werden Kapazitätsexpansionsprozesse ausführlich, Kapazitätsreduktionsprozesse eher kurz behandelt.

## A.5.1.1 Beweise zur Kapazitätserhöhung

Zunächst wird die jeweils erste Struktureigenschaft $\frac{\partial K_{1,t}^*(K_{1,t-1})}{\partial K_{1,t-1}} > 0$ bzw. $\frac{\partial K_{1,t}^*(K_{1,t-1})}{\partial K_{1,t-1}} < 0$ für streng konvexe bzw. streng konkave Kosten bewiesen. Da sich die jeweiligen Aussagen *(I)* bis *(III)* auf einen Kapazitätsexpansionsprozess beziehen, wird stets angenommen, dass eine Kapazitätserhöhung für das gegebene Anfangsniveau die ideale Handlungsalternative darstellt. Es werden also nur Anfangsniveaus mit $K_{1,t-1} < K_{1,t}^L$ betrachtet. Die jeweilige Aussage *(IV)* folgt aus der im Hauptteil geführten Argumentation.

Der Aufbau des Beweises der ersten Struktureigenschaft ist der folgende: zunächst wird das allgemeine Optimierungsproblem für eine beliebige Kostenfunktion aufgestellt. Anschließend wird die entsprechende Optimalitätsbedingung für festes $K_{1,t-1}$ formuliert. $K_{1,t}^*(K_{1,t-1})$ ist das optimale Kapazitätsniveau nach Erhöhung und muss folglich die Optimalitätsbedingung erfüllen. Nun wird die „durch $K_{1,t}^*(K_{1,t-1})$ gelöste" Optimalitätsbedingung differenziert, was zu dem hier interessierenden Ausdruck $\frac{\partial K_{1,t}^*(K_{1,t-1})}{\partial K_{1,t-1}}$ führt. $\frac{\partial K_{1,t}^*(K_{1,t-1})}{\partial K_{1,t-1}}$ wird nun isoliert und man erhält unter Miteinbeziehung von Aussagen über streng konvexe und streng konkave Funktionen die gewünschten Aussagen.

Die jeweils zweite Struktureigenschaft $\frac{\partial\left(K_{1,t}^*(K_{1,t-1}) - K_{1,t-1}\right)}{\partial K_{1,t-1}} < 0$ ist direkt aus der ersten herleitbar. Ein auch graphisch interpretierbarer Beweis, der die jeweils dritte Eigenschaft nachweist, folgt anschließend.

Die in den nachfolgenden Beweisen verwendeten Funktionen sind:

Die Kapazitätswertfunktion $g_t(K_{1,t})$ mit $g_t : \mathbb{R} \to \mathbb{R}$ ist eine stetige und differenzierbare Funktion, die monoton steigend in $K_{1,t}$ und streng konkav in $K_{1,t}$ ist.

Für ein gegebenes $K_{1,t} \in \mathbb{R}$ ist $C_{1,t}(K_{1,t-1}, K_{1,t}) = C_{1,t}(K_{1,t} - K_{1,t-1})$ [1] mit $C_{1,t} : \mathbb{R} \to \mathbb{R}$ ebenfalls eine stetige und differenzierbare Funktion, die monoton steigend in $K_{1,t}$ ist.

*Beweis A.5.1.1:*

*Beweis der Eigenschaften (I) für streng konvexe bzw. streng konkave Kostenfunktionen.*

*Behauptung:*

Für eine streng konvexe Funktion $C_{1,t}(K_{1,t-1}, K_{1,t})$ gilt: $\dfrac{\partial K_{1,t}^*(K_{1,t-1})}{\partial K_{1,t-1}} > 0$.

Für eine streng konkave Funktion $C_{1,t}(K_{1,t-1}, K_{1,t})$ gilt: $\dfrac{\partial K_{1,t}^*(K_{1,t-1})}{\partial K_{1,t-1}} < 0$.

*Beweis:*

Das zugrunde liegende Optimierungsproblem ist das Folgende:

$$\max_{K_{1,t} > K_{1,t-1}} \left\{ g_t(K_{1,t}) - C_{1,t}(K_{1,t} - K_{1,t-1}) \right\},$$

welches als Optimalitätsbedingung $\dfrac{\partial g_t(K_{1,t})}{\partial K_{1,t}} = \dfrac{\partial C_{1,t}(K_{1,t} - K_{1,t-1})}{\partial K_{1,t}}$ fordert.

---

[1] Da $K_{1,t-1}$ gegeben ist kann von einer univariaten Funktion ausgegangen werden.

Für gegebenes $K_{1,t-1}$ sei $K_{1,t}^{*}(K_{1,t-1})$ die Lösung des Problems, die als eindeutig und differenzierbar vorausgesetzt wird[2].

$K_{1,t}^{*}(K_{1,t-1})$ erfüllt infolgedessen die Optimalitätsbedingung:

$$\frac{\partial g_t}{\partial K_{1,t}}(K_{1,t}^{*}(K_{1,t-1})) = \frac{\partial C_{1,t}}{\partial K_{1,t}}(K_{1,t}^{*}(K_{1,t-1}) - K_{1,t-1})$$

Um den gesuchten Ausdruck zu erhalten, wird diese nach $K_{1,t-1}$ differenziert:

$$\frac{\partial^2 g_t}{\partial K_{1,t}^2}(K_{1,t}^{*}(K_{1,t-1})) \cdot \frac{\partial K_{1,t}^{*}(K_{1,t-1})}{\partial K_{1,t-1}} = \frac{\partial^2 C_{1,t}}{\partial K_{1,t}^2}(K_{1,t}^{*}(K_{1,t-1}) - K_{1,t-1}) \cdot (\frac{\partial K_{1,t}^{*}(K_{1,t-1})}{\partial K_{1,t-1}} - 1)$$

$$\frac{\partial^2 g_t}{\partial K_{1,t}^2}(K_t^{*}(K_{1,t-1})) \cdot \frac{\partial K_{1,t}^{*}(K_{1,t-1})}{\partial K_{1,t-1}} = \frac{\partial^2 C_{1,t}}{\partial K_{1,t}^2}(K_{1,t}^{*}(K_{1,t-1}) - K_{1,t-1}) \cdot \frac{\partial K_{1,t}^{*}(K_{1,t-1})}{\partial K_{1,t-1}} - \frac{\partial^2 C_{1,t}}{\partial K_{1,t}^2}(K_{1,t}^{*}(K_{1,t-1}) - K_{1,t-1})$$

$$\frac{\partial^2 C_{1,t}}{\partial K_{1,t}^2}(K_{1,t}^{*}(K_{1,t-1}) - K_{1,t-1}) = \frac{\partial^2 C_{1,t}}{\partial K_{1,t}^2}(K_{1,t}^{*}(K_{1,t-1}) - K_{1,t-1}) \cdot \frac{\partial K_{1,t}^{*}(K_{1,t-1})}{\partial K_{1,t-1}} - \frac{\partial^2 g_t}{\partial K_{1,t}^2}(K_{1,t}^{*}(K_{1,t-1})) \cdot \frac{\partial K_{1,t}^{*}(K_{1,t-1})}{\partial K_{1,t-1}}$$

$$\frac{\partial^2 C_{1,t}}{\partial K_{1,t}^2}(K_{1,t}^{*}(K_{1,t-1}) - K_{1,t-1}) = \frac{\partial K_{1,t}^{*}(K_{1,t-1})}{\partial K_{1,t-1}} \cdot (\frac{\partial^2 C_{1,t}}{\partial K_{1,t}^2}(K_{1,t}^{*}(K_{1,t-1}) - K_{1,t-1}) - \frac{\partial^2 g_t}{\partial K_{1,t}^2}(K_{1,t}^{*}(K_{1,t-1})))$$

$$\frac{\partial K_{1,t}^{*}(K_{1,t-1})}{\partial K_{1,t-1}} = \frac{\dfrac{\partial^2 C_{1,t}}{\partial K_{1,t}^2}(K_{1,t}^{*}(K_{1,t-1}) - K_{1,t-1})}{\dfrac{\partial^2 C_{1,t}}{\partial K_{1,t}^2}(K_{1,t}^{*}(K_{1,t-1}) - K_{1,t-1}) - \dfrac{\partial^2 g_t}{\partial K_{1,t}^2}(K_{1,t}^{*}(K_{1,t-1}))}$$

$g_t(K_{1,t})$ wird als streng konkav vorausgesetzt, also gilt $\dfrac{\partial^2 g_t(K_{1,t})}{\partial K_{1,t}^2} < 0$. Die zweite Ableitung der Funktion ist überall negativ und somit auch an der Stelle $K_{1,t}^{*}(K_{1,t-1})$. Falls $C_{1,t}(K_{1,t-1}, K_{1,t})$ streng konvex ist, gilt $\dfrac{\partial^2 C_{1,t}(K_{1,t-1}, K_{1,t})}{\partial K_{1,t}^2} > 0$, folglich ist dies ebenfalls an der Stelle $K_{1,t}^{*}(K_{1,t-1})$ gegeben. Da Zähler und Nenner des obigen Quotienten positiv sind, ist dieser selbst positiv und die erste Behauptung ist bewiesen.

---

[2] Die graphische Interpretation des Optimierungsproblems macht deutlich, dass die Existenz und Eindeutigkeit der Lösung keine sehr restriktiven Annahmen darstellen.

Falls $C_{1,t}(K_{1,t-1},K_{1,t})$ als streng konkav angenommen wird, muss eine zusätzliche Annahme getroffen werden, um Aussagen über das Vorzeichen des Nenners treffen zu können, dessen beide Komponenten negativ sind.

Unter der Annahme: $\left|\dfrac{\partial^2 g_t}{\partial K_{1,t}^2}\left(K_{1,t}^*\left(K_{1,t-1}\right)\right)\right| > \left|\dfrac{\partial^2 C_{1,t}}{\partial K_{1,t}^2}\left(K_{1,t}^*\left(K_{1,t-1}\right)-K_{1,t-1}\right)\right|$, die für alle $K_{1,t-1}$ gelten muss, ist der Nenner des Quotienten negativ, was wiederum die Behauptung bestätigt.

Diese getroffene Annahme fordert die Krümmungsdominanz der Kapazitätswertfunktion gegenüber der Kostenfunktion an allen „Optimalstellen". Da aus der *ANNAHME* aus Kapitel 4 die Krümmungsdominanz der Kapazitätswertfunktion an allen Stellen folgt, ist diese Bedingung stets erfüllt.

□

## A.5.1. Beweise und deren Auswertung im Einkapazitätsfall

*Beweis A.5.1.2:*

*Beweis der Eigenschaften (II) für streng konvexe bzw. streng konkave Kostenfunktionen.*

*Behauptung:*

Für eine streng konvexe oder streng konkave Funktion $C_{1,t}(K_{1,t-1},K_{1,t})$ gilt:

$$\frac{\partial \left(K_{1,t}^*(K_{1,t-1})-K_{1,t-1}\right)}{\partial K_{1,t-1}} < 0$$

*Beweis:*

zunächst gilt die Umformung: $\dfrac{\partial \left(K_{1,t}^*(K_{1,t-1})-K_{1,t-1}\right)}{\partial K_{1,t-1}} = \dfrac{\partial K_{1,t}^*(K_{1,t-1})}{\partial K_{1,t-1}} - 1$

Im Beweis der jeweils ersten Aussage wurde gezeigt, dass gilt:

$$\frac{\partial K_{1,t}^*(K_{1,t-1})}{\partial K_{1,t-1}} = \frac{\dfrac{\partial^2 C_{1,t}}{\partial K_{1,t}^2}(K_{1,t}^*(K_{1,t-1})-K_{1,t-1})}{\dfrac{\partial^2 C_{1,t}}{\partial K_{1,t}^2}(K_{1,t}^*(K_{1,t-1})-K_{1,t-1}) - \dfrac{\partial^2 g_t}{\partial K_{1,t}^2}(K_{1,t}^*(K_{1,t-1}))}$$

Dies wird nun verwendet:

$$\frac{\partial K_{1,t}^*(K_{1,t-1})-K_{1,t-1}}{\partial K_{1,t-1}} = \frac{\partial K_{1,t}^*(K_{1,t-1})}{\delta K_{1,t-1}} - 1 = \frac{\dfrac{\partial^2 C_{1,t}}{\partial K_{1,t}^2}(K_{1,t}^*(K_{1,t-1})-K_{1,t-1})}{\dfrac{\partial^2 C_{1,t}}{\partial K_{1,t}^2}(K_{1,t}^*(K_{1,t-1})-K_{1,t-1}) - \dfrac{\partial^2 g_t}{\partial K_{1,t}^2}(K_{1,t}^*(K_{1,t-1}))} - 1$$

$$= \frac{\dfrac{\partial^2 C_{1,t}}{\partial K_{1,t}^2}(K_{1,t}^*(K_{1,t-1})-K_{1,t-1})}{\dfrac{\partial^2 C_{1,t}}{\partial K_{1,t}^2}(K_{1,t}^*(K_{1,t-1})-K_{1,t-1}) - \dfrac{\partial^2 g_t}{\partial K_{1,t}^2}(K_{1,t}^*(K_{1,t-1}))} - \frac{\dfrac{\partial^2 C_{1,t}}{\partial K_{1,t}^2}(K_{1,t}^*(K_{1,t-1})-K_{1,t-1}) - \dfrac{\partial^2 g_t}{\partial K_{1,t}^2}(K_{1,t}^*(K_{1,t-1}))}{\dfrac{\partial^2 C_{1,t}}{\partial K_{1,t}^2}(K_{1,t}^*(K_{1,t-1})-K_{1,t-1}) - \dfrac{\partial^2 g_t}{\partial K_{1,t}^2}(K_{1,t}^*(K_{1,t-1}))}$$

$$= \frac{\dfrac{\partial^2 g_t}{\partial K_{1,t}^2}(K_{1,t}^*(K_{1,t-1}))}{\dfrac{\partial^2 C_{1,t}}{\partial K_{1,t}^2}(K_{1,t}^*(K_{1,t-1})-K_{1,t-1}) - \dfrac{\partial^2 g_t}{\partial K_{1,t}^2}(K_{1,t}^*(K_{1,t-1}))}$$

Da $g_t(K_{1,t})$ als streng konkav angenommen wurde, gilt wiederum $\dfrac{\partial^2 g_t(K_{1,t})}{\partial K_{1,t}^2} < 0$, was dann auch bei $K_{1,t}^*\left(K_{1,t-1}\right)$ gilt.

Falls $C_{1,t}(K_{1,t-1}, K_{1,t})$ streng konvex ist, gilt $\dfrac{\partial^2 C_{1,t}(K_{1,t-1}, K_{1,t})}{\partial K_{1,t}^2} > 0$. Folglich ist dies auch an der Stelle $K_{1,t}^*\left(K_{1,t-1}\right)$ gegeben.

Eine Vorzeichenuntersuchung von $\dfrac{\partial\left(K_{1,t}^*\left(K_{1,t-1}\right) - K_{1,t-1}\right)}{\partial K_{1,t-1}}$ ergibt einen negativen Zähler und einen positiven Nenner. Dementsprechend ist der Ausdruck negativ und die erste Behauptung bewiesen.

Falls $C_{1,t}(K_{1,t-1}, K_{1,t})$ als streng konkav angenommen wird, muss wiederum die obige Annahme miteinbezogen werden um zu gewährleisten, dass dem Nenner ein positives Vorzeichen zugeschrieben werden kann. Mit dem negativen Zähler folgt die Behauptung.

Ebenfalls kann die Aussage für konkave Funktionen direkt aus der ersten beschreibenden Eigenschaft abgeleitet werden:

Da $\dfrac{\partial K_{1,t}^*\left(K_{1,t-1}\right)}{\partial K_{1,t-1}} < 0$ gilt, muss auch $\dfrac{\partial\left(K_{1,t}^*\left(K_{1,t-1}\right) - K_{1,t-1}\right)}{\partial K_{1,t-1}} = \dfrac{\partial K_{1,t}^*\left(K_{1,t-1}\right)}{\partial K_{1,t-1}} - 1$ negativ sein.

□

Nachdem nun die jeweils ersten und zweiten Eigenschaften der Politiken bewiesen wurden, wird im Folgenden die Bedeutung von $K_{1,t}^L$ als Ober- bzw. Untergrenze für die optimalen Kapazitätswerte nach Anpassung festgestellt.

*Beweis A.5.1.3*:

*Beweis der Eigenschaften (III) für streng konvexe bzw. streng konkave Kostenfunktionen.*

*Behauptung:*

Für eine streng konvexe Funktion $C_{1,t}(K_{1,t-1},K_{1,t})$ gilt: $K_{1,t}^*(K_{1,t-1}) < K_{1,t}^L$

Für eine streng konkave Funktion $C_{1,t}(K_{1,t-1},K_{1,t})$ gilt: $K_{1,t}^*(K_{1,t-1}) > K_{1,t}^L$

*Beweis:*

Die Funktion $C_{1,t}(K_{1,t-1},K_{1,t})$ ist monoton steigend und zunächst streng konvex. Aus diesen beiden Eigenschaften folgt, dass die zugehörige Ableitungsfunktion im positiven Wertebereich verläuft und streng monoton steigend ist.

Nach der Definition der Monotonie gilt: $\dfrac{\partial C_{1,t}(K_{1,t-1},K_{1,t})}{\partial K_{1,t}} > 0$

Aus der Konvexität folgt $\dfrac{\partial^2 C_{1,t}(K_{1,t-1},K_{1,t})}{\partial K_{1,t}^2} > 0$.

$C_{1,t}(K_{1,t-1},K_{1,t})$ ist nur für positive Argumente definiert.

$\dfrac{\partial C_{1,t}}{\partial K_{1,t}}(0)$ ist also der geringste Wert, den die Ableitungsfunktion einnimmt.

Also gilt:
$\dfrac{\partial C_t(K_{1,t-1},K_{1,t})}{\partial K_{1,t}} > \dfrac{\partial C_{1,t}}{\partial K_{1,t}}(0)$ für alle $K_{1,t} > K_{1,t-1}$.

## A.5.1. Beweise und deren Auswertung im Einkapazitätsfall

Das Optimierungsproblem:

$$\max_{K_{1,t} \succ K_{1,t-1}} g_t(K_{1,t}) - C_{1,t}(K_{1,t} - K_{1,t-1})$$ hat die Optimalitätsbedingung:

$$\frac{\partial g_t(K_{1,t})}{\partial K_{1,t}} = \frac{\partial C_{1,t}(K_{1,t} - K_{1,t-1})}{\partial K_{1,t}}$$

Diese kann für ein gegebenes Anfangskapazitätsniveau graphisch dargestellt werden. Beispielhaft enthält die Abbildung das Anfangskapazitätsniveau $K'_{1,t-1}$ und die entsprechende Grenzkostenfunktion hierzu.

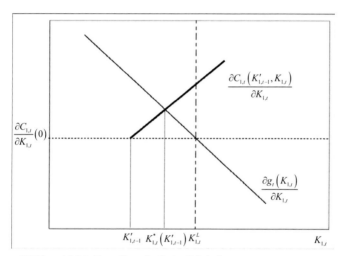

*Abbildung A.5.1.1: Darstellung der Optimalitätsbedingung*

Aufgrund der monoton steigenden Funktion $\frac{\partial C_{1,t}(K_{1,t-1}, K_{1,t})}{\partial K_{1,t}}$, die bei einem $K_{1,t-1}$ beginnt, muss der Schnittpunkt mit der Grenzerlösfunktion stets geringer als $K^L_{1,t}$ sein.

Hieraus folgt der erste Teil der Behauptung.

XXIII

Auf schnellerem Wege könnte auch so vorgegangen werden:

In $K_{1,t}^L$ gilt: $\dfrac{\partial g_t}{\partial K_{1,t}}(K_{1,t}^L) = \dfrac{\partial C_{1,t}}{\partial K_{1,t}}(0)$

Für alle $K_{1,t-1} < K_{1,t}^L$ gilt aufgrund des monoton steigenden Verlaufs der Kostenfunktion: $\dfrac{\partial C_{1,t}}{\partial K_{1,t}}(K_{1,t-1},K_{1,t}^L) > \dfrac{\partial C_{1,t}}{\partial K_{1,t}}(0) = \dfrac{\partial g_t}{\partial K_{1,t}}(K_{1,t}^L)$

Da also für alle Anfangswerte unterhalb von $K_{1,t}^L$ die Kapazitätseinheit an der Stelle $K_{1,t}^L$ selbst mit geringeren Grenzerlösen als Grenzkosten verbunden ist, wird diese Einheit aus ökonomischen Gründen nie beschafft. Deshalb gilt: $K_{1,t}^*(K_{1,t-1}) < K_{1,t}^L$.

Im Falle einer streng konkaven Kostenfunktion kann analog vorgegangen werden. Aufgrund der Monotonie und Konkavität verläuft die Grenzkostenfunktion monoton fallend im positiven Wertebereich. Sie nimmt zu Beginn ihr Maximum ein.

In $K_{1,t}^L$ gilt: $\dfrac{\partial g_t}{\partial K_{1,t}}(K_{1,t}^L) = \dfrac{\partial C_{1,t}}{\partial K_{1,t}}(0)$

Für alle $K_{1,t-1} < K_{1,t}^L$ ist also der Funktionswert der Grenzkostenfunktion an der Stelle $K_{1,t}^L$ geringer als der der Grenzerlösfunktion.

Folglich ist für alle Anfangswerte der Erwerb der Kapazitätseinheit $K_{1,t}^L$ mit einem positiven (marginalen) Gewinnbeitrag verbunden und deshalb wird diese bei einer Kapazitätserhöhung stets „mitgenommen". Das optimale Kapazitätsniveau nach Anpassung liegt also oberhalb dieses Wertes.

□

## A.5.1. Beweise und deren Auswertung im Einkapazitätsfall

Es folgt die Auswertung der Beweise *A.5.1.1* und *A.5.1.2*:

Das Maximierungsproblem: $\max\limits_{K_{1,t} > K_{1,t-1}} \{g_t(K_{1,t}) - C_{1,t}(K_{1,t} - K_{1,t-1})\}$

bildet die Grundlage für die oben dargestellten Beweise, die Struktureigenschaften für streng konvexe und streng konkave Kostenfunktionen, bei Annahme einer streng konkaven Kapazitätswertfunktion, belegen.

Es ist entscheidend, dass Annahmen über Krümmungen der in den Beweisen *A.5.1.1* und *A.5.1.2* verwendeten Funktionen erst bei der Vorzeichenanalyse der Ausdrücke $\dfrac{\partial K_{1,t}^*(K_{1,t-1})}{\partial K_{1,t-1}}$ und $\dfrac{\partial \left(K_{1,t}^*(K_{1,t-1}) - K_{1,t-1}\right)}{\partial K_{1,t-1}}$ eingingen. Die Herleitung dieser Ausdrücke ist also an keine Annahmen oder Voraussetzungen gebunden.

Somit ist es zulässig, die Konstrukte auch unter Zugrundelegung anderer Funktionen zu interpretieren. In Kapitel 5.1 werden Struktureigenschaften der *ISD-Politik*, die bei Annahme linearer Kosten und einer streng konkaven Kapazitätswertfunktion optimal ist, festgestellt. Nun wird aufgezeigt, dass diese auch aus den beiden hergeleiteten Ausdrücken folgen.

Diese ergeben sich auch direkt aus den Ausdrücken $\dfrac{\partial K_{1,t}^*(K_{1,t-1})}{\partial K_{1,t-1}}$ und $\dfrac{\partial \left(K_{1,t}^*(K_{1,t-1}) - K_{1,t-1}\right)}{\partial K_{1,t-1}}$, die in den Beweisen *A.5.1.1* und *A.5.1.2* hergeleitet werden.

Aus der Linearität von $C_{1,t}(K_{1,t-1}, K_{1,t})$ folgt: $\dfrac{\partial^2 C_{1,t}(K_{1,t-1}, K_{1,t})}{\partial K_{1,t}^2} = 0$

Aus der strengen Konvexität von $g_t(K_{1,t})$ folgt: $\dfrac{\partial^2 g_t(K_{1,t})}{\partial K_{1,t}^2} \prec 0$

## A.5.1. Beweise und deren Auswertung im Einkapazitätsfall

Für $\dfrac{\partial K_{1,t}^{*}(K_{1,t-1})}{\partial K_{1,t-1}}$ und $\dfrac{\partial \left( K_{1,t}^{*}(K_{1,t-1}) - K_{1,t-1} \right)}{\partial K_{1,t-1}}$ folgen:

$\dfrac{\partial K_{1,t}^{*}(K_{1,t-1})}{\partial K_{1,t-1}} = 0$ und $\dfrac{\partial \left( K_{1,t}^{*}(K_{1,t-1}) - K_{1,t-1} \right)}{\partial K_{1,t-1}} = -1$, also die gesuchten Kennzeichen der *ISD-Politik*.

Die *ISD-Politik* aus der Arbeit von Eberly und Van Mieghem[3] ergibt sich demnach als Spezialfall des hier vorgestellten, eigenen Ansatzes. Es stellt sich die Frage, welche weiteren Kombinationsfälle, mit wiederum anderen Eigenschaften der beteiligten Funktion, ebenfalls auf diese Weise untersucht werden können.

Die nachfolgenden Tabellen A.5.1.2 und A.5.1.3 enthalten Auswertungen der beiden Konstrukte bei verschiedenen Kombinationen unterschiedlicher Funktionstypen.
Die Inhalte der Tabelle stehen für Abhängigkeiten der optimalen Endkapazitätsniveaus und der optimalen Kapazitätszuwächse von den Anfangskapazitätsniveaus. Diese stehen als bewiesene Aussagen hinter den im Hauptteil erläuterten Anpassungsvorgängen.

Zugrunde liegen die Eigenschaften der zweiten Ableitung bei gekrümmten Funktionen, die beispielhaft an der Kapazitätswertfunktion dargestellt werden.

| linear | streng konvex | konvex | streng konkav | konkav |
|---|---|---|---|---|
| $\dfrac{\partial^2 g_t(K_{1,t})}{\partial K_{1,t}^{2}} = 0$ | $\dfrac{\partial^2 g_t(K_{1,t})}{\partial K_{1,t}^{2}} > 0$ | $\dfrac{\partial^2 g_t(K_{1,t})}{\partial K_{1,t}^{2}} \geq 0$ | $\dfrac{\partial^2 g_t(K_{1,t})}{\partial K_{1,t}^{2}} < 0$ | $\dfrac{\partial^2 g_t(K_{1,t})}{\partial K_{1,t}^{2}} \leq 0$ |

*Tabelle A.5.1.1: Eigenschaften gekrümmter (differenzierbarer) Funktionen am Beispiel der Kapazitätswertfunktion*

---

[3] Vgl. Eberly, J. C./Van Mieghem, J. A. (1997).

## A.5.1. Beweise und deren Auswertung im Einkapazitätsfall

Die Inhalte der beiden Tabellen erhält man durch die Einsetzung der Krümmungseigenschaften der Kapazitätswert- und Kostenfunktion in die Ausdrücke $\dfrac{\partial K_{1,t}^{*}\left(K_{1,t-1}\right)}{\partial K_{1,t-1}}$ und $\dfrac{\partial\left(K_{1,t}^{*}\left(K_{1,t-1}\right)-K_{1,t-1}\right)}{\partial K_{1,t-1}}$, die auch als Ausdrücke (1) und (2) bezeichnet werden.

| $\dfrac{\partial K_{1,t}^{*}\left(K_{1,t-1}\right)}{\partial K_{1,t-1}}$ | | Kapazitätswertfunktion | | |
|---|---|---|---|---|
| | | streng konkav | konkav | linear |
| **Kostenfunktion** | linear | 0 | * | * |
| | streng konvex | $> 0$ | $0 < \ldots \leq 1$ | 1 |
| | konvex | $\geq 0$ | * | * |
| | streng konkav | $< 0$ | ** | ** |
| | konkav | $\leq 0$ | *  ** | *  ** |

Tabelle A.5.1.2: Auswertung des Ausdrucks (1) für Kapazitätsexpansion

| $\dfrac{\partial\left(K_{1,t}^{*}\left(K_{1,t-1}\right)-K_{1,t-1}\right)}{\partial K_{1,t-1}}$ | | Kapazitätswertfunktion | | |
|---|---|---|---|---|
| | | streng konkav | konkav | linear |
| **Kostenfunktion** | linear | −1 | * | * |
| | streng konvex | < 0 | ≤ 0 | 0 |
| | konvex | < 0 | * | * |
| | streng konkav | < 0 | ** | ** |
| | konkav | < 0 | * ** | * ** |

*Tabelle A.5.1.3: Auswertung des Ausdrucks (2) für Kapazitätsexpansion*

Bei Annahme nicht streng gekrümmter Funktionen ist bei der Analyse der beiden Ausdrücke zunächst zu beachten, dass eine gewisse „Gefahr" darin besteht, dass die beiden Ausdrücke für bestimmte $K_{1,t-1}$ keine Aussagekraft besitzen. Falls einem Anfangskapazitätswert ein $K_{1,t}^{*}\left(K_{1,t-1}\right)$ zugeordnet werden kann, bei welchen sowohl die zweite Ableitung von $g_t$, als auch die zweite Ableitung von $C_{1,t}$ verschwindet, sind beide Ausdrücke aufgrund der 0 im Nenner nicht aussagekräftig[4]. Die Kombinationen, die einer solchen Gefahr unterliegen, sind mit * gekennzeichnet und werden aus der Betrachtung ausgeschlossen.

Im Falle der Annahme konkaver oder streng konkaver Kosten, sind alle Kombinationen mit einer linearen oder konkaven Kapazitätswertfunktion mit ** gekennzeichnet und werden ebenfalls nicht weiter untersucht. Dies ist darin begründet, dass die

---

[4] Dies ist davon zu unterscheiden, dass $K_{1,t}^{*}\left(K_{1,t-1}\right)$ keine Eigenschaften zugeschrieben werden können. Lediglich die hier angewendete Analysemethode führt nicht zum Ziel.

*ANNAHME* unter diesen Kombinationen nicht als gegeben angenommen werden sollte, da die zweite Ableitung einer derartigen Kapazitätswertfunktion die der Kostenwertfunktionen wohl nicht an allen Endkapazitätsniveaus betragsmäßig übersteigt: Falls beispielsweise eine lineare Kapazitätswertfunktion vorliegt, ist diese nicht gekrümmt und erfüllt somit die *ANNAHME* aus Kapitel 4 nicht.

## A.5.1.2 Beweise zur Kapazitätsreduktion

*Beweis A.5.1.4*:
*Beweis der Eigenschaften (I) für streng konvexe bzw. streng konkave Desinvestitionserlösfunktionen.*

*Behauptung:*

Für eine streng konvexe Funktion $R_{1,t}(K_{1,t-1}, K_{1,t})$ gilt: $\dfrac{\partial K^*_{1,t}(K_{1,t-1})}{\partial K_{1,t-1}} < 0$

Für eine streng konkave Funktion $R_{1,t}(K_{1,t-1}, K_{1,t})$ gilt: $\dfrac{\partial K^*_{1,t}(K_{1,t-1})}{\partial K_{1,t-1}} > 0$

*Beweis:*

Das zugrunde liegende Optimierungsproblem ist das Folgende:

$$\max_{K_{1,t} < K_{1,t-1}} \left\{ g_t(K_{1,t}) + R_{1,t}(K_{1,t-1} - K_{1,t}) \right\},$$

welches die folgende Optimalitätsbedingung fordert:

$$\frac{\partial g_t(K_{1,t})}{\partial K_{1,t}} = -\frac{\partial R_{1,t}(K_{1,t-1} - K_{1,t})}{\partial K_{1,t}} = \frac{\partial R_{1,t}}{\partial K_{1,t}}(K_{1,t-1} - K_{1,t})$$

Für gegebenes $K_{1,t-1}$ sei $K^*_{1,t}(K_{1,t-1})$ die Lösung des Problems, die als eindeutig und differenzierbar vorausgesetzt wird.

$K^*_{1,t}(K_{1,t-1})$ erfüllt infolgedessen die Optimalitätsbedingung.

XXX

$$\frac{\partial g_t}{\partial K_{1,t}}\left(K_{1,t}^*\left(K_{1,t-1}\right)\right) = \frac{\partial R_{1,t}}{\partial K_{1,t}}\left(K_{1,t-1} - K_{1,t}^*\left(K_{1,t-1}\right)\right)$$

Um den gesuchten Ausdruck zu erhalten, wird diese nach $K_{1,t-1}$ differenziert:

$$\frac{\partial^2 g_t}{\partial K_{1,t}^2}(K_{1,t}^*(K_{1,t-1})) \cdot \frac{\partial K_{1,t}^*(K_{1,t-1})}{\partial K_{1,t-1}} = \frac{\partial^2 R_{1,t}}{\partial K_{1,t}^2}(K_{1,t-1} - K_{1,t}^*(K_{1,t-1})) \cdot (1 - \frac{\partial K_{1,t}^*(K_{1,t-1})}{\partial K_{1,t-1}})$$

$$\frac{\partial^2 g_t}{\partial K_{1,t}^2}(K_{1,t}^*(K_{1,t-1})) \cdot \frac{\partial K_{1,t}^*(K_{1,t-1})}{\partial K_{1,t-1}} = \frac{\partial^2 R_{1,t}}{\partial K_{1,t}^2}(K_{1,t-1} - K_{1,t}^*(K_{1,t-1})) - \frac{\partial^2 R_{1,t}}{\partial K_{1,t}^2}(K_{1,t-1} - K_{1,t}^*(K_{1,t-1})) \cdot \frac{\partial K_{1,t}^*(K_{1,t-1})}{\partial K_{1,t-1}}$$

$$\frac{\partial^2 R_{1,t}}{\partial K_{1,t}^2}(K_{1,t-1} - K_{1,t}^*(K_{1,t-1})) \cdot \frac{\partial K_{1,t}^*(K_{1,t-1})}{\partial K_{1,t-1}} + \frac{\partial^2 g_t}{\partial K_{1,t}^2}(K_{1,t}^*(K_{1,t-1})) \cdot \frac{\partial K_{1,t}^*(K_{1,t-1})}{\partial K_{1,t-1}} = \frac{\partial^2 R_{1,t}}{\partial K_{1,t}^2}(K_{1,t-1} - K_{1,t}^*(K_{1,t-1}))$$

$$\frac{\partial K_{1,t}^*(K_{1,t-1})}{\partial K_{1,t-1}} = \frac{\dfrac{\partial^2 R_{1,t}}{\partial K_{1,t}^2}(K_{1,t-1} - K_{1,t}^*(K_{1,t-1}))}{\dfrac{\partial^2 R_{1,t}}{\partial K_{1,t}^2}(K_{1,t-1} - K_{1,t}^*(K_{1,t-1})) + \dfrac{\partial^2 g_t}{\partial K_{1,t}^2}(K_{1,t}^*(K_{1,t-1}))}$$

$g_t(K_{1,t})$ wird als streng konkav vorausgesetzt, also gilt $\dfrac{\partial^2 g_t(K_{1,t})}{\partial K_{1,t}^2} < 0$. Die zweite Ableitung der Funktion ist überall negativ und somit auch an der Stelle $K_{1,t}^*(K_{1,t-1})$.

Falls $R_{1,t}(K_{1,t-1}, K_{1,t})$ streng konkav ist, gilt $\dfrac{\partial^2 R_{1,t}(K_{1,t-1}, K_{1,t})}{\partial K_{1,t}^2} < 0$. Folglich ist dies ebenfalls an der Stelle $K_{1,t}^*(K_{1,t-1})$ gegeben. Da Zähler und Nenner des obigen Quotienten negativ sind, ist dieser selbst positiv und die erste Behauptung ist bewiesen.

Falls $R_{1,t}(K_{1,t-1}, K_{1,t})$ als streng konvex angenommen wird, muss eine zusätzliche Annahme getroffen werden, um Aussagen über das Vorzeichen des Nenners treffen zu können, dessen beide Komponenten negativ sind.

Unter der Einhaltung der *ANNAHME* [5] gilt aufgrund der Krümmungsdominanz der Kapazitätswertfunktion gegenüber der Desinvestitionserlösfunktion auch folgende Relation:

$$\left|\frac{\partial^2 g_t}{\partial K_{1,t}^2}\left(K_{1,t}^*\left(K_{1,t-1}\right)\right)\right| > \left|\frac{\partial^2 R_{1,t}}{\partial K_{1,t}^2}\left(K_{1,t-1} - K_{1,t}^*\left(K_{1,t-1}\right)\right)\right|$$

alle $K_{1,t-1}$. Somit ist der Nenner des Quotienten negativ, was wiederum die Behauptung bestätigt.

□

*Beweis A.5.1.5:*

*Beweis der Eigenschaften (II) für streng konvexe bzw. streng konkave Desinvestitionserlösfunktionen.*

*Behauptung:*

Für eine streng konvexe oder streng konkave Funktion $R_{1,t}(K_{1,t-1}, K_{1,t})$ gilt:

$$\frac{\partial\left(K_{1,t-1} - K_{1,t}^*\left(K_{1,t-1}\right)\right)}{\partial K_{1,t-1}} > 0$$

*Beweis:*

zunächst gilt die Umformung: $\dfrac{\partial\left(K_{1,t-1} - K_{1,t}^*\left(K_{1,t-1}\right)\right)}{\partial K_{1,t-1}} = 1 - \dfrac{\partial K_{1,t}^*\left(K_{1,t-1}\right)}{\partial K_{1,t-1}}$

Im *Beweis A.5.1.4* wurde gezeigt, dass der Ausdruck $\dfrac{\partial K_{1,t}^*\left(K_{1,t-1}\right)}{\partial K_{1,t-1}}$ folgendermaßen dargestellt werden kann:

$$\frac{\partial K_{1,t}^*(K_{1,t-1})}{\partial K_{1,t-1}} = \frac{\dfrac{\partial^2 R_{1,t}}{\partial K_{1,t}^2}(K_{1,t-1} - K_{1,t}^*(K_{1,t-1}))}{\dfrac{\partial^2 R_{1,t}}{\partial K_{1,t}^2}(K_{1,t-1} - K_{1,t}^*(K_{1,t-1})) + \dfrac{\partial^2 g_t}{\partial K_{1,t}^2}(K_{1,t}^*(K_{1,t-1}))}$$

---

[5] Vgl. Kapitel 4.

Dies wird nun verwendet:

$$\frac{\partial\left(K_{1,t-1}-K_{1,t}^{*}\left(K_{1,t-1}\right)\right)}{\partial K_{1,t-1}}=1-\frac{\partial K_{1,t}^{*}\left(K_{1,t-1}\right)}{\partial K_{1,t-1}}=1-\frac{\frac{\partial^{2}R_{1,t}}{\partial K_{1,t}^{2}}(K_{1,t-1}-K_{1,t}^{*}(K_{1,t-1}))}{\frac{\partial^{2}R_{1,t}}{\partial K_{1,t}^{2}}(K_{1,t-1}-K_{1,t}^{*}(K_{1,t-1}))+\frac{\partial^{2}g_{t}}{\partial K_{1,t}^{2}}(K_{1,t}^{*}(K_{1,t-1}))}$$

$$=\frac{\frac{\partial^{2}R_{1,t}}{\partial K_{1,t}^{2}}(K_{1,t-1}-K_{1,t}^{*}(K_{1,t-1}))+\frac{\partial^{2}g_{t}}{\partial K_{1,t}^{2}}(K_{1,t}^{*}(K_{1,t-1}))}{\frac{\partial^{2}R_{1,t}}{\partial K_{1,t}^{2}}(K_{1,t-1}-K_{1,t}^{*}(K_{1,t-1}))+\frac{\partial^{2}g_{t}}{\partial K_{1,t}^{2}}(K_{1,t}^{*}(K_{1,t-1}))}-\frac{\frac{\partial^{2}R_{1,t}}{\partial K_{1,t}^{2}}(K_{1,t-1}-K_{1,t}^{*}(K_{1,t-1}))}{\frac{\partial^{2}R_{1,t}}{\partial K_{1,t}^{2}}(K_{1,t-1}-K_{1,t}^{*}(K_{1,t-1}))+\frac{\partial^{2}g_{t}}{\partial K_{1,t}^{2}}(K_{1,t}^{*}(K_{1,t-1}))}$$

$$=\frac{\frac{\partial^{2}g_{t}}{\partial K_{1,t}^{2}}(K_{1,t}^{*}(K_{1,t-1}))}{\frac{\partial^{2}R_{1,t}}{\partial K_{1,t}^{2}}(K_{1,t-1}-K_{1,t}^{*}(K_{1,t-1}))+\frac{\partial^{2}g_{t}}{\partial K_{1,t}^{2}}(K_{1,t}^{*}(K_{1,t-1}))}$$

Da $g_t(K_{1,t})$ als streng konkav angenommen wird, gilt wiederum $\frac{\partial^{2}g_{t}(K_{1,t})}{\partial K_{1,t}^{2}}<0$, was dann auch bei $K_{1,t}^{*}\left(K_{1,t-1}\right)$ gilt.

Falls $R_{1,t}(K_{1,t-1},K_{1,t})$ streng konkav ist, gilt $\frac{\partial^{2}R_{1,t}(K_{1,t-1},K_{1,t})}{\partial K_{1,t}^{2}}<0$, deshalb ist dies auch an der Stelle $K_{1,t}^{*}\left(K_{1,t-1}\right)$ gegeben.

Eine Vorzeichenuntersuchung von $\frac{\partial\left(K_{1,t-1}-K_{1,t}^{*}\left(K_{1,t-1}\right)\right)}{\partial K_{1,t-1}}$ ergibt einen negativen Zähler und einen negativen Nenner. Dementsprechend ist der Ausdruck positiv und die erste Behauptung bewiesen.

Falls $R_{1,t}(K_{1,t-1},K_{1,t})$ als streng konvex angenommen wird, muss wiederum die *ANNAHME 2* miteinbezogen werden, um zu gewährleisten, dass dem Nenner ein negatives Vorzeichen zugeschrieben werden kann. Mit dem negativen Zähler folgt die Behauptung.

*Beweis A.5.1.6*:

*Beweis der Eigenschaften (III) für streng konvexe bzw. streng konkave Desinvestitionserlösfunktionen.*

*Behauptung:*

Für eine streng konkave Funktion $R_{1,t}(K_{1,t-1}, K_{1,t})$ gilt: $K_{1,t}^*(K_{1,t-1}) > K_{1,t}^H$

Für eine streng konvexe Funktion $R_{1,t}(K_{1,t-1}, K_{1,t})$ gilt: $K_{1,t}^*(K_{1,t-1}) < K_{1,t}^H$

*Beweis:*

In $K_{1,t}^H$ gilt: $\dfrac{\partial g_t}{\partial K_{1,t}}\left(K_{1,t}^H\right) = -\dfrac{\partial R_{1,t}}{\partial K_{1,t}}(0) = \left|\dfrac{\partial R_{1,t}}{\partial K_{1,t}}(0)\right|$

Zunächst wird eine streng konkave Desinvestitionserlösfunktion angenommen.

Für alle $K_{1,t-1} > K_{1,t}^H$ gilt:

$$\dfrac{\partial R_{1,t}}{\partial K_{1,t}}(K_{1,t-1}, K_{1,t}^H) < -\dfrac{\partial R_{1,t}}{\partial K_{1,t}}(0) = \left|\dfrac{\partial R_{1,t}}{\partial K_{1,t}}(0)\right| = \dfrac{\partial g_t}{\partial K_{1,t}}\left(K_{1,t}^H\right)$$

Da also für alle Anfangskapazitätswerte oberhalb von $K_{1,t}^H$ die Kapazitätseinheit an der Stelle $K_{1,t}^H$ selbst mit geringeren Desinvestitionserlösen als entgangenen Erlösen verbunden ist, wird diese Einheit aus ökonomischen Gründen nie beschafft. Deshalb gilt $K_{1,t}^*(K_{1,t-1}) > K_{1,t}^H$.

Im Falle einer streng konvexen Desinvestitionserlösfunktion kann analog vorgegangen werden:

In $K_{1,t}^H$ gilt: $\dfrac{\partial g_t}{\partial K_{1,t}}\left(K_{1,t}^H\right) = -\dfrac{\partial R_{1,t}}{\partial K_{1,t}}(0) = \left|\dfrac{\partial R_{1,t}}{\partial K_{1,t}}(0)\right|$

Für alle $K_{1,t-1} > K_{1,t}^H$ gilt:

$$\dfrac{\partial R_{1,t}}{\partial K_{1,t}}(K_{1,t-1}, K_{1,t}^H) > -\dfrac{\partial R_{1,t}}{\partial K_{1,t}}(0) = \left|\dfrac{\partial R_{1,t}}{\partial K_{1,t}}(0)\right| = \dfrac{\partial g_t}{\partial K_{1,t}}\left(K_{1,t}^H\right)$$

Folglich ist für alle Anfangswerte der Erwerb der Kapazitätseinheit $K_{1,t}^H$ mit einem positiven (marginalen) Gewinnbeitrag verbunden und deshalb wird diese bei einer Kapazitätsreduktion stets „mitgenommen". Das optimale Kapazitätsniveau nach Anpassung liegt unterhalb dieses Wertes.

□

Es folgt die Auswertung[6] der Beweise *A.5.1.4* und *A.5.1.5:*

Auswertung der Ausdrücke $\dfrac{\partial K_{1,t}^*\left(K_{1,t-1}\right)}{\partial K_{1,t-1}}$ und $\dfrac{\partial \left(K_{1,t-1} - K_{1,t}^*\left(K_{1,t-1}\right)\right)}{\partial K_{1,t-1}}$, die auch als (1′) und (2′) bezeichnet werden.

---

[6] Die Vorgehensweise entspricht der im Kapazitätsexpansionsfall.

| $\dfrac{\partial K^*_{1,t}\left(K_{1,t-1}\right)}{\partial K_{1,t-1}}$ | | Kapazitätswertfunktion | | |
|---|---|---|---|---|
| | | streng konkav | konkav | linear |
| Desinvestitionserlösfunktion | linear | 0 | * | * |
| | streng konvex | < 0 | ** | ** |
| | konvex | ≤ 0 | *  ** | *  ** |
| | streng konkav | > 0 | 0 ≺ ... ≤ 1 | 1 |
| | konkav | ≥ 0 | * | * |

Tabelle A.5.1.4: *Auswertung des Ausdrucks (1') für Kapazitätsreduktion*

| $\dfrac{\partial\left(K_{1,t-1} - K^*_{1,t}\left(K_{1,t-1}\right)\right)}{\partial K_{1,t-1}}$ | | Kapazitätswertfunktion | | |
|---|---|---|---|---|
| | | streng konkav | konkav | linear |
| Desinvestitionserlösfunktion | linear | 1 | * | * |
| | streng konvex | ≻ 0 | ** | ** |
| | konvex | ≻ 0 | *  ** | *  ** |
| | streng konkav | ≻ 0 | ≥ 0 | 0 |
| | konkav | ≻ 0 | * | * |

Tabelle A.5.1.5: *Auswertung des Ausdrucks (2') für Kapazitätsreduktion*

## A.5.2 Bedingungen des mehrperiodigen Ansatzes und des Optimierungsproblems

In Kapitel 4 werden für konkave Kosten- und konvexe Desinvestitionserlösfunktionen die *ANNAHME* getroffen, die sich im Einkapazitätsfall folgendermaßen formulieren lässt:

Im Kapazitätsexpansionsfall muss gelten:

$$\left|\frac{\partial^2 \Pi_{1,t}(K_{1,t})}{\partial K_{1,t}^2}\right| > \left|\frac{\partial^2 C_{1,t}(K_{1,t} - K_{1,t-1})}{\partial K_{1,t}^2}\right| \quad \forall K_{1,t-1}, \forall K_{1,t} > K_{1,t-1} \text{ und für } t = 1,...,T.$$

Im Kapazitätsreduktionsfall muss gelten:

$$\left|\frac{\partial^2 \Pi_{1,t}(K_{1,t})}{\partial K_{1,t}^2}\right| > \left|\frac{\partial^2 R_{1,t}(K_{1,t-1} - K_{1,t})}{\partial K_{1,t}^2}\right| \quad \forall K_{1,t-1}, \forall K_{1,t} < K_{1,t-1} \text{ und für } t = 1,...,T.$$

Die Einhaltung dieser *ANNAHME* gewährleistet die Möglichkeit der Repräsentation der mehrperiodigen Planungsmodelle in Optimierungsproblemen.
Nun soll aufgezeigt werden, dass das Optimierungsproblem, isoliert gesehen, weniger restriktive Anforderungen an eingehende Funktionen stellt. Diese Anforderungen sind stets erfüllt, falls die *ANNAHME* gilt, was ebenfalls dargestellt wird. Beispielhaft wird die Problemstellung für den Kapazitätsexpansionsprozess behandelt. Aussagen zur Reduktion ergeben sich analog.

## A.5.2 Bedingungen des mehrperiodigen Ansatzes und des Optimierungsproblems

Für die Partitionierbarkeit der Menge der Anfangskapazitätsniveaus ist folgende Bedingung nötig, die zunächst verbal formuliert wird:

*Unter einer konkaven Kostenfunktion ist eine Kapazitätserhöhung nur dann gewinnbringend, falls die erste (marginale) Einheit an zusätzlicher Kapazität einen positiven Gewinnbeitrag liefert.*

Hier soll die Bedeutung dieser Bedingung dargestellt werden.

Die Einhaltung dieser Bedingung legt $K_{1,t}^L$ als Obergrenze des Bereiches der Anfangskapazitätswerte fest, in dem eine Kapazitätserhöhung durchgeführt werden sollte. Die Menge aller möglichen $K_{1,t-1}$ kann also durch $K_{1,t}^L$ hinsichtlich der optimalerweise durchzuführenden Handlung partitioniert werden.

In der folgenden Abbildung A.5.2.1 ist ein Zustand dargestellt, in dem diese Bedingung nicht eingehalten wird. Für das Anfangskapazitätsniveau $K_{1,t-1}$, welches oberhalb von $K_{1,t}^L$ liegt, ist zwar die erste beschaffte Kapazitätseinheit verlustbringend, was jedoch durch die darauf folgenden gewinnbringenden Einheiten mehr als amortisiert wird.

Dementsprechend ist die Kapazitätsexpansion vorteilhaft, obwohl die erste Kapazitätseinheit als „Indikatoreinheit" mit negativem Gewinnbeitrag behaftet ist.

## A.5.2 Bedingungen des mehrperiodigen Ansatzes und des Optimierungsproblems

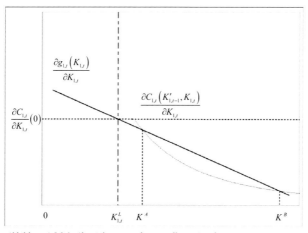

*Abbildung A.5.2.1: Abweichung von der getroffenen Annahme.*

Zu beachten ist, dass im Gegensatz zur bisherigen Darstellung die Grenzkostenfunktion nicht als Gerade dargestellt ist. Dies ist notwendig, um die gegebene Situation graphisch darstellbar zu halten.

$$\int_{K_{1,t-1}}^{K_a} \frac{\partial C_{1,t}(K_{1,t-1}, K_{1,t})}{\partial K_{1,t}} - \frac{\partial g_t(K_{1,t})}{\partial K_{1,t}} dK_{1,t}$$

spiegelt die Verluste wieder, die das Unternehmen durch die Beschaffung der ersten $K_a - K_{1,t-1}$ Kapazitätseinheit erhält.

$$\int_{K_a}^{K_b} \frac{\partial g_t(K_{1,t})}{\partial K_{1,t}} - \frac{\partial C_{1,t}(K_{1,t-1}, K_{1,t})}{\partial K_{1,t}} dK_{1,t}$$

repräsentiert die Gewinne, die das Unternehmen durch den Erwerb der letzten $K_b - K_a$ Kapazitätseinheiten erhält.

Falls $\int_{K_a}^{K_b} \frac{\partial g_t(K_{1,t})}{\partial K_{1,t}} - \frac{\partial C_{1,t}(K_{1,t-1}, K_{1,t})}{\partial K_{1,t}} dK_{1,t} > \int_{K_{1,t-1}}^{K_a} \frac{\partial C_{1,t}(K_{1,t-1}, K_{1,t})}{\partial K_{1,t}} - \frac{\partial g_t(K_{1,t})}{\partial K_{1,t}} dK_{1,t}$

gilt, ist eine Expansion für das gegebene Anfangsniveau vorteilhaft und $K_{1,t-1}$ hebt die Partitionierung damit auf[1].

Um dies „zu verhindern", kann die oben verbal formulierte Bedingung folgendermaßen ausgedrückt werden:

$$\forall K_{1,t-1} > K_{1,t}^L \text{ gilt:} \quad g_t(K_{1,t-1}) > g_t(K_b) - C_{1,t}(K_b - K_{1,t-1}) \quad \forall K_b > K_{1,t-1}$$

Falls diese Bedingung erfüllt ist, kann auch ohne Voraussetzung der *ANNAHME* die Partitionierbarkeit der Menge der Anfangskapazitätsniveaus gesichert werden.

Um die Fragestellung zu klären, wie restriktiv diese nun dargestellte Bedingung ist, werden Möglichkeiten ihrer Einhaltung aufgezeigt:

Falls beispielsweise alle Grenzkostenfunktionen für Anfangswerte $K_{1,t-1} > K_{1,t}^L$ oberhalb der Grenzerlösfunktion verlaufen, ist die Bedingung sofort erfüllt.

Ebenso sorgt die Annahme, dass die Kapazitätswertfunktion stets stärker gekrümmt ist als die Kostenfunktion, dafür, dass die Bedingung eingehalten wird. Dies ist im Besonderen dann gegeben, wenn

---

[1] Bei mehr als zwei Schnittpunkten müssen gewinn- und verlustbringende Bereiche natürlich entsprechend addiert werden.

## A.5.2 Bedingungen des mehrperiodigen Ansatzes und des Optimierungsproblems

$$\left|\frac{\partial^2 \Pi_{1,t}(K_{1,t})}{\partial K_{1,t}^2}\right| > \left|\frac{\partial^2 C_{1,t}(K_{1,t} - K_{1,t-1})}{\partial K_{1,t}^2}\right| \quad \forall K_{1,t-1}, \forall K_{1,t} > K_{1,t-1} \text{ und für } t = 1,\ldots,T \text{ gilt,}$$

und somit die *ANNAHME* erfüllt ist. Dies folgt aus der nun vorgetragenen Überlegung:

$g_t(K_{1,t})$ setzt sich additiv aus $\Pi_t(K_t)$ und der konkaven optimalen Wertfunktion zusammen und ist demnach „gekrümmter als $\Pi_t(K_t)$".

Deshalb gilt: $\left|\dfrac{\partial^2 g_t}{\partial K_{1,t}^2}(K_{1,t})\right| > \left|\dfrac{\partial^2 C_{1,t}}{\partial K_{1,t}^2}(K_{1,t} - K_{1,t-1})\right|$

und somit: $\left|\dfrac{\partial\left(\dfrac{\partial g_t}{\partial K_{1,t}}(K_{1,t})\right)}{\partial K_{1,t}}\right| > \left|\dfrac{\partial\left(\dfrac{\partial C_{1,t}(K_{1,t} - K_{1,t-1})}{\partial K_{1,t}}\right)}{\partial K_{1,t}}\right|$

$\forall K_{1,t-1} > K_{1,t}^L$ und $K_{1,t} > K_{1,t-1}$. Die Grenzerlösfunktion verläuft damit stets unterhalb der weniger schnell fallenden Grenzkostenfunktion. Graphisch erhält man die Lage, die in Abbildung 5.8 dargestellt ist. Damit sind alle beschafften Kapazitätseinheiten für $K_{1,t-1} > K_{1,t}^L$ verlustbringend.

Auf den vorigen Seiten wurde eine Bedingung formuliert, die die Partitionierbarkeit der Anfangskapazitätsniveaus gewährleistet. Zudem wurde dargestellt, inwiefern diese aus *ANNAHME* aus Kapitel 4 folgt. Nun wird die zweite notwendige Bedingung aus Sicht des Optimierungsproblems behandelt.

## A.5.2 Bedingungen des mehrperiodigen Ansatzes und des Optimierungsproblems

In den Beweisen *A.5.1.1* und *A.5.1.2* wird die Einhaltung folgender Bedingung benötigt:

$$\left|\frac{\partial^2 g_t}{\partial K_{1,t}^2}\left(K_{1,t}^*\left(K_{1,t-1}\right)\right)\right| > \left|\frac{\partial^2 C_{1,t}}{\partial K_{1,t}^2}\left(K_{1,t}^*\left(K_{1,t-1}\right) - K_{1,t-1}\right)\right|$$

Für ein festes Anfangskapazitätsniveau $K_{1,t-1}$ muss also im optimalen Endkapazitätsniveau $K_{1,t}^*\left(K_{1,t-1}\right)$ die zweite Ableitung der Kapazitätswertfunktion betragsmäßig größer sein, als die der zu $K_{1,t-1}$ gehörenden Kostenfunktion an dieser Stelle.

Ähnlich wie die vorige Bedingung, ist auch diese Bedingung beispielsweise dann erfüllt, wenn $\left|\frac{\partial^2 g_t}{\partial K_{1,t}^2}\left(K_{1,t}\right)\right| > \left|\frac{\partial^2 C_{1,t}}{\partial K_{1,t}^2}\left(K_{1,t} - K_{1,t-1}\right)\right|$ gilt und die Kapazitätswertfunktion damit *überall* eine betragsmäßig größere Ableitung besitzt als die Kostenfunktion. Dies ist bei Einhaltung von *ANNAHME* gegeben, wie auf der vorigen Seite festgestellt wurde.

Die aus Sicht des Optimierungsproblems notwendigen Bedingungen sind an die Kapazitätswertfunktion selbst gerichtet und weniger restriktiv als die *ANNAHME*, die sich an die erwartete operative Erlösfunktion in jeder Periode richtet.

Wie in Kapitel 4 bemerkt, kann es Problemstellungen geben, die „nur" die Optimierungsbedingungen erfüllen und somit lediglich einperiodige Planungsansätze repräsentieren können. Die Kapazitätswertfunktion entspricht dann der erwarteten operativen Erlösfunktion.

## A.5.3 Kapazitätsanpassung unter einer nicht streng konkaven Kapazitätswertfunktion

In Kapitel 4 der vorliegenden Diplomarbeit wird die Möglichkeit der Repräsentation mehrperiodiger Planungsmodelle in Form von Optimierungsproblemen dargestellt. Die Analyse dieser Probleme führt wiederum auf Eigenschaften optimaler Politiken für die mehrperiodigen Planungsmodelle. Dieses Kapitel soll dem weiteren Verständnis der Strukturen dieser zentralen Optimierungsprobleme im Einkapazitätsfall dienen.

Das Optimierungsproblem besteht stets aus der Kapazitätswertfunktion und der Kontrollkostenfunktion. Nachdem optimale Politiken für verschiedene Formen von Kontrollkostenfunktionen in Kapitel 5 hergeleitet werden, wird nun der Einfluss der Krümmung der Kapazitätswertfunktion untersucht. Diese Funktion wird in der vorliegenden Arbeit meist als streng konkav angenommen.

Die in Kapitel 4 formulierte *ANNAHME* fordert eine – im Vergleich zur Kontrollkostenfunktion – ausgeprägte konkave Krümmung dieser Funktion. Auch unter diesem Gesichtspunkt stellt sich die Frage, welcher Einfluss der Krümmung der Kapazitätswertfunktion auf die Eigenschaften der optimalen Politiken zukommt.

Um dies zu klären, wird in diesem Kapitel eine zwar konkave, aber nicht streng konkave Kapazitätswertfunktion thematisiert, die dementsprechend auch lineare Teilstücke besitzen kann[1]. Ebenfalls wird der Anpassungsprozess unter einer linearen Kapazitätswertfunktion diskutiert.

---

[1] Eine derartige Kapazitätswertfunktion kann als erwartete operative Erlösfunktion auftreten, wenn die stochastischen Parameter diskret verteilt sind. Vgl. Birge, J./Louveaux, F. (1997) für weiterführende Informationen.

## A.5.3 Kapazitätsanpassung unter einer nicht streng konkaven Kapazitätswertfunktion

Alle Betrachtungen von Kombinationen aus einer nicht streng konkaven Kapazitätswertfunktion und konkaven Kosten- bzw. konvexen Desinvestitionserlösfunktionen werden in den Tabellen A.5.1.2 und A.5.1.4 im Abschnitt A.5.1 des Anhangs ausgeschlossen. Demnach beschränkt sich auch hier die Untersuchung auf die „unproblematischen" Kombinationen. Lediglich die Kapazitätsexpansion unter streng konvexen Kosten wird untersucht, woraus sich jedoch die Ergebnisse für den Reduktionsfall unter konkaven Desinvestitionserlösen schnell ergeben.

Um die Form der optimalen Politik wiederum aus den bekannten Politiken von eingeschlossenen Unterfällen herleiten zu können, wird zunächst der Kapazitätsexpansionsprozess unter streng konvexen Kosten und einer linearen Kapazitätswertfunktion untersucht.

Abbildung A.5.3.1 stellt die Ausgangssituation graphisch dar.

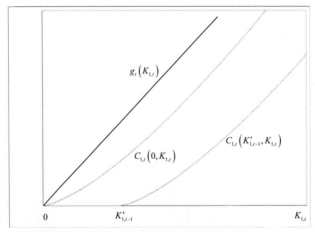

*Abbildung A.5.3.1: Lineare Kapazitätswertfunktion und streng konvexe Kostenstrukturen*

Nun befindet sich ein Unternehmen, unabhängig vom Anfangkapazitätsniveau welches zu Beginn der Periode vorliegt, in derselben Situation. Die Kostenfunktion ist weiterhin nur vom Kapazitätszuwachs abhängig, die lineare Kapazitätswertfunkti-

## A.5.3 Kapazitätsanpassung unter einer nicht streng konkaven Kapazitätswertfunktion

on unterstellt gleiche Erlöse für alle zusätzlichen Kapazitätseinheiten. Wiederum kann von fallenden Gewinnbeiträgen ausgegangen werden, wodurch eine Kapazitätserhöhung nur dann gewinnbringend sein kann, wenn die erste (marginale) Einheit lohnend ist. Dies ist hier entweder für jedes oder für kein Anfangskapazitätsniveau gegeben und folglich von diesem unabhängig. Eine Partitionierung ist im Gegensatz zu den bisherigen Fällen nicht möglich. Es gilt aufgrund der geführten Argumentation:

$$K_{1,t}^{*}(K_{1,t-1}) > K_{1,t-1} \text{ falls } \frac{\partial g_t}{\partial K_{1,t}}(K_{1,t-1}) > \frac{\partial C_{1,t}}{\partial K_{1,t}}(0) \quad (A.5.3.1)$$

Es ist zu erwarten, dass der optimale Kapazitätszuwachs ebenfalls unabhängig vom Anfangskapazitätsniveau ist. Abbildung A.5.3.2 stellt die zugehörigen Ableitungsfunktionen und das Anpassungsverhalten graphisch dar.

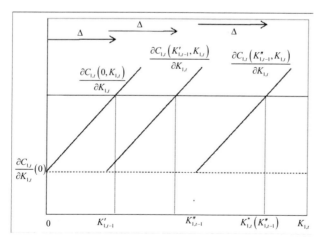

*Abbildung A.5.3.2: Optimale Kapazitätserhöhung bei einer linearen Kapazitätswertfunktion und streng konvexen Kostenstrukturen*

Die optimalen Endkapazitätsniveaus ergeben sich erneut als Schnittpunkte der Ableitungsfunktionen.

## A.5.3 Kapazitätsanpassung unter einer nicht streng konkaven Kapazitätswertfunktion

Bedingung (A.5.3.1) ist in Abbildung A.5.3.2 gegeben, und ausgehend von einem beliebigen Anfangskapazitätsniveau ist der Erwerb eines festen Betrages an zusätzlicher Kapazität ($\Delta$) stets optimal.

Aus dieser Überlegung folgt: $K_{1,t}^*\left(K_{1,t-1}\right) = K_{1,t-1} + \Delta$, wobei $\Delta$ von $K_{1,t-1}$ unabhängig ist.

Um die den Anpassungsprozess beschreibenden Eigenschaften zu erhalten, muss differenziert werden. Man erhält:

$$\frac{\partial K_{1,t}^*\left(K_{1,t-1}\right)}{\partial K_{1,t-1}} = 1 \tag{A.5.3.2}$$

und $\dfrac{\partial \left(K_{1,t}^*\left(K_{1,t-1}\right) - K_{1,t-1}\right)}{\partial K_{1,t-1}} = 0$ \hfill A.5.3.3)

Entsprechend erhöht ein um eine (marginale) Einheit höheres Anfangskapazitätsniveau das Optimum um genau diese Einheit, wobei der optimale Zuwachs hierdurch nicht verändert wird. Diese intuitiven Zusammenhänge stellen die beiden Struktureigenschaften des Kapazitätserhöhungsprozesses dar, was sich auch als weiterer Spezialfall der Beweise *A.5.1.1* und *A.5.1.2* ergibt und aus den Tabellen A.5.1.2 und A.5.1.3 entnommen werden kann.

Die strenge Konkavität der Kapazitätswertfunktion führt also zu einer Partitionierung der Menge der Anfangskapazitätsniveaus. Ausgehend von unterschiedlichen Anfangskapazitätsniveaus sind unterschiedliche Handlungsalternativen (Kapazitätserhöhung oder Beibehaltung des Kapazitätsniveaus) optimal. Zusätzlich verursacht diese Annahme, dass selbst innerhalb einer Partition unterschiedliche Ausprägungen derselben Handlungsalternative optimal sind, wie in den ersten beiden Struktureigenschaften der jeweils optimalen Politiken beschrieben wird.

### A.5.3 Kapazitätsanpassung unter einer nicht streng konkaven Kapazitätswertfunktion

Grob formuliert hat eine ausgeprägte Krümmung der Kapazitätswertfunktion zur Folge, dass unterschiedliche Anfangskapazitätswerte zu sehr unterschiedlichen Kapazitätsveränderungsvorgängen führen.

Zusammengefasst kann festgehalten werden:

---

**Politik im Falle der Möglichkeit zur Kapazitätsexpansion bei streng konvexen Kosten und einer linearen Kapazitätswertfunktion:**

für $\dfrac{\partial g_t}{\partial K_{1,t}}(K_{1,t-1}) > \dfrac{\partial C_{1,t}}{\partial K_{1,t}}(0)$ gilt:
$\begin{cases} \dfrac{\partial K_{1,t}^*(K_{1,t-1})}{\partial K_{1,t-1}} = 1 & (I) \\ \dfrac{\partial \left(K_{1,t}^*(K_{1,t-1}) - K_{1,t-1}\right)}{\partial K_{1,t-1}} = 0 & (II) \end{cases}$

für $\dfrac{\partial g_t}{\partial K_{1,t}}(K_{1,t-1}) \leq \dfrac{\partial C_{1,t}}{\partial K_{1,t}}(0)$ gilt: $\quad K_{1,t}^*(K_{1,t-1}) = K_{1,t-1} \quad (III)$

---

Analog ergibt sich im Desinvestitionskontext:

---

**Politik im Falle der Möglichkeit zur Kapazitätsreduktion bei streng konkaven Desinvestitionserlösen und einer linearen Kapazitätswertfunktion:**

für $\dfrac{\partial g_t}{\partial K_{1,t}}(K_{1,t-1}) < \left|\dfrac{\partial R_{1,t}}{\partial K_{1,t}}(0)\right|$ gilt:
$\begin{cases} \dfrac{\partial K_{1,t}^*(K_{1,t-1})}{\partial K_{1,t-1}} = 1 & (I) \\ \dfrac{\partial \left(K_{1,t-1} - K_{1,t}^*(K_{1,t-1})\right)}{\partial K_{1,t-1}} = 0 & (II) \end{cases}$

für $\dfrac{\delta g_t}{\delta K_{1,t}}(K_{1,t-1}) \geq \left|\dfrac{\delta R_{1,t}}{\delta K_{1,t}}(0)\right|$ gilt: $\quad K_{1,t}^*(K_{1,t-1}) = K_{1,t-1} \quad (III)$

### A.5.3 Kapazitätsanpassung unter einer nicht streng konkaven Kapazitätswertfunktion

Es wird deutlich, dass sich die hier untersuchte Problemstellung von allen anderen bisher untersuchten abhebt. Einerseits kann aufgrund der gleichartigen Ausgangssituation für alle Anfangskapazitätsniveaus keine Einteilung in Partitionen vorgenommen werden. Andererseits unterscheidet sich der Anpassungsprozess dadurch, dass stets der Zukauf einer festen Anzahl von Kapazitätseinheiten, unabhängig vom Anfangsbestand, optimal ist.

Die Eigenschaften der optimalen Politik im Falle einer konkaven Kapazitätswertfunktion sind ebenfalls in den Tabellen A.5.1.2 und A.5.1.3 zu finden und sind, mit Hilfe des in Abschnitt 5.2 vorgestellten „Summierungsvorgehens", auch schnell aus den eingeschlossenen Unterfällen (lineare bzw. streng konkave Kapazitätswertfunktion bei streng konvexen Kosten) abzuleiten.

In dieser Situation kann von einer Partitionierbarkeit der Menge der Anfangskapazitätsniveaus ausgegangen werden. Die Kapazitätswertfunktion ist monoton fallend und besitzt an der Stelle $K_{1,t}^L$ den Funktionswert $\frac{\partial C_{1,t}}{\partial K_{1,t}}(0)$.

Für $K_{1,t-1} < K_{1,t}^L$ gilt $K_{1,t}^*\left(K_{1,t-1}\right) > K_{1,t-1}$ und es ist somit gewinnbringend, Kapazität zu beschaffen. Ansonsten sollte das aktuelle Kapazitätsniveau beibehalten werden, also: $K_{1,t}^*\left(K_{1,t-1}\right) = K_{1,t-1}$.

Zusammengefasst kann festgehalten werden:

## A.5.3 Kapazitätsanpassung unter einer nicht streng konkaven Kapazitätswertfunktion

**Politik im Falle der Möglichkeit zur Kapazitätsexpansion bei streng konvexen Kosten und einer konkaven Kapazitätswertfunktion:**

für $K_{1,t-1} < K_{1,t}^L$ gilt:
$$\begin{cases} 0 < \dfrac{\partial K_{1,t}^*\left(K_{1,t-1}\right)}{\partial K_{1,t-1}} \leq 1 & (I) \\ \dfrac{\partial \left(K_{1,t}^*\left(K_{1,t-1}\right) - K_{1,t-1}\right)}{\partial K_{1,t-1}} \leq 0 & (II) \end{cases}$$

für $K_{1,t-1} \geq K_{1,t}^L$ gilt: $\quad K_{1,t}^*\left(K_{1,t-1}\right) = K_{1,t-1} \quad (III)$

Analog ergibt sich im Desinvestitionskontext:

**Politik im Falle der Möglichkeit zur Kapazitätsreduktion bei streng konkaven Desinvestitionserlösen und einer konkaven Kapazitätswertfunktion:**

für $K_{1,t-1} > K_{1,t}^H$ gilt:
$$\begin{cases} 0 < \dfrac{\partial K_{1,t}^*\left(K_{1,t-1}\right)}{\partial K_{1,t-1}} \leq 1 & (I) \\ \dfrac{\partial \left(K_{1,t-1} - K_{1,t}^*\left(K_{1,t-1}\right)\right)}{\partial K_{1,t-1}} \geq 0 & (II) \end{cases}$$

für $K_{1,t-1} \leq K_{1,t}^H$ gilt: $\quad K_{1,t}^*\left(K_{1,t-1}\right) = K_{1,t-1} \quad (III)$

# A.6.1 Beweise im Mehrkapazitätsfall

In Kapitel 6 werden Struktureigenschaften des optimalen Anpassungsprozesses im Mehrkapazitätsfall untersucht. In diesem Kapitel folgen die zugehörigen Beweise. Für wertvolle Hinweise zu den Beweisen *A.6.1.1*, *A.6.1.3* und *A.6.1.6* danke ich Herrn Prof. Dr. Hans-Peter Butzmann.

## Beweis A.6.1.1:

Dieser Beweis untersucht den Wert des Ausdrucks $\dfrac{\partial K_{i,t}^{*}\left(K_{1,t-1},\ldots,K_{i,t-1},\ldots,K_{N,t-1}\right)}{\partial K_{i,t-1}}$ für unterschiedliche Krümmungen der Kosten- und Desinvestitionserlösfunktionen.

## Behauptung:

---

**Struktureigenschaften des optimalen Kapazitätsanpassungsprozesses bei Kapazität $i \in \{1,\ldots,N\}$:**

bei Kapazitätsexpansion unter streng konvexen Kosten:
$$\dfrac{\partial\left(K_{i,t}^{*}\left(K_{1,t-1},\ldots,K_{i,t-1},\ldots,K_{N,t-1}\right)\right)}{\partial K_{i,t-1}} > 0 \quad (6.4)$$

bei Kapazitätsexpansion unter streng konkaven Kosten:
$$\dfrac{\partial\left(K_{i,t}^{*}\left(K_{1,t-1},\ldots,K_{i,t-1},\ldots,K_{N,t-1}\right)\right)}{\partial K_{i,t-1}} < 0 \quad (6.5)$$

bei Kapazitätsreduktion unter streng konkaven Desinvestitionserlösen:
$$\dfrac{\partial\left(K_{i,t}^{*}\left(K_{1,t-1},\ldots,K_{i,t-1},\ldots,K_{N,t-1}\right)\right)}{\partial K_{i,t-1}} > 0 \quad (6.6)$$

bei Kapazitätsreduktion unter streng konvexen Desinvestitionserlösen:
$$\dfrac{\partial\left(K_{i,t}^{*}\left(K_{1,t-1},\ldots,K_{i,t-1},\ldots,K_{N,t-1}\right)\right)}{\partial K_{i,t-1}} < 0 \quad (6.7)$$

---

**Struktureigenschaften des optimalen Kapazitätsanpassungsprozesses bei Kapazität $i \in \{1,\ldots,N\}$:**

bei Kapazitätsexpansion unter konvexen Kosten:
$$\dfrac{\partial\left(K_{i,t}^{*}\left(K_{1,t-1},\ldots,K_{i,t-1},\ldots,K_{N,t-1}\right)\right)}{\partial K_{i,t-1}} \geq 0 \quad (6.8)$$

bei Kapazitätsexpansion unter konkaven Kosten:
$$\dfrac{\partial\left(K_{i,t}^{*}\left(K_{1,t-1},\ldots,K_{i,t-1},\ldots,K_{N,t-1}\right)\right)}{\partial K_{i,t-1}} \leq 0 \quad (6.9)$$

bei Kapazitätsreduktion unter konkaven Desinvestitionserlösen:
$$\dfrac{\partial\left(K_{i,t}^{*}\left(K_{1,t-1},\ldots,K_{i,t-1},\ldots,K_{N,t-1}\right)\right)}{\partial K_{i,t-1}} \geq 0 \quad (6.10)$$

bei Kapazitätsreduktion unter konvexen Desinvestitionserlösen:
$$\dfrac{\partial\left(K_{i,t}^{*}\left(K_{1,t-1},\ldots,K_{i,t-1},\ldots,K_{N,t-1}\right)\right)}{\partial K_{i,t-1}} \leq 0 \quad (6.11)$$

---

## A.6.1 Beweise im Mehrkapazitätsfall

*Beweis:*

Das zugrunde liegende Optimierungsproblem ist das Folgende:

$$\sup_{K_t} \left\{ g_t(K_t) - C_t(K_{t-1}, K_t) + R_t(K_{t-1}, K_t) \right\}$$

$$= \sup_{K_{1,t}, K_{2,t}, \ldots, K_{N,t}} \left\{ g_t(K_{1,t}, K_{2,t}, \ldots, K_{N,t}) - \sum_{i=1}^{N} C_{i,t}(K_{i,t} - K_{i,t-1}) + \sum_{i=1}^{N} R_{i,t}(K_{i,t-1} - K_{i,t}) \right\}$$

Der nachfolgende Beweis wird zunächst für den Fall formuliert, dass das Unternehmen in Besitz von zwei Kapazitäten ist. Auf diese Weise werden Indizes vermieden und die Zusammenhänge können - aus Sicht dieser Arbeit - wesentlich übersichtlicher dargestellt werden. Aus technischer Sicht ergibt sich kein Unterschied zum Fall mit $N$ Kapazitäten.

Das Vorgehen für den Fall von $N$ Kapazitäten wird anschließend erläutert.

Im Zweikapazitätsfall hat das Optimierungsproblem die folgende Gestalt:

$$\sup_{K_{1,t}, K_{2,t}} \left\{ g_t(K_{1,t}, K_{2,t}) - C_{1,t}(K_{1,t} - K_{1,t-1}) - C_{2,t}(K_{2,t} - K_{2,t-1}) + R_{1,t}(K_{1,t-1} - K_{1,t}) + R_{2,t}(K_{2,t-1} - K_{2,t}) \right\}$$

Bei zwei Kapazitäten, deren Niveau jeweils erhöht, verringert oder beibehalten werden kann, ergeben sich neun Handlungsmöglichkeiten für das Unternehmen.

Falls das Niveau einer Kapazität beibehalten wird, kann auf die Beweise *A.5.1.1* und *A.5.1.4* für den Einkapazitätsfall verwiesen werden, und fünf der neuen Möglichkeiten müssen nicht weiter betrachtet werden.

Beispielhaft wird nun angenommen, dass das Niveau der ersten Kapazität erhöht wird, und dass das Niveau der zweiten Kapazität verringert wird. Auf die anderen Kombinationsfälle wird im Verlauf des Beweises eingegangen.

Es gilt also: $K_{1,t} > K_{1,t-1}$ und $K_{2,t} < K_{2,t-1}$.

Das Optimierungsproblem besitzt in diesem Fall die folgende Gestalt:

$$\sup_{K_{1,t}, K_{2,t}} \left\{ g_t(K_{1,t}, K_{2,t}) - C_{1,t}(K_{1,t} - K_{1,t-1}) + R_{2,t}(K_{2,t-1} - K_{2,t}) \right\}$$

Differentiation nach $K_{1,t}$ und $K_{2,t}$ führt zu:

$$\frac{\partial g_t}{\partial K_{1,t}}(K_{1,t}, K_{2,t}) = \frac{\partial C_{1,t}}{\partial K_{1,t}}(K_{1,t} - K_{1,t-1})$$

$$\frac{\partial g_t}{\partial K_{2,t}}(K_{1,t}, K_{2,t}) = \frac{\partial R_{2,t}}{\partial K_{2,t}}(K_{2,t-1} - K_{2,t})$$

Für gegebene $K_{1,t-1}$ und $K_{2,t-1}$ seien $K_{1,t}^*(K_{1,t-1}, K_{2,t-1})$ und $K_{2,t}^*(K_{1,t-1}, K_{2,t-1})$ die Lösungen des Problems, die als eindeutig und differenzierbar vorausgesetzt werden.

$K_{1,t}^*(K_{1,t-1}, K_{2,t-1})$ und $K_{2,t}^*(K_{1,t-1}, K_{2,t-1})$ erfüllen infolgedessen die Optimalitätsbedingungen:

$$\frac{\partial g_t}{\partial K_{1,t}}\left(K_{1,t}^*(K_{1,t-1}, K_{2,t-1}), K_{2,t}^*(K_{1,t-1}, K_{2,t-1})\right) = \frac{\partial C_{1,t}}{\partial K_{1,t}}\left(K_{1,t}^*(K_{1,t-1}, K_{2,t-1}) - K_{1,t-1}\right)$$

$$\frac{\partial g_t}{\partial K_{2,t}}\left(K_{1,t}^*(K_{1,t-1}, K_{2,t-1}), K_{2,t}^*(K_{1,t-1}, K_{2,t-1})\right) = \frac{\partial R_{2,t}}{\partial K_{2,t}}\left(K_{2,t-1} - K_{2,t}^*(K_{1,t-1}, K_{2,t-1})\right)$$

Es wird nun abgekürzt:

$$\frac{\partial g_t}{\partial K_{1,t}}(K_{1,t}^*, K_{2,t}^*) = \frac{\partial C_{1,t}}{\partial K_{1,t}}(K_{1,t}^* - K_{1,t-1})$$

## A.6.1 Beweise im Mehrkapazitätsfall

$$\frac{\partial g_t}{\partial K_{2,t}}\left(K_{1,t}^*, K_{2,t}^*\right) = \frac{\partial R_{2,t}}{\partial K_{2,t}}\left(K_{2,t-1} - K_{2,t}^*\right)$$

Um die gesuchten Ausdrücke $\dfrac{\partial K_{1,t}^*}{\partial K_{1,t-1}}$ und $\dfrac{\partial K_{2,t}^*}{\partial K_{2,t-1}}$ zu isolieren, wird nach $K_{1,t-1}$ und nach $K_{2,t-1}$ differenziert.

Es wird nach $K_{1,t-1}$ differenziert:

$$\frac{\partial^2 g_t}{\partial K_{1,t} \partial K_{1,t}}\left(K_{1,t}^*, K_{2,t}^*\right) \cdot \frac{\partial K_{1,t}^*}{\partial K_{1,t-1}} + \frac{\partial^2 g_t}{\partial K_{2,t} \partial K_{1,t}}\left(K_{1,t}^*, K_{2,t}^*\right) \cdot \frac{\partial K_{2,t}^*}{\partial K_{1,t-1}} = \frac{\partial^2 C_{1,t}}{\partial K_{1,t}^2}\left(K_{1,t}^* - K_{1,t-1}\right) \cdot \left(\frac{\partial K_{1,t}^*}{\partial K_{1,t-1}} - 1\right)$$

$$\frac{\partial^2 g_t}{\partial K_{1,t} \partial K_{2,t}}\left(K_{1,t}^*, K_{2,t}^*\right) \cdot \frac{\partial K_{1,t}^*}{\partial K_{1,t-1}} + \frac{\partial^2 g_t}{\partial K_{2,t} \partial K_{2,t}}\left(K_{1,t}^*, K_{2,t}^*\right) \cdot \frac{\partial K_{2,t}^*}{\partial K_{1,t-1}} = -\frac{\partial^2 R_{2,t}}{\partial K_{2,t}^2}\left(K_{2,t-1} - K_{2,t}^*\right) \cdot \frac{\partial K_{2,t}^*}{\partial K_{1,t-1}}$$

Es wird nach $K_{2,t-1}$ differenziert:

$$\frac{\partial^2 g_t}{\partial K_{1,t} \partial K_{1,t}}\left(K_{1,t}^*, K_{2,t}^*\right) \cdot \frac{\partial K_{1,t}^*}{\partial K_{2,t-1}} + \frac{\partial^2 g_t}{\partial K_{2,t} \partial K_{1,t}}\left(K_{1,t}^*, K_{2,t}^*\right) \cdot \frac{\partial K_{2,t}^*}{\partial K_{2,t-1}} = \frac{\partial^2 C_{1,t}}{\partial K_{1,t}^2}\left(K_{1,t}^* - K_{1,t-1}\right) \cdot \frac{\partial K_{1,t}^*}{\partial K_{2,t-1}}$$

$$\frac{\partial^2 g_t}{\partial K_{1,t} \partial K_{2,t}}\left(K_{1,t}^*, K_{2,t}^*\right) \cdot \frac{\partial K_{1,t}^*}{\partial K_{2,t-1}} + \frac{\partial^2 g_t}{\partial K_{2,t} \partial K_{2,t}}\left(K_{1,t}^*, K_{2,t}^*\right) \cdot \frac{\partial K_{2,t}^*}{\partial K_{2,t-1}} = \frac{\partial^2 R_{2,t}}{\partial K_{2,t}^2}\left(K_{2,t-1} - K_{2,t}^*\right) \cdot \left(1 - \frac{\partial K_{2,t}^*}{\partial K_{2,t-1}}\right)$$

Dies führt zu:

$$\begin{pmatrix} \dfrac{\partial^2 g_t}{\partial K_{1,t} \partial K_{1,t}}\left(K_{1,t}^*, K_{2,t}^*\right) & \dfrac{\partial^2 g_t}{\partial K_{2,t} \partial K_{1,t}}\left(K_{1,t}^*, K_{2,t}^*\right) \\ \dfrac{\partial^2 g_t}{\partial K_{1,t} \partial K_{2,t}}\left(K_{1,t}^*, K_{2,t}^*\right) & \dfrac{\partial^2 g_t}{\partial K_{2,t} \partial K_{2,t}}\left(K_{2,t}^*, K_{2,t}^*\right) \end{pmatrix} \cdot \begin{pmatrix} \dfrac{\partial K_{1,t}^*}{\partial K_{1,t-1}} & \dfrac{\partial K_{1,t}^*}{\partial K_{2,t-1}} \\ \dfrac{\partial K_{2,t}^*}{\partial K_{1,t-1}} & \dfrac{\partial K_{2,t}^*}{\partial K_{2,t-1}} \end{pmatrix}$$

$$= \begin{pmatrix} \dfrac{\partial^2 C_{1,t}}{\partial K_{1,t}^{\,2}}\left(K_{1,t}^* - K_{1,t-1}\right)\cdot\left(\dfrac{\partial K_{1,t}^*}{\partial K_{1,t-1}}-1\right) & \dfrac{\partial^2 C_{1,t}}{\partial K_{1,t}^{\,2}}\left(K_{1,t}^* - K_{1,t-1}\right)\cdot\dfrac{\partial K_{1,t}^*}{\partial K_{2,t-1}} \\ -\dfrac{\partial^2 R_{2,t}}{\partial K_{2,t}^{\,2}}\left(K_{2,t-1} - K_{2,t}^*\right)\cdot\dfrac{\partial K_{2,t}^*}{\partial K_{1,t-1}} & \dfrac{\partial^2 R_{2,t}}{\partial K_{2,t}^{\,2}}\left(K_{2,t-1} - K_{2,t}^*\right)\cdot\left(1-\dfrac{\partial K_{2,t}^*}{\partial K_{2,t-1}}\right) \end{pmatrix}$$

$$= \begin{pmatrix} \dfrac{\partial^2 C_{1,t}}{\partial K_{1,t}^{\,2}}\left(K_{1,t}^* - K_{1,t-1}\right) & 0 \\ 0 & -\dfrac{\partial^2 R_{2,t}}{\partial K_{2,t}^{\,2}}\left(K_{2,t-1} - K_{2,t}^*\right) \end{pmatrix} \cdot \begin{pmatrix} \dfrac{\partial K_{1,t}^*}{\partial K_{1,t-1}} & \dfrac{\partial K_{1,t}^*}{\partial K_{2,t-1}} \\ \dfrac{\partial K_{2,t}^*}{\partial K_{1,t-1}} & \dfrac{\partial K_{2,t}^*}{\partial K_{2,t-1}} \end{pmatrix}$$

$$- \begin{pmatrix} \dfrac{\partial^2 C_{1,t}}{\partial K_{1,t}^{\,2}}\left(K_{1,t}^* - K_{1,t-1}\right) & 0 \\ 0 & -\dfrac{\partial^2 R_{2,t}}{\partial K_{2,t}^{\,2}}\left(K_{2,t-1} - K_{2,t}^*\right) \end{pmatrix}$$

Die Matrix $\begin{pmatrix} \dfrac{\partial^2 g_t}{\partial K_{1,t} \partial K_{1,t}}\left(K_{1,t}^*, K_{2,t}^*\right) & \dfrac{\partial^2 g_t}{\partial K_{2,t} \partial K_{1,t}}\left(K_{1,t}^*, K_{2,t}^*\right) \\ \dfrac{\partial^2 g_t}{\partial K_{1,t} \partial K_{2,t}}\left(K_{1,t}^*, K_{2,t}^*\right) & \dfrac{\partial^2 g_t}{\partial K_{1,t} \partial K_{1,t}}\left(K_{2,t}^*, K_{2,t}^*\right) \end{pmatrix}$

entspricht der Hesse-Matrix der Funktion $g_t$ an der Stelle $\left(K_{1,t}^*, K_{2,t}^*\right)$, was mit $Hg_t\left(K_{1,t}^*, K_{2,t}^*\right)$ abgekürzt wird.

$$\begin{pmatrix} \dfrac{\partial K_{1,t}^*}{\partial K_{1,t-1}} & \dfrac{\partial K_{1,t}^*}{\partial K_{2,t-1}} \\ \dfrac{\partial K_{2,t}^*}{\partial K_{1,t-1}} & \dfrac{\partial K_{2,t}^*}{\partial K_{2,t-1}} \end{pmatrix}$$ wird im Folgenden mit $D^*$ abgekürzt.

Die Matrix $$\begin{pmatrix} \dfrac{\partial^2 C_{1,t}}{\partial K_{1,t}^2}\left(K_{1,t}^* - K_{1,t-1}\right) & 0 \\ 0 & -\dfrac{\partial^2 R_{2,t}}{\partial K_{2,t}^2}\left(K_{2,t-1} - K_{2,t}^*\right) \end{pmatrix}$$

wird im Folgenden mit $(C/R)''$ abgekürzt.

Nun kann die obige Gleichung folgendermaßen formuliert werden:

$$Hg_t\left(K_{1,t}^*, K_{2,t}^*\right) \cdot D^* = (C/R)'' \cdot D^* - (C/R)''$$
$$\left((C/R)'' - Hg_t\left(K_{1,t}^*, K_{2,t}^*\right)\right) \cdot D^* = (C/R)''$$

$g_t$ ist streng konkav und besitzt demnach eine negativ definite Hesse-Matrix. Falls die Kostenfunktion als linear, konvex oder streng konvex angenommen wird, gilt:

$$\frac{\partial^2 C_{1,t}}{\partial K_{1,t}^2}\left(K_{1,t}^* - K_{1,t-1}\right) \geq 0.$$

Falls die Desinvestitionserlösfunktion als linear, konkav oder streng konkav angenommen wird, gilt:

$$\frac{\partial^2 R_{2,t}}{\partial K_{2,t}^2}\left(K_{2,t-1} - K_{2,t}^*\right) \leq 0$$

## A.6.1 Beweise im Mehrkapazitätsfall

Die Matrix $((C/R)'' - Hg_t(K_{1,t}^*, K_{2,t}^*))$ ist positiv definit, da die Matrix $-Hg_t(K_{1,t}^*, K_{2,t}^*)$ positiv definit ist und der Ausdruck damit eine Summe aus zwei positiv definiten Summanden darstellt.

Diese Eigenschaft der Matrix $((C/R)'' - Hg_t(K_{1,t}^*, K_{2,t}^*))$ ist für den weiteren Verlauf des Beweises sehr wesentlich.

Falls andere Krümmungen der Kosten- und Desinvestitionserlösfunktionen auftreten, muss die in Kapitel 4 formulierte *ANNAHME* hinzugezogen werden. Hierdurch wird die positive Definitheit der Matrix $((C/R)'' - Hg_t(K_{1,t}^*, K_{2,t}^*))$ auch unter diesen Voraussetzungen gewährleistet.

Die *ANNAHME* wird nun aufgeführt.

*ANNAHME*: $\Pi_t(K_t) - C_t(K_{t-1}, K_t) + R_t(K_{t-1}, K_t)$ ist streng konkav in $K_t$ für alle $K_{t-1}$, $K_t$ und $t = 1,..,T$.

Die *ANNAHME* fordert eine „Krümmungsdominanz" der erwarteten operativen Erlösfunktion $\Pi_t(K_t)$ über die Kosten- und Desinvestitionserlösfunktion in jeder Periode.

Die Kapazitätswertfunktion $g_t$ stellt die Summe der erwarteten operativen Erlösfunktion $\Pi_t(K_t)$ und der optimalen Wertfunktion $V_{t+1}(K_t)$ dar ($g_t(K_t) = \Pi_t(K_t) + \tau \cdot E(V_{t+1}(K_t)|F)$).

In *Beweis A.3.1.1* wird gezeigt, dass $V_{t+1}(K_t)$ streng konkav in $K_t$ ist. $g_t$ ist somit die Summe aus zwei in $K_t$ streng konkaven Funktionen. Damit ist die Konkavität der Funktion $g_t$ stärker ausgeprägt als die der Funktion $\Pi_t(K_t)$.

Folglich muss auch $g_t(K_t) - C_t(K_{t-1}, K_t) + R_t(K_{t-1}, K_t)$ konkav in $K_t$ sein. Entsprechend muss diese Konkavität auch an der Stelle $(K_{1,t}^*, K_{2,t}^*)$ gelten. Die

Matrix $\left(Hg_t\left(K_{1,t}^*, K_{2,t}^*\right) - (C/R)''\right)$ ist damit negativ definit und die Matrix $\left((C/R)'' - Hg_t\left(K_{1,t}^*, K_{2,t}^*\right)\right)$ positiv definit.

Damit ist die positive Definitheit der Matrix $\left((C/R)'' - Hg_t\left(K_{1,t}^*, K_{2,t}^*\right)\right)$ auch unter Annahme von konkaven oder streng konkaven Kostenfunktionen und unter Annahme von konvexen oder streng konvexen Desinvestitionserlösfunktionen gegeben.

$\left((C/R)'' - Hg_t\left(K_{1,t}^*, K_{2,t}^*\right)\right)$ ist positiv definit. Damit ist $\left((C/R)'' - Hg_t\left(K_{1,t}^*, K_{2,t}^*\right)\right)^{-1}$ ebenfalls positiv definit.

Die Gleichung $\left((C/R)'' - Hg_t\left(K_{1,t}^*, K_{2,t}^*\right)\right) \cdot D^* = (C/R)''$ kann deshalb zu der folgenden Gleichung umgeformt werden:

$$D^* = \left((C/R)'' - Hg_t\left(K_{1,t}^*, K_{2,t}^*\right)\right)^{-1} \cdot (C/R)''$$

$\left((C/R)'' - Hg_t\left(K_{1,t}^*, K_{2,t}^*\right)\right)^{-1}$ wird nun dargestellt als $\begin{pmatrix} a & c \\ c & b \end{pmatrix}$ mit $a, b > 0$.

$(C/R)''$ wird nun dargestellt als $\begin{pmatrix} d & 0 \\ 0 & e \end{pmatrix}$.

Dann gilt:
$$D^* = \left((C/R)'' - Hg_t\left(K_{1,t}^*, K_{2,t}^*\right)\right)^{-1} \cdot (C/R)'' = \begin{pmatrix} a & c \\ c & b \end{pmatrix} \cdot \begin{pmatrix} d & 0 \\ 0 & e \end{pmatrix} = \begin{pmatrix} a \cdot d & c \cdot e \\ c \cdot d & b \cdot e \end{pmatrix}$$

Die Diagonalelemente $\dfrac{\partial K_{1,t}^*}{\partial K_{1,t-1}}$ und $\dfrac{\partial K_{2,t}^*}{\partial K_{2,t-1}}$ der Matrix $D^*$ stellen ein Produkt aus den entsprechenden Diagonalelementen der Matrizen $\left((C/R)'' - Hg_t\left(K_{1,t}^*, K_{2,t}^*\right)\right)^{-1}$ und $(C/R)''$ dar. Da $a, b > 0$ gilt, übertragen sich die Vorzeichen der Diagonalelemente der Matrix $(C/R)''$ auf die der Matrix $D^*$.

Die Diagonalelemente der Matrix $(C/R)''$ sind $\dfrac{\partial^2 C_{1,t}}{\partial K_{1,t}^2}\left(K_{1,t}^* - K_{1,t-1}\right)$ und $-\dfrac{\partial^2 R_{2,t}}{\partial K_{2,t}^2}\left(K_{2,t-1} - K_{2,t}^*\right)$.

Das Vorzeichen des Ausdrucks $\dfrac{\partial K_{1,t}^*}{\partial K_{1,t-1}}$ entspricht im Investitionsfall dem Vorzeichen der zweiten Ableitung der Kostenfunktion.

Beispielsweise gilt für eine konvexe Kostenfunktion: $\dfrac{\partial^2 C_{1,t}\left(K_{1,t} - K_{1,t-1}\right)}{\partial K_{1,t}^2} \geq 0$. Daraus folgt, dass der Ausdruck $\dfrac{\partial K_{1,t}^*}{\partial K_{1,t-1}}$ ebenfalls größer oder gleich 0 ist.

Für lineare Kostenfunktionen gilt $\dfrac{\partial^2 C_{1,t}\left(K_{1,t} - K_{1,t-1}\right)}{\partial K_{1,t}^2} = 0$, was zu $\dfrac{\partial K_{1,t}^*}{\partial K_{1,t-1}} = 0$ führt.

Dies bestätigt alle Behauptungen für den Investitionsfall[1].

Das Vorzeichen des Ausdrucks $\dfrac{\partial K_{2,t}^*}{\partial K_{2,t-1}}$ entspricht im Desinvestitionsfall dem invertierten Vorzeichen der zweiten Ableitung der Desinvestitionserlösfunktion.

Beispielsweise gilt für eine konvexe Desinvestitionserlösfunktion:
$\dfrac{\partial^2 R_{2,t}\left(K_{2,t-1} - K_{2,t}\right)}{\partial K_{2,t}^2} \geq 0$. Daraus folgt, dass der Ausdruck $\dfrac{\partial K_{2,t}^*}{\partial K_{2,t-1}}$ kleiner oder gleich 0 ist.

Dies bestätigt alle Behauptungen für den Desinvestitionsfall.

Zu Beginn des Beweises wurde die Annahme getroffen, dass der Zweikapazitätsfall vorliegt. Außerdem wurde angenommen, dass das Niveau einer Kapazität erhöht wird, und dass das Niveau der zweiten Kapazität verringert wird.

Falls beispielsweise das Niveau beider Kapazitäten erhöht wird, besitzt die Matrix $(C/R)''$ die folgende Gestalt:

---

[1] Die Kennzeichen der *ISD-Politik* ergeben sich demnach als Spezialfall des Beweises.

$$\begin{pmatrix} \dfrac{\partial^2 C_{1,t}}{\partial K_{1,t}^2}\left(K_{1,t}^* - K_{1,t-1}\right) & 0 \\ 0 & \dfrac{\partial^2 C_{2,t}}{\partial K_{2,t}^2}\left(K_{2,t}^* - K_{2,t-1}\right) \end{pmatrix}$$

Der Ausdruck $\left((C/R)'' - Hg_t\left(K_{1,t}^*, K_{2,t}^*\right)\right)^{-1}$ ist auch in diesem Fall positiv definit und besitzt dementsprechend positive Diagonalelemente. Die Vorzeichen der Ausdrücke $\dfrac{\partial K_{1,t}^*}{\partial K_{1,t-1}}$ und $\dfrac{\partial K_{2,t}^*}{\partial K_{2,t-1}}$ entsprechen bei beiden Kapazitäten den Vorzeichen der jeweiligen zweiten Ableitungen der Kostenfunktionen.

Somit kann auch dieser Fall analog untersucht werden. Für die beiden verbleibenden Fälle (Niveau der ersten Kapazität wird verringert/Niveau der zweiten Kapazität wird erhöht, Niveaus beider Kapazitäten werden verringert) gilt dasselbe. Die Vorzeichen der Einträge der relevanten Matrizen ändern sich nicht.

Der Beweis für den Zweikapazitätsfall ist abgeschlossen. Es wird nun aufgezeigt, dass der Beweis entsprechend für $N$ Kapazitäten geführt werden kann.

Es wird angenommen, dass das Niveau von $M$ Kapazitäten verändert wird, wobei $M \le N$ gilt. Die Kapazitäten, deren Niveau nicht verändert wird, haben auf das Optimierungsproblem keinen strukturellen Einfluss.

Weiterhin wird angenommen, dass das Niveau von $K$ Kapazitäten erhöht wird, wobei $K \le M$ gilt. Das Niveau der verbleibenden $M - K$ Kapazitäten wird verringert.

Dies führt auf das folgende Optimierungsproblem:

$$\begin{aligned}
\max_{K_{1,t},K_{2,t},\ldots,K_{M,t}} & \left\{ g(K_{1,t},\ldots,K_{K,t},K_{K+1,t},\ldots,K_{M,t},\ldots,K_{N,t-1}) \right. \\
& - C_{1,t}(K_{1,t} - K_{1,t-1}) - C_{2,t}(K_{2,t} - K_{2,t-1}) - \ldots - C_{K,t}(K_{K,t} - K_{K,t-1}) \\
& \left. + R_{K+1}(K_{K+1,t-1} - K_{K+1,t}) + R_{K+2}(K_{K+2,t-1} - K_{K+2,t}) + \ldots + R_M(K_{M,t-1} - K_{M,t}) \right\}
\end{aligned}$$

Es ergeben sich $M \times M$ Gleichungen.

Wiederum stellen die Diagonalelemente der Matrix $D^*$ die gesuchten Elemente dar.

$$D^* = \begin{pmatrix} \dfrac{\partial K_{1,t}^*}{\partial K_{1,t-1}} & \cdots & \dfrac{\partial K_{1,t}^*}{\partial K_{K,t-1}} & \dfrac{\partial K_{1,t}^*}{\partial K_{K+1,t-1}} & \cdots & \dfrac{\partial K_{1,t}^*}{\partial K_{M,t-1}} \\ \vdots & \ddots & \vdots & \vdots & \ddots & \vdots \\ \dfrac{\partial K_{K,t}^*}{\partial K_{1,t-1}} & \cdots & \dfrac{\partial K_{K,t}^*}{\partial K_{K,t-1}} & \dfrac{\partial K_{K,t}^*}{\partial K_{K+1,t-1}} & \cdots & \dfrac{\partial K_{K,t}^*}{\partial K_{M,t-1}} \\ \dfrac{\partial K_{K+1,t}^*}{\partial K_{1,t-1}} & \cdots & \dfrac{\partial K_{K+1,t}^*}{\partial K_{K,t-1}} & \dfrac{\partial K_{K+1,t}^*}{\partial K_{K+1,t-1}} & \cdots & \dfrac{\partial K_{K+1,t}^*}{\partial K_{M,t-1}} \\ \vdots & \ddots & \vdots & \vdots & \ddots & \vdots \\ \dfrac{\partial K_{M,t}^*}{\partial K_{1,t-1}} & \cdots & \dfrac{\partial K_{M,t}^*}{\partial K_{K,t-1}} & \dfrac{\partial K_{M,t}^*}{\partial K_{K+1,t-1}} & \cdots & \dfrac{\partial K_{M,t}^*}{\partial K_{M,t-1}} \end{pmatrix}$$

Der Ausdruck $\left((C/R)'' - Hg_t\left(K_{1,t}^*, K_{2,t}^*\right)\right)^{-1}$ ist positiv definit und besitzt dementsprechend positive Diagonalelemente.

Ebenfalls kann aus den Vorzeichen der Diagonalelemente der Matrix $(C/R)''$ auf die Vorzeichen der Diagonalelemente der Matrix $D^*$ geschlossen werden.

Die Matrix $(C/R)''$ hat hierbei die folgende Gestalt:

$$\begin{pmatrix} \dfrac{\partial^2 C_{1,t}}{\partial K_{1,t}^2}\left(K_{1,t}^* - K_{1,t-1}\right) & \cdots & 0 & 0 & \cdots & 0 \\ \vdots & \ddots & \vdots & \cdots & \ddots & \vdots \\ 0 & \cdots & \dfrac{\partial^2 C_{K,t}}{\partial K_{K,t}^2}\left(K_{K,t}^* - K_{K,t-1}\right) & 0 & \cdots & 0 \\ 0 & \cdots & 0 & -\dfrac{\partial^2 R_{K+1,t}}{\partial K_{K+1,t}^2}\left(K_{K+1,t-1} - K_{K+1,t}^*\right) & \cdots & 0 \\ \vdots & \ddots & \vdots & \cdots & \ddots & \vdots \\ 0 & \cdots & 0 & 0 & \cdots & -\dfrac{\partial^2 R_{M,t}}{\partial K_{M,t}^2}\left(K_{M,t-1} - K_{M,t}^*\right) \end{pmatrix}$$

Da im Verlauf des Beweises keine Regel benutzt wird, die nur für $2\times 2$ Matrizen gilt, kann der Beweis für $N\times N$ Matrizen analog geführt werden.

$\square$

## Beweis A.6.1.2:

Dieser Beweis untersucht den Wert des Ausdrucks

$$\frac{\partial \left( K_{i,t}^* \left( K_{1,t-1}, K_{2,t-1}, \ldots, K_{N,t-1} \right) - K_{i,t-1} \right)}{\partial K_{i,t-1}}$$ für lineare, konkave und streng konkave Kostenfunktionen und den Wert des Ausdrucks

$$\frac{\partial \left( K_{i,t-1} - K_{i,t}^* \left( K_{1,t-1}, K_{2,t-1}, \ldots, K_{N,t-1} \right) \right)}{\partial K_{i,t-1}}$$ für lineare, konvexe und streng konvexe Desinvestitionserlösfunktionen.

## Behauptung:

---

**Struktureigenschaften des optimalen Kapazitätsanpassungsprozesses bei Kapazität** $i \in \{1, \ldots, N\}$:

bei Kapazitätsexpansion unter streng konkaven Kosten:
$$\frac{\partial \left( K_{i,t}^* \left( K_{1,t-1}, \ldots, K_{i,t-1}, \ldots, K_{N,t-1} \right) - K_{i,t-1} \right)}{\partial K_{i,t-1}} < 0 \quad (6.12)$$

bei Kapazitätsexpansion unter konkaven Kosten:
$$\frac{\partial \left( K_{i,t}^* \left( K_{1,t-1}, \ldots, K_{i,t-1}, \ldots, K_{N,t-1} \right) - K_{i,t-1} \right)}{\partial K_{i,t-1}} < 0 \quad (6.13)$$

bei Kapazitätsreduktion unter streng konvexen Desinvestitionserlösen:
$$\frac{\partial \left( K_{i,t-1} - K_{i,t}^* \left( K_{1,t-1}, \ldots, K_{i,t-1}, \ldots, K_{N,t-1} \right) \right)}{\partial K_{i,t-1}} > 0 \quad (6.14)$$

bei Kapazitätsreduktion unter konvexen Desinvestitionserlösen:
$$\frac{\partial \left( K_{i,t-1} - K_{i,t}^* \left( K_{1,t-1}, \ldots, K_{i,t-1}, \ldots, K_{N,t-1} \right) \right)}{\partial K_{i,t-1}} > 0 \quad (6.15)$$

---

Für Kapazitätsexpansion unter linearen Kosten gilt:

$$\frac{\partial \left( K_{i,t}^* \left( K_{1,t-1}, K_{2,t-1}, \ldots, K_{N,t-1} \right) - K_{i,t-1} \right)}{\partial K_{i,t-1}} = -1$$

## A.6.1 Beweise im Mehrkapazitätsfall

Für Kapazitätsreduktion unter linearen Desinvestitionserlösen gilt:

$$\frac{\partial \left( K_{i,t-1} - K_{i,t}^* \left( K_{1,t-1}, K_{2,t-1}, \ldots, K_{N,t-1} \right) \right)}{\partial K_{i,t-1}} = 1$$

*Beweis:*

In *Beweis A.6.1.1* wird Folgendes aufgezeigt.

Bei Kapazitätsexpansion unter einer konkaven bzw. streng konkaven Kostenfunktion gilt:

$$\frac{\partial K_{i,t}^* \left( K_{1,t-1}, K_{2,t-1}, \ldots, K_{N,t-1} \right)}{\partial K_{i,t-1}} \leq 0 \text{ bzw. } \frac{\partial K_{i,t}^* \left( K_{1,t-1}, K_{2,t-1}, \ldots, K_{N,t-1} \right)}{\partial K_{i,t-1}} < 0$$

Bei Kapazitätsexpansion unter einer linearen Kostenfunktion gilt:

$$\frac{\partial K_{i,t}^* \left( K_{1,t-1}, K_{2,t-1}, \ldots, K_{N,t-1} \right)}{\partial K_{i,t-1}} = 0$$

Bei Kapazitätsreduktion unter einer konvexen bzw. streng konvexen Desinvestitionserlösfunktion gilt:

$$\frac{\partial K_{i,t}^* \left( K_{1,t-1}, K_{2,t-1}, \ldots, K_{N,t-1} \right)}{\partial K_{i,t-1}} \leq 0 \text{ bzw. } \frac{\partial K_{i,t}^* \left( K_{1,t-1}, K_{2,t-1}, \ldots, K_{N,t-1} \right)}{\partial K_{i,t-1}} < 0$$

Bei Kapazitätsreduktion unter einer linearen Desinvestitionserlösfunktion gilt:

$$\frac{\partial K_{i,t}^* \left( K_{1,t-1}, K_{2,t-1}, \ldots, K_{N,t-1} \right)}{\partial K_{i,t-1}} = 0$$

Außerdem gilt:

$$\frac{\partial\left(K^*_{i,t}\left(K_{1,t-1},K_{2,t-1},...,K_{N,t-1}\right)-K_{i,t-1}\right)}{\partial K_{i,t-1}} = \frac{\partial K^*_{i,t}\left(K_{1,t-1},K_{2,t-1},...,K_{N,t-1}\right)}{\partial K_{i,t-1}} - 1$$

$\dfrac{\partial\left(K^*_{i,t}\left(K_{1,t-1},K_{2,t-1},...,K_{N,t-1}\right)-K_{i,t-1}\right)}{\partial K_{i,t-1}}$ ist demnach bei einer Kapazitätsexpansion unter einer konkaven bzw. streng konkaven Kostenfunktion negativ. Unter Zugrundelegung einer linearen Kostenfunktion entspricht der Wert -1.

Nun zur Kapazitätsreduktion. Es gilt:

$$\frac{\partial\left(K_{i,t-1}-K^*_{i,t}\left(K_{1,t-1},K_{2,t-1},...,K_{N,t-1}\right)\right)}{\partial K_{i,t-1}} = 1 - \frac{\partial K^*_{i,t}\left(K_{1,t-1},K_{2,t-1},...,K_{N,t-1}\right)}{\partial K_{i,t-1}}$$

$\dfrac{\partial\left(K_{i,t-1}-K^*_{i,t}\left(K_{1,t-1},K_{2,t-1},...,K_{N,t-1}\right)\right)}{\partial K_{i,t-1}}$ ist in diesem Fall positiv.
Unter Zugrundelegung einer linearen Kostenfunktion entspricht der Wert 1.

Dies bestätigt die Behauptung zur Kapazitätsreduktion.

□

## Beweis A.6.1.3:

Dieser Beweis untersucht den Wert des Ausdrucks

$$\frac{\partial\left(K_{i,t}^{*}\left(K_{1,t-1},K_{2,t-1},\ldots,K_{N,t-1}\right)-K_{i,t-1}\right)}{\partial K_{i,t-1}}$$ für konvexe und streng konvexe Kostenfunktionen und den Wert des Ausdrucks

$$\frac{\partial\left(K_{i,t-1}-K_{i,t}^{*}\left(K_{1,t-1},K_{2,t-1},\ldots,K_{N,t-1}\right)\right)}{\partial K_{i,t-1}}$$ für konkave und streng konkave Desinvestitionserlösfunktionen.

## Behauptung:

**Struktureigenschaften des optimalen Kapazitätsanpassungsprozesses bei Kapazität** $i \in \{1,\ldots,N\}$:

| | | |
|---|---|---|
| bei Kapazitätsexpansion unter streng konvexen Kosten: | $\dfrac{\partial\left(K_{i,t}^{*}\left(K_{1,t-1},\ldots,K_{i,t-1},\ldots,K_{N,t-1}\right)-K_{i,t-1}\right)}{\partial K_{i,t-1}}<0$ | (6.16) |
| bei Kapazitätsexpansion unter konvexen Kosten: | $\dfrac{\partial\left(K_{i,t}^{*}\left(K_{1,t-1},\ldots,K_{i,t-1},\ldots,K_{N,t-1}\right)-K_{i,t-1}\right)}{\partial K_{i,t-1}}<0$ | (6.17) |
| bei Kapazitätsreduktion unter streng konkaven Desinvestitionserlösen: | $\dfrac{\partial\left(K_{i,t-1}-K_{i,t}^{*}\left(K_{1,t-1},\ldots,K_{i,t-1},\ldots,K_{N,t-1}\right)\right)}{\partial K_{i,t-1}}>0$ | (6.18) |
| bei Kapazitätsreduktion unter konkaven Desinvestitionserlösen: | $\dfrac{\partial\left(K_{i,t-1}-K_{i,t}^{*}\left(K_{1,t-1},\ldots,K_{i,t-1},\ldots,K_{N,t-1}\right)\right)}{\partial K_{i,t-1}}>0$ | (6.19) |

## A.6.1 Beweise im Mehrkapazitätsfall

*Beweis:*

Für konkave und streng konkave Desinvestitionserlösfunktionen soll gelten:

$$\frac{\partial \left( K_{i,t-1} - K^*_{i,t}\left( K_{1,t-1}, K_{2,t-1}, \ldots, K_{N,t-1} \right) \right)}{\partial K_{i,t-1}} > 0$$

Diese Bedingung lässt sich umformen:

$$\frac{\partial \left( K_{i,t-1} - K^*_{i,t}\left( K_{1,t-1}, K_{2,t-1}, \ldots, K_{N,t-1} \right) \right)}{\partial K_{i,t-1}} > 0 \Leftrightarrow 1 - \frac{\partial \left( K^*_{i,t}\left( K_{1,t-1}, K_{2,t-1}, \ldots, K_{N,t-1} \right) \right)}{\partial K_{i,t-1}} > 0$$

$$\Leftrightarrow \frac{\partial \left( K^*_{i,t}\left( K_{1,t-1}, K_{2,t-1}, \ldots, K_{N,t-1} \right) \right)}{\partial K_{i,t-1}} - 1 < 0 \Leftrightarrow \frac{\partial \left( K^*_{i,t}\left( K_{1,t-1}, K_{2,t-1}, \ldots, K_{N,t-1} \right) - K_{i,t-1} \right)}{\partial K_{i,t-1}} < 0$$

Benötigt wird die Matrix $D^*$ aus *Beweis A.6.1.1*:

$$\begin{pmatrix} \frac{\partial K^*_{1,t}}{\partial K_{1,t-1}} & \cdots & \frac{\partial K^*_{1,t}}{\partial K_{K,t-1}} & \frac{\partial K^*_{1,t}}{\partial K_{K+1,t-1}} & \cdots & \frac{\partial K^*_{1,t}}{\partial K_{M,t-1}} \\ \vdots & \ddots & \vdots & \vdots & \ddots & \vdots \\ \frac{\partial K^*_{K,t}}{\partial K_{1,t-1}} & \cdots & \frac{\partial K^*_{K,t}}{\partial K_{K,t-1}} & \frac{\partial K^*_{K,t}}{\partial K_{K+1,t-1}} & \cdots & \frac{\partial K^*_{K,t}}{\partial K_{M,t-1}} \\ \frac{\partial K^*_{K+1,t}}{\partial K_{1,t-1}} & \cdots & \frac{\partial K^*_{K+1,t}}{\partial K_{K,t-1}} & \frac{\partial K^*_{K+1,t}}{\partial K_{K+1,t-1}} & \cdots & \frac{\partial K^*_{K+1,t}}{\partial K_{M,t-1}} \\ \vdots & \ddots & \vdots & \vdots & \ddots & \vdots \\ \frac{\partial K^*_{M,t}}{\partial K_{1,t-1}} & \cdots & \frac{\partial K^*_{M,t}}{\partial K_{K,t-1}} & \frac{\partial K^*_{M,t}}{\partial K_{K+1,t-1}} & \cdots & \frac{\partial K^*_{M,t}}{\partial K_{M,t-1}} \end{pmatrix}$$

Von der Matrix $D^* = \left( (C/R)'' - Hg_t\left(K^*_{1,t}, K^*_{2,t}\right) \right)^{-1} \cdot (C/R)''$ wird nun die Einheitsmatrix subtrahiert. Somit erhält man durch die zu Beginn des Beweises durchgeführte Umformung Ausdrücke der Form:

$$\frac{\partial \left( K^*_{i,t}\left( K_{1,t-1}, K_{2,t-1}, \ldots, K_{N,t-1} \right) - K_{i,t-1} \right)}{\partial K_{i,t-1}}$$

$D^* - E$

$= \left((C/R)'' - Hg_t\left(K_{1,t}^*, K_{2,t}^*\right)\right)^{-1} \cdot (C/R)'' - E$

$= \left((C/R)'' - Hg_t\left(K_{1,t}^*, K_{2,t}^*\right)\right)^{-1} \cdot \left((C/R)'' - Hg_t\left(K_{1,t}^*, K_{2,t}^*\right)\right)$
$\quad + \left((C/R)'' - Hg_t\left(K_{1,t}^*, K_{2,t}^*\right)\right)^{-1} \cdot Hg_t\left(K_{1,t}^*, K_{2,t}^*\right) - E$

$= \left((C/R)'' - Hg_t\left(K_{1,t}^*, K_{2,t}^*\right)\right)^{-1} \cdot Hg_t\left(K_{1,t}^*, K_{2,t}^*\right)$

$= \left[Hg_t\left(K_{1,t}^*, K_{2,t}^*\right) \cdot \left(\left(Hg_t\left(K_{1,t}^*, K_{2,t}^*\right)\right)^{-1} \cdot (C/R)'' - E\right)\right]^{-1} \cdot Hg_t\left(K_{1,t}^*, K_{2,t}^*\right)$

$= \left(\left(Hg_t\left(K_{1,t}^*, K_{2,t}^*\right)\right)^{-1} \cdot (C/R)'' - E\right)^{-1} \cdot \left(Hg_t\left(K_{1,t}^*, K_{2,t}^*\right)\right)^{-1} \cdot \left(Hg_t\left(K_{1,t}^*, K_{2,t}^*\right)\right)$

$= \left(\left(Hg_t\left(K_{1,t}^*, K_{2,t}^*\right)\right)^{-1} \cdot (C/R)'' - E\right)^{-1}$

Da $g_t$ streng konkav ist, ist $Hg_t\left(K_{1,t}^*, K_{2,t}^*\right)$ negativ definit. Somit ist auch $\left(Hg_t\left(K_{1,t}^*, K_{2,t}^*\right)\right)^{-1}$ negativ definit.

Die Diagonalelemente von $\left(Hg_t\left(K_{1,t}^*, K_{2,t}^*\right)\right)^{-1}$ sind somit negativ.

Die Diagonalelemente der Matrix $(C/R)''$ sind positiv. Dies ist gegeben, da die zweite Ableitung der Kostenfunktion positiv ist. Die zweite Ableitung der Desinvestitionserlösfunktion ist zwar negativ, wird aber invertiert, wie aus *Beweis A.6.1.1* hervorgeht. $\left(Hg_t\left(K_{1,t}^*, K_{2,t}^*\right)\right)^{-1} \cdot (C/R)''$ hat negative Diagonalelemente, da diese das Produkt der jeweiligen Diagonalelemente der Matrizen $\left(Hg_t\left(K_{1,t}^*, K_{2,t}^*\right)\right)^{-1}$ und $(C/R)''$ darstellen.

Die Determinante der Matrix $\left(Hg_t\left(K_{1,t}^*, K_{2,t}^*\right)\right)^{-1} \cdot (C/R)''$ ist positiv, was aus dem Determinantenproduktsatz abgeleitet werden kann.

Somit ist die Matrix $\left(Hg_t\left(K_{1,t}^*, K_{2,t}^*\right)\right)^{-1} \cdot (C/R)''$ negativ definit. $\left(Hg_t\left(K_{1,t}^*, K_{2,t}^*\right)\right)^{-1} \cdot (C/R)'' - E$ ebenfalls negativ definit. $\left(\left(Hg_t\left(K_{1,t}^*, K_{2,t}^*\right)\right)^{-1} \cdot (C/R)'' - E\right)^{-1}$ ist folglich ebenfalls negativ definit und besitzt negative Diagonaleinträge.

Somit gilt: $\dfrac{\partial \left( K_{i,t}^{*}\left( K_{1,t-1}, K_{2,t-1}, \ldots, K_{N,t-1} \right) - K_{i,t-1} \right)}{\partial K_{i,t-1}} < 0$

Dies bestätigt die Behauptung für den Kapazitätsexpansionsprozess unter konvexen Kostenstrukturen.

Aufgrund der Umformung, die zu Beginn des Beweises vorgenommen wurde, wird auch die Behauptung für konkave Desinvestitionserlösfunktionen bestätigt.

□

## Beweis A.6.1.4:

*Behauptung:*

---

***Struktureigenschaften des optimalen Kapazitätsanpassungsprozesses bei Kapazität*** $i \in \{1,...,N\}$:

| | | |
|---|---|---|
| bei Kapazitätsexpansion unter streng konvexen Kosten: | $K_{i,t}^* < K_{i,t}^L\left(K_{(i),t-1}\right)$ | (6.21) |
| bei Kapazitätsexpansion unter streng konkaven Kosten: | $K_{i,t}^* > K_{i,t}^L\left(K_{(i),t-1}\right)$ | (6.22) |
| bei Kapazitätsreduktion unter streng konkaven Desinvestitionserlösen: | $K_{i,t}^* > K_{i,t}^H\left(K_{(i),t-1}\right)$ | (6.23) |
| bei Kapazitätsreduktion unter streng konvexen Desinvestitionserlösen: | $K_{i,t}^* < K_{i,t}^H\left(K_{(i),t-1}\right)$ | (6.24) |

---

***Struktureigenschaften des optimalen Kapazitätsanpassungsprozesses bei Kapazität*** $i \in \{1,...,N\}$:

| | | |
|---|---|---|
| bei Kapazitätsexpansion unter konvexen Kosten: | $K_{i,t}^* \leq K_{i,t}^L\left(K_{(i),t-1}\right)$ | (6.25) |
| bei Kapazitätsexpansion unter konkaven Kosten: | $K_{i,t}^* \geq K_{i,t}^L\left(K_{(i),t-1}\right)$ | (6.26) |
| bei Kapazitätsreduktion unter konkaven Desinvestitionserlösen: | $K_{i,t}^* \geq K_{i,t}^H\left(K_{(i),t-1}\right)$ | (6.27) |
| bei Kapazitätsreduktion unter konvexen Desinvestitionserlösen: | $K_{i,t}^* \leq K_{i,t}^H\left(K_{(i),t-1}\right)$ | (6.28) |

*Beweis:*

Dieser Beweis kann weitgehend analog zum Einkapazitätsfall formuliert werden[2]. Das zugrunde liegende Optimierungsproblem ist das Folgende:

$$\sup_{K_t} \left\{ g_t(K_t) - C_t(K_{t-1}, K_t) + R_t(K_{t-1}, K_t) \right\}$$

$$= \sup_{K_{1,t}, K_{2,t}, \ldots, K_{N,t}} \left\{ g_t(K_{1,t}, K_{2,t}, \ldots, K_{N,t}) - \sum_{i=1}^{N} C_{i,t}(K_{i,t} - K_{i,t-1}) + \sum_{i=1}^{N} R_{i,t}(K_{i,t-1} - K_{i,t}) \right\}$$

Es ergeben sich hieraus $N$ Optimalitätsbedingungen. Beispielhaft wird die Bedingung für die Kapazität $i$ untersucht, welche eine Kapazitätserhöhung unter streng konvexen Kosten durchführt.

Differentiation nach $K_{i,t}$ führt zu:

$$\frac{\partial g_t}{\partial K_{i,t}}(K_{1,t}, \ldots, K_{i,t}, \ldots, K_{N,t}) = \frac{\partial C_{i,t}}{\partial K_{i,t}}(K_{i,t} - K_{i,t-1})$$

Für alle möglichen Endniveaus der sonstigen Kapazitäten gilt:

$$\frac{\partial g_t}{\partial K_{i,t}}\left(K_{1,t}, \ldots, K_{i,t}^L(K_{(i),t-1}), \ldots, K_{N,t}\right) = \frac{\partial C_{i,t}}{\partial K_{i,t}}(0) \ (i \in \{1, \ldots, N\}).$$

Für alle $K_{i,t-1} < K_{i,t}^L(K_{(i),t-1})$ gilt aufgrund des monoton steigenden Verlaufs der Kostenfunktion:

$$\frac{\partial C_{i,t}}{\partial K_{i,t}}\left(K_{i,t-1}, K_{i,t}^L(K_{(i),t-1})\right) > \frac{\partial C_{i,t}}{\partial K_{i,t}}(0) = \frac{\partial g_t}{\partial K_{i,t}}\left(K_{1,t}, \ldots, K_{i,t}^L(K_{(i),t-1}), \ldots, K_{N,t}\right)$$

---

[2] Vgl. *Beweis A.5.1.3* und *Beweis A.5.1.6*.

Da für alle Anfangskapazitätswerte unterhalb von $K_{i,t}^{L}\left(K_{(i),t-1}\right)$ die Kapazitätseinheit an der Stelle $K_{i,t}^{L}\left(K_{(i),t-1}\right)$ mit geringeren Grenzerlösen als Grenzkosten verbunden ist, wird diese Einheit aus ökonomischen Gründen nie beschafft.

Deshalb gilt: $K_{i,t}^{*}(K_{i,t-1}) < K_{i,t}^{L}\left(K_{(i),t-1}\right)$.

Das aufgezeigte Vorgehen im untersuchten Spezialfall der Kapazitätserhöhung unter konvexen Kosten kann grundsätzlich angewendet werden.

□

## Beweis A.6.1.5:

### Behauptung:

*Abhängigkeit des optimalen Kapazitätsendniveaus der Kapazität i vom Anfangskapazitätsniveau der Kapazität j, falls das Kapazitätsniveau der Kapazität j in der aktuellen Periode nicht verändert wird.* $\left(i,j \in \{1,...,N\}, i \neq j\right)$

| | | |
|---|---|---|
| bei einem komplementären Verhältnis der Kapazitäten i und j gilt: | $\dfrac{\partial K_{i,t}^*}{\partial K_{j,t-1}^*} > 0$ | (6.29) |
| bei einem substitualen Verhältnis der Kapazitäten i und j gilt: | $\dfrac{\partial K_{i,t}^*}{\partial K_{j,t-1}^*} < 0$ | (6.30) |
| bei einem unabhängigen Verhältnis der Kapazitäten i und j gilt: | $\dfrac{\partial K_{i,t}^*}{\partial K_{j,t-1}^*} = 0$ | (6.31) |

### Beweis:

Zunächst wird der Komplementärfall untersucht.

Beispielhaft wird zunächst angenommen, dass das Niveau der Kapazität $M$ erhöht wird und dass das Niveau der Kapazität $N$ beibehalten wird.

Es gilt also: $K_{M,t} > K_{M,t-1}$ und $K_{N,t} = K_{N,t-1}$.

Das Optimierungsproblem hat in diesem Fall die folgende Gestalt:

$$\sup_{K_t} \left\{ g_t(K_t) - C_t(K_{t-1}, K_t) + R_t(K_{t-1}, K_t) \right\}$$

$$= \left\{ \sup_{K_{1,t},\ldots,K_{M,t},\ldots,K_{N-1,t}} g_t(K_{1,t},\ldots,K_{M,t},\ldots,K_{N,t-1}) - \sum_{i=1}^{N-1} C_{i,t}(K_{i,t} - K_{i,t-1}) + \sum_{i=1}^{N-1} R_{i,t}(K_{i,t-1} - K_{i,t}) \right\}$$

Nun wird die Optimalitätsbedingung der Kapazität $M$ untersucht.

Differentiation nach $K_{M,t}$ führt zu:

$$\frac{\partial g_t}{\partial K_{M,t}}(K_{1,t},\ldots,K_{M,t},\ldots,K_{N,t-1}) = \frac{\partial C_{M,t}}{\partial K_{M,t}}(K_{M,t} - K_{M,t-1})$$

Im Komplementärfall gilt:

$$\frac{\partial \left( \frac{\partial g_t}{\partial K_{M,t}}(K_{1,t},\ldots,K_{M,t},\ldots,K_{N,t-1}) \right)}{\partial K_{N,t}} > 0$$

Ein höheres Niveau von $K_{N,t-1}$ führt demnach zu größeren Funktionswerten der Funktion $\frac{\partial g_t}{\partial K_{M,t}}(K_{1,t},\ldots,K_{M,t},\ldots,K_{N,t-1})$, die im Folgenden als Grenzerlösfunktion bezeichnet wird. Dies kann in den Abbildungen 5.6, 5.7 und 5.8 durch eine Parallelverschiebung der Grenzerlösfunktion „nach oben" dargestellt werden. Gemäß der Optimalitätsbedingung gilt im optimalen Wert der Kapazität $M$ nach Anpassung ($K_{M,t}^*$) die Gleichheit von Grenzerlösen und Grenzkosten. Den Abbildungen 5.6, 5.7 und 5.8 ist zu entnehmen, dass für Kapazitätsexpansion unter linearen, konkaven und unter konvexen Kosten die Verschiebung der Grenzerlösfunktion zu höheren optimalen Werten nach Anpassung führt.

Nun wird angenommen, dass das Kapazitätsniveau der Kapazität $M$ verringert wird, und dass das Kapazitätsniveau der Kapazität $N$ beibehalten wird.

Aus dem Optimierungsproblem erhält man durch Differentiation nach $K_{M,t}$:

$$\frac{\partial g_t}{\partial K_{M,t}}(K_{1,t},\ldots,K_{M,t},\ldots,K_{N,t-1}) = \frac{\partial R_{M,t}}{\partial K_{M,t}}(K_{M,t-1} - K_{M,t})$$

Im Komplementärfall gilt:

$$\frac{\partial\left(\frac{\partial g_t}{\partial K_{M,t}}(K_{1,t},...,K_{M,t},...,K_{N,t-1})\right)}{\partial K_{N,t}} > 0$$

Diese Bedingung kann graphisch wiederum als eine Parallelverschiebung der Grenzerlösfunktion „nach oben" interpretiert werden. Dies führt in den Abbildungen 5.11, 5.12 und 5.13 zu höheren optimalen Werten nach Kapazitätsreduktion.

Ein höheres Anfangskapazitätsniveau einer beliebigen Kapazität, deren Niveau nicht verändert wird, führt im Komplementärfall zu höheren optimalen Endniveaus aller sonstigen Kapazitäten. Dies bestätigt die Behauptung für den Komplementärfall.

Im Substitualfall kann analog vorgegangen werden.

Hier gilt jedoch:

$$\frac{\partial\left(\frac{\partial g_t}{\partial K_{M,t}}(K_{1,t},...,K_{M,t},...,K_{N,t-1})\right)}{\partial K_{N,t}} < 0$$

Diese Bedingung kann graphisch als eine Parallelverschiebung der Grenzerlösfunktion „nach unten" interpretiert werden. Hierdurch werden geringere optimale Endniveaus im Kapazitätsexpansionskontext und im Kapazitätsreduktionskontext verursacht.

Dies bestätigt die Behauptung für den Substitualfall.

Nun wird auf den Fall unabhängiger Kapazitäten eingegangen.

Hier gilt:

$$\frac{\partial\left(\frac{\partial g_t}{\partial K_{M,t}}\left(K_{1,t},...,K_{M,t},...,K_{N,t-1}\right)\right)}{\partial K_{N,t}}=0$$

Höhere Anfangskapazitätsniveaus der Kapazität $N$ besitzen auf die Optimalitätsbedingung einer beliebigen sonstigen Kapazität keinen Einfluss.

Dies bestätigt die Behauptung für den Fall unabhängiger Kapazitäten.

□

## Beweis A.6.1.6:

### Behauptung:

Für Fall mit $N$ Kapazitäten gilt:

---

**Abhängigkeit des optimalen Kapazitätsendniveaus der Kapazität $i$ vom Anfangskapazitätsniveau der Kapazität $j$ im Komplementärfall und einer**

| | | |
|---|---|---|
| Kapazitätsexpansion unter streng konvexen Kosten bei der Kapazität $j$: | $\dfrac{\partial K_{i,t}^*}{\partial K_{j,t-1}} > 0$ | (6.32) |
| Kapazitätsexpansion unter streng konkaven Kosten bei der Kapazität $j$: | $\dfrac{\partial K_{i,t}^*}{\partial K_{j,t-1}} < 0$ | (6.33) |
| Kapazitätsreduktion unter streng konkaven Desinvestitionserlösen bei der Kapazität $j$: | $\dfrac{\partial K_{i,t}^*}{\partial K_{j,t-1}} > 0$ | (6.34) |
| Kapazitätsreduktion unter streng konvexen Desinvestitionserlösen bei der Kapazität $j$: | $\dfrac{\partial K_{i,t}^*}{\partial K_{j,t-1}} < 0$ | (6.35) |

$$\left( i,j \in \{1,...,N\}, i \neq j \right)$$

---

**Abhängigkeit des optimalen Kapazitätsendniveaus der Kapazität $i$ vom Anfangskapazitätsniveau der Kapazität $j$ im Komplementärfall und einer**

| | | |
|---|---|---|
| Kapazitätsexpansion unter konvexen Kosten bei der Kapazität $j$: | $\dfrac{\partial K_{i,t}^*}{\partial K_{j,t-1}} \geq 0$ | (6.36) |
| Kapazitätsexpansion unter konkaven Kosten bei der Kapazität $j$: | $\dfrac{\partial K_{i,t}^*}{\partial K_{j,t-1}} \leq 0$ | (6.37) |
| Kapazitätsreduktion unter konkaven Desinvestitionserlösen bei der Kapazität $j$: | $\dfrac{\partial K_{i,t}^*}{\partial K_{j,t-1}} \geq 0$ | (6.38) |
| Kapazitätsreduktion unter konvexen Desinvestitionserlösen bei der Kapazität $j$: | $\dfrac{\partial K_{i,t}^*}{\partial K_{j,t-1}} \leq 0$ | (6.39) |

$$\left( i,j \in \{1,...,N\}, i \neq j \right)$$

Für den Fall mit 2 Kapazitäten gilt:

---

**Abhängigkeit des optimalen Kapazitätsendniveaus der Kapazität i vom Anfangskapazitätsniveau der Kapazität j im Substitualfall und einer**

| | | |
|---|---|---|
| Kapazitätsexpansion unter streng konvexen Kosten bei der Kapazität j: | $\dfrac{\partial K_{i,t}^*}{\partial K_{j,t-1}} < 0$ | (6.40) |
| Kapazitätsexpansion unter streng konkaven Kosten bei der Kapazität j: | $\dfrac{\partial K_{i,t}^*}{\partial K_{j,t-1}} > 0$ | (6.41) |
| Kapazitätsreduktion unter streng konkaven Desinvestitionserlösen bei der Kapazität j: | $\dfrac{\partial K_{i,t}^*}{\partial K_{j,t-1}} < 0$ | (6.42) |
| Kapazitätsreduktion unter streng konvexen Desinvestitionserlösen bei der Kapazität j: | $\dfrac{\partial K_{i,t}^*}{\partial K_{j,t-1}} > 0$ | (6.43) |

$$\left(i, j \in \{1,...,N\}, i \neq j\right)$$

---

**Abhängigkeit des optimalen Kapazitätsendniveaus der Kapazität i vom Anfangskapazitätsniveau der Kapazität j im Substitualfall und einer**

| | | |
|---|---|---|
| Kapazitätsexpansion unter konvexen Kosten bei der Kapazität j: | $\dfrac{\partial K_{i,t}^*}{\partial K_{j,t-1}} \leq 0$ | (6.44) |
| Kapazitätsexpansion unter konkaven Kosten bei der Kapazität j: | $\dfrac{\partial K_{i,t}^*}{\partial K_{j,t-1}} \geq 0$ | (6.45) |
| Kapazitätsreduktion unter konkaven Desinvestitionserlösen bei der Kapazität j: | $\dfrac{\partial K_{i,t}^*}{\partial K_{j,t-1}} \leq 0$ | (6.46) |
| Kapazitätsreduktion unter konvexen Desinvestitionserlösen bei der Kapazität j: | $\dfrac{\partial K_{i,t}^*}{\partial K_{j,t-1}} \geq 0$ | (6.47) |

$$\left(i, j \in \{1,...,N\}, i \neq j\right)$$

---

Im Fall von $N$ Kapazitäten, die voneinander unabhängig agieren, gilt bei einer Kapazitätsexpansion und einer Kapazitätsreduktion:

$$\frac{\partial K_{i,t}^*}{\partial K_{j,t-1}} = 0 \text{ mit } i, j \in \{1,...,N\}, i \neq j.$$

*Beweis:*

In *Beweis A.6.1.1* wird die folgende Gleichung eingeführt:

$$D^* = \left((C/R)'' - Hg_t\left(K_{1,t}^*, K_{2,t}^*\right)\right)^{-1} \cdot (C/R)''$$

Im Weiteren werden alle Elemente der Matrix $D^*$ untersucht:

$$\begin{pmatrix} \dfrac{\partial K_{1,t}^*}{\partial K_{1,t-1}} & \cdots & \dfrac{\partial K_{1,t}^*}{\partial K_{K,t-1}} & \dfrac{\partial K_{1,t}^*}{\partial K_{K+1,t-1}} & \cdots & \dfrac{\partial K_{1,t}^*}{\partial K_{M,t-1}} \\ \vdots & \ddots & \vdots & \vdots & \ddots & \vdots \\ \dfrac{\partial K_{K,t}^*}{\partial K_{1,t-1}} & \cdots & \dfrac{\partial K_{K,t}^*}{\partial K_{K,t-1}} & \dfrac{\partial K_{K,t}^*}{\partial K_{K+1,t-1}} & \cdots & \dfrac{\partial K_{K,t}^*}{\partial K_{M,t-1}} \\ \dfrac{\partial K_{K+1,t}^*}{\partial K_{1,t-1}} & \cdots & \dfrac{\partial K_{K+1,t}^*}{\partial K_{K,t-1}} & \dfrac{\partial K_{K+1,t}^*}{\partial K_{K+1,t-1}} & \cdots & \dfrac{\partial K_{K+1,t}^*}{\partial K_{M,t-1}} \\ \vdots & \ddots & \vdots & \vdots & \ddots & \vdots \\ \dfrac{\partial K_{M,t}^*}{\partial K_{1,t-1}} & \cdots & \dfrac{\partial K_{M,t}^*}{\partial K_{K,t-1}} & \dfrac{\partial K_{M,t}^*}{\partial K_{K+1,t-1}} & \cdots & \dfrac{\partial K_{M,t}^*}{\partial K_{M,t-1}} \end{pmatrix}$$

Wie in Kapitel 6 erläutert, hat die Hesse-Matrix der Funktion $g_t$ im Komplementärfall die Gestalt $\begin{pmatrix} - & + \\ + & - \end{pmatrix}$ und im Substitualfall die Gestalt $\begin{pmatrix} - & - \\ - & - \end{pmatrix}$. Falls die Kapazitäten unabhängig voneinander agieren, hat diese Matrix die Gestalt $\begin{pmatrix} - & 0 \\ 0 & - \end{pmatrix}$ [3].

Die Diagonalelemente der Matrix $\left((C/R)'' - Hg_t\left(K_{1,t}^*, K_{2,t}^*\right)\right)$ sind positiv, wie in *Beweis A.6.1.1* bestätigt wird. Die Vorzeichen aller sonstigen Elemente dieser Matrix entsprechen den invertierten Vorzeichen der Elemente der Hesse-Matrix der Funktion $g_t$. Somit hat die Funktion $\left((C/R)'' - Hg_t\left(K_{1,t}^*, K_{2,t}^*\right)\right)$ im Komplementär-

---

[3] Positive Werte werden mit + und negative Werte mit − abgekürzt. Im Komplementärfall und im Fall unabhängiger Kapazitäten dienen die $2 \times 2$- Matrizen nur der Veranschaulichung.

fall die Gestalt $\begin{pmatrix} + & - \\ - & + \end{pmatrix}$ und im Substitualfall die Gestalt $\begin{pmatrix} + & + \\ + & + \end{pmatrix}$. Falls die Kapazitäten unabhängig voneinander agieren, hat diese Matrix die Gestalt $\begin{pmatrix} + & 0 \\ 0 & + \end{pmatrix}$.

Um eine Aussage über die Struktur der inversen Matrix zu einer Matrix der Gestalt $\begin{pmatrix} + & - \\ - & + \end{pmatrix}$ zu erhalten, wird ein Satz von Stieltjes[4] aus dem Jahr 1887 verwendet.

Bei Varga[5] ist dieser Satz zu finden:

*If $A$ is a real symmetric and positive definite $N \times N$ matrix with all its off-diagonal entries negative, then $A^{-1} > 0$* [6].

Unter Verwendung dieses Satzes können alle Elemente der Matrix $\left( (C/R)'' - Hg_t \left( K_{1,t}^*, K_{2,t}^* \right) \right)^{-1}$ im Komplementärfall als positiv angenommen werden. Es gilt $D^* = \left( (C/R)'' - Hg_t \left( K_{1,t}^*, K_{2,t}^* \right) \right)^{-1} \cdot (C/R)''$.

$D^*$ errechnet sich aus einem Produkt von Matrizen der folgenden Gestalt:

$$D^* = \begin{pmatrix} + & + \\ + & + \end{pmatrix} \cdot \begin{pmatrix} +/-/0 & 0 \\ 0 & +/-/0 \end{pmatrix} = \begin{pmatrix} +/-/0 & +/-/0 \\ +/-/0 & +/-/0 \end{pmatrix}$$

$\begin{pmatrix} +/-/0 & 0 \\ 0 & +/-/0 \end{pmatrix}$ stellt die Matrix $(C/R)''$ dar, welche positive, negative oder 0-Elemente auf der Diagonalen besitzen kann.

Aufgrund der Struktur der Matrix $\left( (C/R)'' - Hg_t \left( K_{1,t}^*, K_{2,t}^* \right) \right)^{-1}$ übertragen sich die Vorzeichen der Diagonalelemente der Matrix $(C/R)''$ auf die Vorzeichen der Elemente in der jeweiligen Spalte der Matrix $D^*$.

Beispielsweise hat im Zweikapazitätsfall unter Annahme einer Kapazitätsexpansion unter konvexen Kosten der ersten Kapazität und einer Kapazitätsreduktion unter

---

[4] Für den Hinweis auf diesen Satz danke ich Herrn Dr. Harald Baum.
[5] Vgl. Varga, R. S. (2000), S. 88.
[6] In der Notation dieses Buches ist $A^{-1} > 0$ komponentenweise zu verstehen. Alle Einträge der Matrix $A^{-1}$ sind demnach positiv.

konvexen Desinvestitionserlösen der zweiten Kapazität die Matrix $(C/R)''$ die folgende Gestalt: $\begin{pmatrix} + & 0 \\ 0 & - \end{pmatrix}$.

Es folgt: $D^* = \begin{pmatrix} + & + \\ + & + \end{pmatrix} \cdot \begin{pmatrix} + & 0 \\ 0 & - \end{pmatrix} = \begin{pmatrix} + & - \\ + & - \end{pmatrix}$.

Es wird deutlich, dass sich die Vorzeichen der Diagonalelemente der Matrix $(C/R)''$ auf die Vorzeichen der Elemente in der jeweiligen Spalte der Matrix $D^*$ übertragen. Eine Spalte der Matrix $D^*$ stellt jedoch die Abhängigkeiten der optimalen Endniveaus aller sonstigen Kapazitäten vom Anfangskapazitätsniveau einer Kapazität dar. Somit besitzt beispielsweise ein höheres Anfangskapazitätsniveau einer Kapazität, deren Niveau unter konvexen Kosten erhöht wird, auf die optimalen Endniveaus aller sonstigen Kapazitäten einen positiven Einfluss.

Dies bestätigt die Behauptungen für den Komplementärfall.

Für den Substitualfall wird nun gezeigt, dass die inverse Matrix zu einer $2 \times 2$ Matrix der Gestalt $\begin{pmatrix} + & + \\ + & + \end{pmatrix}$ die Gestalt $\begin{pmatrix} + & - \\ - & + \end{pmatrix}$ besitzt.

Aus $\begin{pmatrix} a & b \\ b & c \end{pmatrix} \cdot \begin{pmatrix} d & e \\ e & f \end{pmatrix} = \begin{pmatrix} 1 & 0 \\ 0 & 1 \end{pmatrix}$ mit $a, b, c, d, f > 0$ folgt:

$a \cdot d + b \cdot e = 1$
$a \cdot e + b \cdot f = 0$
$b \cdot d + c \cdot e = 0$
$b \cdot e + c \cdot f = 1$

Aus der zweiten Gleichung des LGS folgt $e < 0$.

Diese Aussage gilt jedoch schon für $3 \times 3$ Matrizen nicht mehr, wie folgendes Gegenbeispiel aufzeigt:

Die inverse Matrix zur Matrix

## A.6.1 Beweise im Mehrkapazitätsfall

$$A = \begin{pmatrix} 5 & 1 & 1 \\ 1 & 1 & 2 \\ 1 & 2 & 5 \end{pmatrix} \text{ ist die Matrix } A^{-1} = \frac{1}{3} \cdot \begin{pmatrix} 1 & -3 & 1 \\ -3 & 24 & -9 \\ 1 & -9 & 4 \end{pmatrix}.$$

Die Matrix $\left((C/R)'' - Hg_t\left(K_{1,t}^*, K_{2,t}^*\right)\right)^{-1}$ hat bei $2 \times 2$ Matrizen die Gestalt $\begin{pmatrix} + & - \\ - & + \end{pmatrix}$. Es gilt weiterhin $D^* = \left((C/R)'' - Hg_t\left(K_{1,t}^*, K_{2,t}^*\right)\right)^{-1} \cdot (C/R)''$. $D^*$ errechnet sich im Substitualfall aus einem Produkt von Matrizen der folgenden Gestalt:

$$D^* = \begin{pmatrix} + & - \\ - & + \end{pmatrix} \cdot \begin{pmatrix} +/-/0 & 0 \\ 0 & +/-/0 \end{pmatrix} = \begin{pmatrix} +/-/0 & -/+/0 \\ -/+/0 & +/-/0 \end{pmatrix}$$

Aus der Struktur der Matrix $\left((C/R)'' - Hg_t\left(K_{1,t}^*, K_{2,t}^*\right)\right)^{-1}$ ergeben sich folgende Implikationen:

Die Vorzeichen der Diagonalelemente der Matrix $D^*$ entsprechen denen der Matrix $(C/R)''$.

Die Vorzeichen der sonstigen Elemente einer Spalte der Matrix $D^*$ sind zum Vorzeichen des Diagonalelementes der jeweiligen Spalte invertiert. Demnach sind die Vorzeichen dieser „sonstigen" Elemente, verglichen mit den Vorzeichen im Komplementärfall, gerade invertiert.

Die Ausführungen bestätigen die Behauptung für den Substitualfall.

Falls die Kapazitäten unabhängig voneinander agieren, hat die positiv definite Matrix $\left((C/R)'' - Hg_t\left(K_{1,t}^*, K_{2,t}^*\right)\right)$ die Gestalt $\begin{pmatrix} + & 0 \\ 0 & + \end{pmatrix}$. Die inverse Matrix muss ebenfalls positiv definit sein und hat somit dieselbe Gestalt.

Es gilt weiterhin: $D^* = \left((C/R)'' - Hg_t\left(K_{1,t}^*, K_{2,t}^*\right)\right)^{-1} \cdot (C/R)''$

Die Vorzeichen der Diagonalelemente der Matrix $D^*$ entsprechen denen der Matrix $(C/R)''$. Alle weiteren Elemente dieser Matrix sind 0-Elemente.

Dies bestätigt die Behauptung für den Fall von voneinander unabhängig agierenden Kapazitäten.

□

## Beweis A.6.1.7:

*Behauptung:*

---

**Abhängigkeit des optimalen Kapazitätsendniveaus der Kapazität i vom optimalen Kapazitätsendniveau der Kapazität j :**

Im Komplementärfall: $\quad\dfrac{\partial K_{i,t}^*}{\partial K_{j,t}^*} > 0 \quad$ (6.48)

Im Substitualfall: $\quad\dfrac{\partial K_{i,t}^*}{\partial K_{j,t}^*} < 0 \quad$ (6.49)

$$\left(i,j \in \{1,...,N\}, i \neq j\right)$$

---

Außerdem gilt im Fall von voneinander unabhängig agierenden Kapazitäten:

$\dfrac{\partial K_{i,t}^*}{\partial K_{j,t-1}} = 0$ mit $i,j \in \{1,...,N\}, i \neq j$.

Hierbei kann im Komplementärfall und im Fall von voneinander unabhängig agierenden Kapazitäten von $N$ Kapazitäten ausgegangen werden. Im Substitualfall kann hingegen nur von 2 Kapazitäten ausgegangen werden.

## A.6.1 Beweise im Mehrkapazitätsfall

*Beweis:*

Die Aussagen ergeben sich unter Anwendung der Aussagen aus *Beweis A.6.1.6*. Beispielsweise gilt für eine beliebige Kapazität i (mit $i \in \{1,...,N\}$) bezüglich Kapazität $j$, deren Niveau unter konvexen Kosten erhöht wird:

$$\frac{\partial K_{i,t}^*}{\partial K_{j,t-1}} > 0 \quad \forall i \in \{1,...,N\}, i \neq j.$$

Außerdem gilt für Kapazität $j$ im Fall der Kapazitätsexpansion unter konvexen Kosten: $\dfrac{\partial K_{j,t}^*}{\partial K_{j,t-1}} > 0$

Diese beiden Aussagen werden nun kombiniert:

Falls $K_{j,t}^*$ steigt, steigt auch $K_{j,t-1}$. Folglich steigt $K_{i,t}^*$.
Zusammengefasst gilt also: $\dfrac{\partial K_{i,t}^*}{\partial K_{j,t}^*} > 0$ (und $\dfrac{\partial K_{j,t}^*}{\partial K_{i,t}^*} > 0$).

Mit dieser Vorgehensweise kann die Behauptung für alle Kombinationsfälle bestätigt werden.

□

## A.6.2 Kapazitätsplanung unter Miteinbeziehung von Fixkosten

In den Kapiteln 2 und 3 werden zwei mehrperiodige Ansätze zur Kapazitätsplanung unter linearen Kosten- und Desinvestitionserlösfunktionen vorgestellt. Das vorliegende Kapitel untersucht, welche Folgen durch die Miteinbeziehung von Fixkosten in diese Modelle entstehen. Hierbei wird die Optimalität einer Politik hergeleitet, die mit der aus der Lagerhaltung bekannten Politik des Typs $(s,S)^1$ vergleichbar ist. Die Optimierungsprobleme, die in diesem Kapitel untersucht werden, repräsentieren im Gegensatz zu denen aus den Kapiteln 5 und 6 nur einperiodige Kapazitätsplanungsmodelle, was im Folgenden noch begründet wird.

Die Analyse beschränkt sich hierbei auf Kostenfunktionen, bei welchen neben Fixkosten lineare variable Kosten auftreten.

Fixkosten werden in der Form betrachtet, dass $F_{i,t} \in \mathbb{R}_+$ im Fall einer durchgeführten Kapazitätserhöhung bei Kapazität $i$ ($i \in \{1,...,N\}$) anfällt[2]. Dies ergibt Kostenfunktionen der einzelnen Kapazitäten, die die folgende Gestalt aufweisen:

$$C_{i,t}(K_{i,t-1}, K_{i,t}) = \begin{cases} 0 \\ c_{i,t}(K_{i,t} - K_{i,t-1}) + F_{i,t} \end{cases} \text{ falls } \begin{cases} K_{i,t} = K_{i,t-1} \\ K_{i,t} > K_{i,t-1} \end{cases} \quad (A.6.2.1)$$

mit $F_{i,t} \in \mathbb{R}_+$ und $i \in \{1,...,N\}$.

---

[1] Vgl. beispielhaft Scarf, H. (1959) und Clark, A. J. /Scarf, H. (1960).
[2] Fixkosten im Desinvestitionsfall können analog behandelt werden.

Diese Kostenfunktionen besitzen nun jeweils eine unstetige Stelle, die erhebliche technische Probleme verursacht. In Kapitel 4 wird aufgezeigt, wie die mehrperiodigen Kapazitätsplanungsmodelle in Optimierungsprobleme überführt werden können, anhand derer die Herleitung optimaler Politiken möglich ist. Die Überführung basiert im Wesentlichen auf *Beweis A.3.1.1*. Dieser Beweis fordert jedoch die Konkavität des Gesamtausdrucks $\Pi_t(K_t) - C_t(K_{t-1}, K_t) + R_t(K_{t-1}, K_t)$ in $K_t$ in jeder Periode. Dies kann im Fall der Miteinbeziehung von Fixkosten nicht mehr als gegeben angesehen werden[3]. Die in diesem Kapitel untersuchten Optimierungsprobleme repräsentieren dementsprechend „nur" einperiodige Probleme. Die Kapazitätswertfunktion $g_t(K_t)$ entspricht in diesem Fall der erwarteten operativen Erlösfunktion $\Pi_t(K_t)$[4].

An dieser Stelle ist zu bemerken, dass erste numerische Studien[5] die Optimalität der *(s,S)-Politik* auch im Mehrperiodenfall unter Nachfrageunsicherheit bestätigen. Ein Beweis hierfür steht noch aus. Es sollte geprüft werden, ob die Anwendung des Lemmas von *Heyman und Sobel*[6] auch für Funktionen möglich ist, die „nur ausgehend von einer Stelle" nicht konkav sind und somit als *abschnittsweise konkav* bezeichnet werden können.

Mehrperiodige Probleme können mit Hilfe des in Kapitel 4 vorgestellten Vorgehens nur in der Form untersucht werden, dass lediglich in der ersten Periode bei Kapazitätserhöhung Fixkosten anfallen und in allen weiteren Perioden eine lineare Kosten-

---

[3] Der Ausdruck ist nicht konkav, da ausgehend von der Stelle $K_{t-1}$ Sekanten oberhalb der Funktion angelegt werden können. Dies widerspricht der Definition der Konkavität.

[4] Unter Zugrundelegung des Ansatzes von Eberly und Van Mieghem hat die Kapazitätswertfunktion bzw. die operative Erlösfunktion die Form $g_t(K_t, \omega_t)$ bzw. $\Pi_t(K_t, \omega_t)$. Nach Realisation von $\omega_t$ können diese Funktionen jedoch ebenfalls als nur abhängig von $K_t$ betrachtet werden. Vgl. hierzu Kapitel 4.

[5] Vgl. zur Diplomarbeit gehörende CD-ROM mit einem mehrperiodigen Ansatz unter JAVA Version 5.0.

[6] Vgl. Heyman, D. und Sobel, M. (1984), S.525.

funktion ohne Fixkosten vorliegt. Ein Unternehmen kann somit in der ersten Periode den gegebenen Anfangskapazitätsvektor $K_{t-1}$ beibehalten oder, bei anfallenden Fixkosten $F_t$ und zusätzlichen variablen Kosten von $c_t$ pro Einheit, das Kapazitätsniveau erhöhen. Allerdings wäre eine Kapazitätserhöhung in den folgenden Perioden ohne die Entrichtung von Fixkosten möglich. Da hierbei der Gesamtausdruck $\Pi_t(K_t) - C_t(K_{t-1}, K_t) + R_t(K_{t-1}, K_t)$ in den Perioden $t = 2,...,T$ konkav in $K_t$ ist, kann das mehrperiodige Planungsmodell weiterhin in einem Optimierungsproblem dargestellt werden.

In diesem Kapitel wird, analog zum Hauptteil, zunächst der Einkapazitätsfall erschlossen, bevor auf den Mehrkapazitätsfall eingegangen wird.

## A.6.2.1 Der Einkapazitätsfall

Dieser Abschnitt geht von einer Problemstellung aus, in welcher ein Unternehmen die Möglichkeit zur Kapazitätsexpansion besitzt. Der Desinvestitionsvorgang wird durch die Miteinbeziehung von Fixkosten nicht berührt und entspricht somit dem aus Kapitel 5.

Hierbei sind wiederum die beiden Fragen zu klären, die im Verlauf dieser Arbeit schon mehrfach thematisiert wurden:

- Bei welchen Anfangskapazitätswerten $K_{1,t-1}$ ist es für ein Unternehmen vorteilhaft, das Kapazitätsniveau zu erhöhen, bzw. wann sollte das Kapazitätsniveau, das zu Beginn der aktuellen Periode zur Verfügung steht, beibehalten werden?
- Um wie viele Kapazitätseinheiten sollte eine eventuelle Kapazitätserhöhung optimalerweise ausfallen?

Die Beantwortung der ersten Frage erfordert eine Antwort auf die zweite. Deshalb soll diese nun zuerst bearbeitet werden:

Es wird hierbei ein Anfangskapazitätsniveau $K_{1,t-1}$ angenommen, ausgehend von welchem eine Kapazitätserhöhung sinnvoll ist. Das optimalerweise anzunehmende Niveau findet sich in der Lösung des folgenden Optimierungsproblems:

$$\max_{K_{1,t} > K_{1,t-1}} \left\{ g_t\left(K_{1,t}\right) - c_{1,t} \cdot \left(K_{1,t} - K_{1,t-1}\right) - F_{1,t} \right\} \qquad (A.6.2.2)$$

Differentiation führt zur Optimalitätsbedingung:

$$\frac{\partial g_t(K_{1,t})}{\partial K_{1,t}} = c_{1,t} \qquad (A.6.2.3)$$

Diese Optimalitätsbedingung ist aus Kapitel 5 bekannt und entspricht der Optimalitätsbedingung, die zur Kapazitätserhöhungskomponente der *ISD-Politik* führt. $K_{1,t}^L$ erfüllt diese Bedingung (A.6.2.3) laut Gleichung (5.4) und stellt damit auch für die in diesem Kapitel dargestellte Problemstellung das optimalerweise anzunehmende Niveau nach Erhöhung dar. Demnach hat die Existenz von Fixkosten hierauf keinen Einfluss, was aus dem Verschwinden von $F_{1,t}$ bei der Differentiation resultiert.

Auch rein intuitiv ist die Beibehaltung des seitherigen Optimums nachvollziehbar: Im Optimum der *ISD-Politik* gilt die Übereinstimmung von Grenzkosten und Grenzerlösen. Falls eine Kapazitätserhöhung unter Fixkosten vorgenommen wird, kann lediglich davon ausgegangen werden, dass die hieraus entstehenden zusätzlichen Deckungsbeiträge die verursachten Fixkosten übersteigen. Es gibt jedoch keinen Grund dafür, bei der Kapazitätserhöhung ein höheres oder geringeres Niveau einzunehmen. Nach Entrichtung der Fixkosten beim Erwerb der ersten zusätzlichen Kapazitätseinheit liegen äquivalente Problemstellungen vor.

Nun zur ersten Fragestellung:

Im *ISD*-Fall ist es für alle Anfangskapazitätswerte unterhalb von $K_{1,t}^L$ optimal, das aktuelle Kapazitätsniveau auf $K_{1,t}^L$ zu erhöhen. Es kann vermutet werden, dass dies unter dem Einfluss von Fixkosten nicht mehr gegeben sein wird. Bei einem Anfangskapazitätsniveau, welches „knapp unterhalb" von $K_{1,t}^L$ liegt, werden die zu entrichtenden Fixkosten höher sein als der Deckungsbeitrag, der durch eine Erhöhung von $K_{1,t-1}$ auf $K_{1,t}^L$ verursacht wird. Hingegen werden die entstehenden Fixkosten tendenziell unterhalb des verursachten Deckungsbeitrags liegen, falls ein sehr geringes Anfangsniveau vorliegt.

Intuitiv sollte ein „kritisches Anfangsniveau" existieren, das geringer als $K_{1,t}^L$ ist, wobei es für Anfangskapazitätsniveaus unterhalb dieses Niveaus vorteilhaft ist, eine Kapazitätserhöhung auf $K_{1,t}^L$ vorzunehmen. Für Anfangskapazitätsniveaus oberhalb dieses „kritischen Niveaus" stellt hingegen die Beibehaltung des Anfangsniveaus die bessere Alternative dar.

Falls gerade das „kritische Niveau", das im Folgenden mit $\hat{K}_{1,t}$ bezeichnet wird, selbst als Anfangskapazitätswert vorliegt, hat eine Kapazitätsbeibehaltung den selben Gewinneinfluss wie eine Erhöhung auf $K_{1,t}^L$. Ein Unternehmen ist also zwischen diesen beiden Handlungsoptionen indifferent.

Somit muss für $K_{1,t-1} = \hat{K}_{1,t}$ folgendes gelten:

$$g_t\left(\hat{K}_{1,t}\right) = g_t\left(K_{1,t}^L\right) - c_{1,t} \cdot \left(K_{1,t}^L - \hat{K}_{1,t}\right) - F_{1,t} \qquad \text{(A.6.2.4)}$$

Im Weiteren wird gezeigt, dass ein solcher Wert $\hat{K}_{1,t}$ existiert, falls „angemessene" Fixkosten vorliegen. Zu hohe Fixkosten können dafür sorgen, dass es ausgehend von keinem Anfangskapazitätsniveau optimal ist, zusätzliche Kapazität zu erwerben: Wenn keine Kapazität zu Beginn der Periode vorhanden ist, verursacht eine Anpassung auf $K_{1,t}^L$ den maximalen zusätzlichen Deckungsbeitrag. Wenn selbst dieser die anfallenden Fixkosten nicht ausgleichen kann, wird stets das Anfangskapazitätsniveau beibehalten. Es wird also davon ausgegangen, dass die Fixkosten unterhalb des zusätzlichen Deckungsbeitrags liegen, der durch eine Bewegung vom Niveau 0 auf $K_{1,t}^L$ entsteht.

Es sollte also gelten: $F_{1,t} < g_t\left(K_{1,t}^L\right) - c_t \cdot \left(K_{1,t}^L - 0\right) = g_t\left(K_{1,t}^L\right) - c_{1,t} \cdot K_{1,t}^L$

$K_{1,t-1} = \hat{K}_{1,t}$ als „kritisches Anfangskapazitätsniveau" sollte die *einzige* Lösung der folgenden Gleichung darstellen:

$$g_t(K_{1,t-1}) = g_t(K_{1,t}^L) - c_{1,t} \cdot (K_{1,t}^L - K_{1,t-1}) - F_{1,t}$$

Diese kann zu folgendem Ausdruck umgeformt werden:

$$g_t(K_{1,t-1}) = c_{1,t} \cdot K_{1,t-1} + g_t(K_{1,t}^L) - c_{1,t} \cdot K_{1,t}^L - F_{1,t} \qquad \text{A.6.2.5)}$$

$g_{1,t}(K_{1,t-1})$, die linke Seite der Gleichung, stellt eine in $K_{1,t-1}$ konkave Funktion dar, die jedem Anfangskapazitätsniveau den Erlös zuordnet, der durch Niveaubeibehaltung entsteht. Der rechte Term der Gleichung (A.6.2.5) kann ebenfalls als Funktion von $K_{1,t-1}$ angesehen werden. Jedem Anfangskapazitätswert wird der Gewinn zugeordnet, der durch Kapazitätserhöhung auf $K_{1,t}^L$ entsteht.

Diese Funktion ist linear, die Steigung ist $c_{1,t}$ und der zugehörige Achsenabschnitt entspricht $g_t(K_{1,t}^L) - c_{1,t} \cdot K_{1,t}^L - F_{1,t}$.

Abbildung A.6.2.1 enthält die graphische Interpretation der Gleichung.

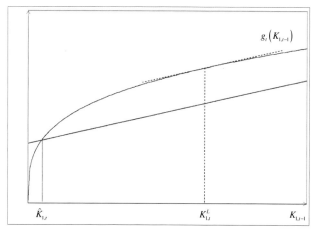

*Abbildung A.6.2.1: Graphische Interpretation der Gleichung*

Für $F_{1,t} = 0$ verläuft die Gerade mit Achsenabschnitt $g_{1,t}\left(K_{1,t}^L\right) - c_{1,t} \cdot K_{1,t}^L$ stets oberhalb der konkaven Funktion und tangiert diese an der Stelle $K_{1,t}^L$, wie die gestrichelte Linie andeutet. In $K_{1,t}^L$ ist die Optimalitätsbedingung des Optimierungsproblems (A.6.2.2) gegeben, was sich graphisch in den gleichen Steigungen der beiden Funktionen an dieser Stelle äußert. Die oberhalb der konkaven Funktion verlaufende Gerade kann so interpretiert werden, dass eine Kapazitätserhöhung auf $K_{1,t}^L$ für alle Anfangskapazitätsniveaus $K_{1,t-1} < K_{1,t}^L$ mit höheren erwarteten Gewinnen verbunden ist, als eine Beibehaltung des Kapazitätsniveaus. In $K_{1,t}^L$ nehmen beide Funktionen denselben Funktionswert an, da bei einem Anfangskapazitätsniveau von $K_{1,t}^L$ die beiden Handlungsalternativen äquivalent sind. Auf diese Weise findet sich die Kapazitätsexpansionskomponente der *ISD-Politik*, die für $F_{1,t} = 0$ optimal ist, in der Abbildung wieder. Eine Kapazitätserhöhung auf $K_{1,t}^L$ ist für alle Anfangskapazitätsniveaus unterhalb von $K_{1,t}^L$ vorteilhaft.

Bei der Relation $F_{1,t} \geq g_t\left(K_{1,t}^L\right) - c_{1,t} \cdot K_{1,t}^L$, was oben mit „unangemessenen Fixkosten" assoziiert wurde, beginnt die Gerade im Ursprung und verläuft für $K_{1,t-1} < K_{1,t}^L$

unterhalb der konkaven Funktion. Entsprechend ist in dieser Situation die Beibehaltung des Anfangskapazitätsniveaus eher vorteilhaft, wie schon vermutet wurde.

Im Fall $0 < F_{1,t} < g_t\left(K_{1,t}^L\right) - c_{1,t} \cdot K_{1,t}^L$ liegt der Achsenabschnitt zwischen diesen Extremen, so dass es exakt einen Schnittpunkt der beiden Funktionen zwischen 0 und $K_{1,t}^L$ geben muss. Existenz und Eindeutigkeit sind damit gegeben. Der Schnittpunkt der beiden Funktionen entspricht dem gesuchten Wert $\hat{K}_{1,t}$.

Für $K_{1,t-1} < \hat{K}_{1,t}$ verläuft die Gerade oberhalb der Funktion, im umgekehrten Fall unterhalb.

Diese Überlegungen führen zur folgenden Struktur der optimalen Politik:

---

**Politik im Falle der Möglichkeit zur Kapazitätsexpansion bei Fixkosten und linearen variablen Kosten und einer streng konkaven Kapazitätswertfunktion:**

für $\quad K_{1,t-1} < \hat{K}_{1,t} \quad$ gilt: $\quad K_{1,t}^*\left(K_{1,t-1}\right) = K_{1,t}^L \quad (I)$

für $\quad \hat{K}_{1,t} < K_{1,t-1} < K_{1,t}^L \quad$ gilt: $\quad K_{1,t}^*\left(K_{1,t-1}\right) = K_{1,t-1} \quad (II)$

(für $\quad K_{1,t-1} > K_{1,t}^L \quad$ gilt: $\quad K_{1,t}^*\left(K_{1,t-1}\right) = K_{1,t-1}$)

---

Diese Form einer optimalen Politik ist in der Literatur als *(s,S)-Politik* bekannt[7]. Fixkosten verursachen einerseits eine „Verbreiterung des Kontinuitätsbereiches", andererseits ein optimalerweise anzunehmendes Niveau $K_{1,t}^L$, welches nicht am Rand,

---

[7] Die hier vorliegende Form der optimalen Politik wird deshalb im Folgenden als *(s,S)-Politik* bezeichnet.

sondern im Innern des Kontinuitätsbereiches liegt. Es existiert eine Politik im „reinsten Sinne" mit den beiden Komponenten:

- Partitionierung aller möglichen Anfangskapazitätsniveaus und
- Zuordnung optimaler Zielwerte zu allen möglichen Anfangskapazitätsniveaus

Elemente der Kapazitätsexpansionskomponente der *ISD-Politik* sind insofern zu erkennen, als dass bei Kapazitätserhöhung der optimale Zielwert unabhängig vom Anfangswert ist. Die Kapazitätsexpansionskomponente der *ISD-Politik* kann also als Spezialfall der *(s,S)-Politik* bezeichnet werden.

Für Fixkosten in Höhe von Null gilt „$s = S$", was exakt der *ISD-Politik*, bezogen auf die Kapazitätsexpansion, entspricht.

Es kann sogar ein Element der optimalen Politik unter einer konkaven Kostenfunktion, die eine Miteinbeziehung von Fixkosten am ehesten widerspiegelt, erkannt werden. Geringe Anfangswerte führen zu höheren optimalen Zielwerten als höhere Anfangswerte[8].

Der Abschnitt zum Einkapazitätsfall endet mit einer graphischen Darstellung der optimalen Politik.

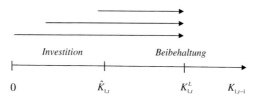

*Abbildung A.6.2.2: (s,S)-Politik im Fixkostenfall*

---

[8] Vgl. die erste Struktureigenschaft des optimalen Kapazitätserhöhungsprozesses bei konkaven Kosten aus Abschnitt 5.2.

## A.6.2.2 Der Mehrkapazitätsfall

Eine „mehrdimensionale Form der *(s,S)-Politik*", welche in diesem Abschnitt eingeführt und erläutert werden soll, besitzt bei der Miteinbeziehung von Fixkosten im Mehrkapazitätsfall Optimalitätscharakter.

Zum Verständnis dieser Politik ist die Konstruktion der Grenzfunktionen der *ISD-Politik* aus Hilfsfunktionen zu erläutern, da diese Hilfsfunktionen für den Anpassungsprozess im Fixkostenfall relevant sind. Diese Konstruktion wird in Kapitel 2 nicht thematisiert, da in diesem Abschnitt dafür keine unmittelbare Notwendigkeit besteht. Um die vorgestellten Zusammenhänge graphisch darstellbar zu halten, wird wiederum der Zweikapazitätsfall angenommen. Die Ergebnisse gelten jedoch analog auch für mehr als zwei Kapazitäten.

Eine *ISD-Politik* für zwei Kapazitäten zeichnet sich dadurch aus, dass die in Abschnitt 2.2 beschriebenen Funktionen $K_{1,t}^L(K_{2,t-1})$, $K_{1,t}^H(K_{2,t-1})$, $K_{2,t}^L(K_{1,t-1})$ und $K_{2,t}^H(K_{1,t-1})$ existieren, die die Kapazitätsanpassung steuern. Aus der Lage eines Anfangskapazitätstupels bezüglich dieser Grenzfunktionen lässt sich diesem sofort ein optimales Zieltupel zuordnen.

Für gegebene Kapazitätswertfunktionen können diese Grenzfunktionen explizit berechnet werden. Hierzu muss zunächst die Menge der Punkte bestimmt werden, die eine der folgenden Bedingungen erfüllen:

$$\frac{\partial g_t(K_{1,t}, K_{2,t-1})}{\partial K_{1,t}} = c_{1,t} \quad \text{(A.6.2.6)} \qquad \frac{\partial g_t(K_{1,t}, K_{2,t-1})}{\partial K_{1,t}} = r_{1,t} \quad \text{(A.6.2.7)}$$

$$\frac{\partial g_t(K_{1,t-1}, K_{2,t})}{\partial K_{2,t}} = c_{2,t} \quad \text{(A.6.2.8)} \qquad \frac{\partial g_t(K_{1,t-1}, K_{2,t})}{\partial K_{2,t}} = r_{2,t} \quad \text{(A.6.2.9)}$$

Hier ist zu beachten, dass bei der partiellen Ableitung in Richtung einer Kapazität das Niveau der anderen Kapazität fixiert wird. Beispielsweise kann für Gleichung (A.6.2.6) bei gegebenem Wert von $K_{2,t-1}$ und der Konstanten $c_{1,t}$ eine Lösung für $K_{1,t}$ errechnet werden. Falls die Lösung für alle möglichen Werte für $K_{2,t-1}$ untersucht wird, kann die Lösungsmenge in Form einer Hilfsfunktion $H_{1,t}^{L}(K_{2,t-1})$ beschrieben werden. Diese ergibt für einen festen Wert von $K_{2,t-1}$ einen Wert für $K_{1,t}$, der die Gleichung (A.6.2.6) löst. Auf analoge Weise erhält man aus den Gleichungen (A.6.2.7), (A.6.2.8) und (A.6.2.9) drei weitere Hilfsfunktionen.

Die berechneten Hilfsfunktionen stellen zwar noch nicht die gesuchten Grenzfunktionen dar, doch sind diese direkt daraus konstruierbar: Dazu wird an jedem Schnittpunkt zweier Hilfsfunktionen eine horizontale und eine vertikale Linie ergänzt, die die Hilfsfunktion in diesem Bereich ersetzen.

In Abbildung A.6.2.3 sind die Hilfsfunktionen dünner, die Grenzfunktionen dicker einzeichnen. Die Pfeile sollten den Anpassungsprozess verdeutlichen.

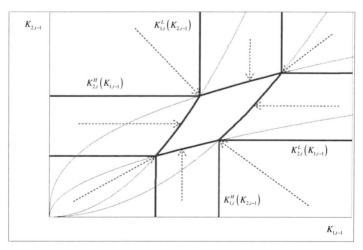

Abbildung A.6.2.3: *Anpassungsverhalten gemäß der ISD-Politik im Zweikapazitätsfall*

Wie in Abschnitt 2.2 erläutert, partitionieren die Grenzfunktionen die Menge der Anfangskapazitätstupel in neun Bereiche, in denen jeweils dieselbe Form der Handlung optimal ist. Der Verlauf der Grenzfunktionen in Abbildung A.6.3.2 kann als monoton steigend bezüglich des Anfangswertes der anderen Kapazität angesehen werden, somit kann den beiden Kapazitäten ein komplementäres Verhältnis zugeschrieben werden. Im Falle einer substitualen Beziehung wäre ein fallender Verlauf festzustellen. Falls die Kapazitäten unabhängig voneinander agieren und beispielsweise separat Produkte fertigen, kann der Anpassungsprozess ebenfalls als separierbar angesehen werden, die Grenzfunktionen verlaufen in diesem Fall horizontal und vertikal[9].

In Abbildung A.6.2.4 ist das optimale Anpassungsverhalten unter der Voraussetzung dargestellt, dass Fixkosten im Falle einer Kapazitätserhöhung der ersten Kapazität entstehen. Die Kontrollkostenstruktur der zweiten Kapazität wird als linear angenommen, wobei bei dieser Kapazität keine Fixkosten durch Kapazitätsniveauveränderung anfallen, um den Fixkosteneffekt der ersten Kapazität isoliert betrachten zu können.

Im Mehrkapazitätsfall besitzt eine mehrdimensionale Form der *(s,S)-Politik* Optimalitätscharakter:

Wie der Abbildung zu entnehmen ist, hebt die Funktion $\hat{K}_{1,t}: K_{2,t-1} \rightarrow K_{1,t-1}$ die bisherige Partitionierung auf und stellt ebenfalls eine Grenzfunktion dar. Wiederum entstehen neun Partitionen. $\hat{K}_{1,t}$ kann als zweidimensionales Analogon zum Wert $\hat{K}_{1,t}$ im Einkapazitätsfall aufgefasst werden.

---

[9] Dies ist auf die gemischten Ableitungen der Kapazitätswertfunktion zurückzuführen.
Vgl. Eberly, J. C./Van Mieghem, J. A. (1997), S. 357.

Die dicker eingezeichneten Pfeile stellen den Anpassungsprozess ausgehend von solchen Anfangskapazitätstupeln dar, deren Zielwert sich durch die Miteinbeziehung von Fixkosten verändert. Entsprechend beginnen dünner eingezeichnete Pfeile bei Anfangstupeln, deren Zielwert festbleibt.

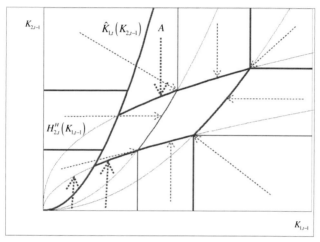

*Abbildung A.6.2.4: Anpassungsverhalten gemäß der (s,S)-Politik im Zweikapazitätsfall*

Für Anfangskapazitätsniveaus „links" von $\hat{K}_{1,t}$ ändert sich der Anpassungsprozess durch die Miteinbeziehung der Fixkosten nicht.

Ausgehend von Anfangskapazitätstupeln „rechts" von $\hat{K}_{1,t}$ wird das Kapazitätsniveau der ersten Kapazität nicht verändert. Das Niveau der zweiten Kapazität wird hierbei auf einen Wert angepasst, der auf einer der oben thematisierten Hilfsfunktionen liegt. Dies ergibt sich direkt aus der Herleitung dieser Funktionen. Beispielsweise stellt $H_{2,t}^{H}\left(K_{1,t-1}\right)$ die Lösungsmenge der Gleichung (A.6.2.9) für alle möglichen $K_{1,t-1}$ dar. Ausgehend vom Anfangskapazitätstupel $\left(K'_{1,t-1}, K'_{2,t-1}\right)$, welches in Abbildung A.6.2.4

als Punkt A eingezeichnet ist, muss zur Wahl des anzunehmenden Niveaus der zweiten Kapazität $K_{2,t}$ das folgende Optimierungsproblem gelöst werden:

$$\max_{K_{2,t} < K_{2,t-1}} \left\{ g_t \left( K'_{1,t-1}, K_{2,t} \right) + r_{2,t} \cdot \left( K_{2,t-1} - K_{2,t} \right) \right\} \quad \text{(A.6.2.10)}$$

Aus Differentiation entsteht die folgende Optimalitätsbedingung der Kapazitätsanpassung:

$$\frac{\partial g_t \left( K'_{1,t-1}, K_{2,t} \right)}{\partial K_{2,t}} = r_{2,t} \quad \text{(A.6.2.11)}$$

$H_{2,t}^H \left( K_{1,t-1} \right)$ als Hilfsfunktion stellt die Lösungsmenge dieser Gleichung für alle möglichen $K_{1,t-1}$ dar. Somit muss der optimale Wert für $K_{2,t}$ ein Element der Kurve dieser Funktion sein[10].

Demnach wird optimalerweise stets ein Punkt, der sich auf einer Hilfsfunktion befindet, angenommen, falls nur das Niveau einer Kapazität verändert wird.

Die Abbildung A.6.2.5 konkretisiert nun die *(s,S)-Politik* anhand ausgewählter Anfangskapazitätstupel.

Die Menge der Anfangskapazitätstupel $(K_{1,t-1} / K_{2,t-1})$, die sich auf dem Graphen der Funktion $\hat{K}_{1,t}$ befinden, zeichnet sich dadurch aus, dass zwei Handlungsoptionen, die in optimaler Weise ausgeführt werden, zum selben Gewinnbetrag führen.

Beispielsweise ist es ausgehend vom Anfangskapazitätstupel $(K''_{1,t-1} / K''_{2,t-1})$, welcher in Abbildung A.6.2.5 als Punkt B bezeichnet wird, gewinnneutral, ob die eine oder andere der folgenden Handlungsalternativen angenommen wird. Dies soll durch die

---

[10] Für den optimalen Wert $K_{2,t}$ gilt: $K_{2,t} = H_{2,t}^H \left( K'_{1,t-1} \right)$.

beiden Pfeile in der Abbildung, die von diesem Punkt ausgehen, deutlich gemacht werden.

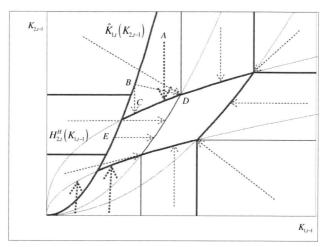

Abbildung A.6.2.5: Anpassungsverhalten gemäß der (s,S)-Politik im Zweikapazitätsfall, ausgehend von speziellen Anfangskapazitätstupeln

*HANDLUNGSALTERNATIVE I:*

Beibehaltung des Niveaus der ersten Kapazität und Verringerung des Niveaus der zweiten Kapazität.

In diesem Fall hat das zu lösende Optimierungsproblem die folgende Gestalt:

$$\max_{K_{2,t} < K_{2,t-1}} \left\{ g_t \left( K''_{1,t-1}, K_{2,t} \right) + r_{2,t} \cdot \left( K''_{2,t-1} - K_{2,t} \right) \right\} \qquad (A.6.2.12)$$

und $K^*_{2,t}$ wird als dessen Lösung[11] angenommen. Es findet also eine Kapazitätsveränderung auf das Tupel $\left( K''_{1,t-1} / K^*_{2,t} \right)$ statt, welches in Abbildung A.6.2.5 als Punkt

---

[11] Die Lösungen der Optimierungsprobleme können als existent und eindeutig angenommen werden, falls die Kapazitätswertfunktion streng konkav ist.

$C$ bezeichnet wird, falls diese Handlungsalternative gewählt und optimal ausgeführt wird.

*HANDLUNGSALTERNATIVE II:*

Erhöhung des Niveaus der ersten Kapazität und Verringerung des Niveaus der zweiten Kapazität.

In diesem Fall hat das zu lösende Optimierungsproblem die folgende Gestalt:

$$\max_{K_{1,t}>K_{1,t-1}, K_{2,t}<K_{2,t-1}} \left\{ g_t\left(K_{1,t}, K_{2,t}\right) - c_{1,t} \cdot \left(K_{1,t} - K''_{1,t-1}\right) - F_{1,t} + r_{2,t} \cdot \left(K''_{2,t-1} - K_{2,t}\right) \right\} \quad (A.6.2.13)$$

Das Tupel $\left(K^{**}_{1,t} / K^{**}_{2,t}\right)$, welches in Abbildung A.6.2.5 als Punkt $D$ bezeichnet wird, stellt dessen Lösung dar. Die Kapazitätsanpassung findet demnach auf Punkt $D$ statt, falls diese Handlungsalternative gewählt und optimal ausgeführt wird.

Da sich das Anfangskapazitätstupel $(K''_{1,t-1} / K''_{2,t-1})$ auf dem Graphen der Funktion $\hat{K}_{1,t}$ befindet, herrscht Indifferenz zwischen diesen beiden Alternativen und es gilt:

$$g_t\left(K''_{1,t-1}, K^*_{2,t}\right) + r_{2,t} \cdot \left(K''_{2,t-1} - K^*_{2,t}\right) = g_t\left(K^{**}_{1,t}, K^{**}_{2,t}\right) - c_{1,t} \cdot \left(K^{**}_{1,t} - K''_{1,t-1}\right) - F_{1,t} + r_{2,t} \cdot \left(K''_{2,t-1} - K^{**}_{2,t}\right)$$

A.6.2.14)

Falls hingegen beispielsweise das in Abbildung A.6.2.5 als Punkt $E$ bezeichnete Anfangskapazitätstupel vorliegt, ist das Unternehmen zwischen der Beibehaltung beider Kapazitätsniveaus und der Erhöhung des Kapazitätsniveaus der ersten Kapazität unter Beibehaltung des Niveaus der zweiten Kapazität indifferent. Entsprechend stellt $\hat{K}_{1,t}$ die Menge der Anfangskapazitätstupel dar, die sich durch Indifferenz bezüglich zweier optimal ausgeführten Handlungsoptionen auszeichnet.

Eine Partitionierung durch $\hat{K}_{1,t}$ ist insofern gegeben, als ausgehend von einem Anfangskapazitätstupel auf $\hat{K}_{1,t}$ durch Bewegung um eine marginale Einheit nach „rechts" oder „links", stets eine der beiden Alternativen dominant wird.

„Links" von $\hat{K}_{1,t}$ gilt die Optimalität der Kapazitätserhöhungskomponente der *ISD-Politik*. Ausgehend von geringeren Anfangskapazitätsniveaus der ersten Kapazität übersteigen die durch Kapazitätserhöhung verursachten Deckungsbeiträge die entstehenden Fixkosten.

„Rechts" von $\hat{K}_{1,t}$ wird die Handlungsoption präferiert, die das Niveau der ersten Kapazität nicht verändert. Stets findet hierbei eine Anpassung auf eine der Hilfsfunktionen statt.

Die Funktion $\hat{K}_{1,t} : K_{2,t-1} \rightarrow K_{1,t-1}$ zeichnet sich durch einen steigenden Verlauf bezüglich $K_{2,t-1}$ aus.
Höhere Anfangswerte der zweiten Kapazität sind im betrachteten Komplementärfall für Kapazität 1 vorteilhaft. Hierdurch erhöht sich die Attraktivität der Handlungsoption, bei welcher das Niveau der ersten Kapazität (unter anfallenden Fixkosten) erhöht wird. Grob formuliert ist das Unternehmen bei höheren Anfangswerten der zweiten Kapazität eher dazu bereit, Kapazitätseinheiten der ersten Kapazität zu erwerben, da eine solche Kapazitätserhöhung dann rentabler ist.
Entsprechend ist im substitualen Fall ein fallender Verlauf der Funktion $\hat{K}_{1,t}$ bezüglich $K_{2,t-1}$ zu erwarten.

In analoger Weise können Problemstellungen mit einer höheren Anzahl an Kapazitäten untersucht werden. Technisch gesehen ändert sich die Problemstellung nur in dem Punkt, dass die Grenzfunktionen und die Funktion $\hat{K}_{i,t}$ für eine Kapazität $i$ mit Fixkosten nun Funktionen in mehreren Variablen darstellen. Weiterhin liegen alle Anfangskapazitätsvektoren, die sich durch Indifferenz bezüglich zweier Handlungsalternativen auszeichnen, auf dem Graphen der Funktion $\hat{K}_{i,t}$. Die Handlungsalternativen unterscheiden sich weiterhin vor allem darin, dass das Kapazitätsniveau der $i$-ten Kapazität bei einer Alternative festbleibt, während es bei der anderen erhöht wird. Die Analyse der Situation mit mehreren Kapazitäten, die bei Kapazitätserhöhung (oder Kapazitätsreduktion) Fixkosten zu entrichten haben, ist ebenfalls aus den Überlegungen in diesem Kapitel schnell ableitbar: Weitere Funktionen des Typs $\hat{K}_{i,t}$ treten auf und setzen Partitionen fest, in denen die Erhöhung der betreffenden Kapazität vorteilhaft bzw. unvorteilhaft ist.

Zum vollständigen Beweis der Optimalität der eingeführten mehrdimensionalen *(s,S)-Politik* fehlt nun noch - aus Sicht dieser Arbeit - die Klärung zweier Probleme[12], die weiterer Untersuchung bedürfen[13]:

(1) Die Indifferenzkurve $\hat{K}_{1,t}$ stellt eine Funktion dar, da eine eindeutige Zuordnung der Form $K_{2,t-1} \rightarrow K_{1,t-1}$ durch Gleichung (A.6.2.14) gegeben ist. Der Nachweis der Stetigkeit und Differenzierbarkeit dieser Funktion steht noch aus. Insbesondere sollte dies auch an den Funktionsstellen nachgewiesen werden, an denen die beiden Handlungsalternativen, zwischen denen Indifferenz besteht, „wechseln".

---

[12] Im Fall unabhängig agierender Kapazitäten ergeben sich alle Zusammenhänge aus dem Einkapazitätsfall. Die offenen Probleme beziehen sich demnach auf eine Situation mit interagierenden Kapazitäten.

[13] Die Probleme werden für den Zweikapazitätsfall formuliert um Bezug zu obigen Grafiken nehmen zu können.

Falls Stetigkeit und Differenzierbarkeit nachweisbar sind, kann der oben verbal dargestellte Zusammenhang zwischen dem komplementären bzw. substitualen Verhältnis der Kapazitäten und dem steigenden bzw. fallenden Verlauf der Funktion über die gemischten Ableitungen der Kapazitätswertfunktion bewiesen werden.

(2) Die Dominanz einer Handlungsalternative für alle Anfangskapazitätstupel, die sich nicht auf der Kurve der Funktion $\hat{K}_{1,t}$ befinden, sollte nachgewiesen werden. Bezogen in Abbildung A.6.2.5 ist sofort einzusehen, dass eine Bewegung nach „links" zu einer Kapazitätserhöhung der ersten Kapazität führt, eine Bewegung nach „rechts" eine Kapazitätserhöhung der ersten Kapazität ausschließt. Ein analytischer Nachweis steht jedoch noch aus.

# Literaturverzeichnis

[1] Ahn, H. S./Righter, R./Shanthikumar, J. G. (2005): *Staffing Decisions for Heterogeneous Workers with Turnover,* in: Mathematical Methods of Operations Research, 62 (3), 2005, S. 499-514.

[2] Allon, G./Zeevi, A. (2005): *On the Relationship Between Pricing and Capacity Decisions in Inventory Systems with Stochastic Demand,* Working paper, Columbia University, New York, 2005.

[3] Angelus, A./Porteus, E. L. (2003): *On capacity expansions and deferrals,* Working paper, Graduate School of Business, Stanford University, 2003.

[4] Arrow, K. J. (1968): *Optimal capital policy with irreversible investment,* in: Value, Capital and Grow. Papers in Honour of Sir John Hicks, 1968, S. 1-19.

[5] Atamturk, A./Hochbaum, D. S. (2001): *Capacity Acquisition, Subcontracting, and Lot Sizing,* in: Management Science, 47, 2001, S. 1081-1100.

[6] Bauer, H. (1974): *Wahrscheinlichkeitstheorie und Grundzüge der Maßtheorie,* DeGruyter, 2. Auflage, 1974.

[7] Beckman, S./Sinha, K. (2005): *Conducting academic research with an industry focus: Production and operations management in the High Tech Industry,* in: Production and Operations Management, 14 (2), 2005, S. 115-124.

[8] Bellmann, R./Glicksberg, J./Gross, O. (1955): *On the optimal inventory equation,* in: Management Science, 2, 1955, S. 83-104.

[9] Bernake, B. (1983): *Irreversibility, Uncertainty and Cyclical investment,* in: Quarterly Journal of Economics, 97 (1), 1983, S. 85-106.

[10] Birge, J./Louveaux, F. (1997): *Introduction to Stochastic Programming,* New York, 1997.

[11] Cakanyildirim, M./Roundy, R. O. (1999): *Semiconductor Demand Forecast Accuracy,* Working paper 1230, Cornell University, New York, 1999.

[12] Dixit, A. (1989): *Entry and Exit Decisions under Uncertainty,* in: Journal of Political Economy, 97, 1989, S. 620-638.

[13] Dixit, A./Pindyck, R. S. (1994): *Investment under Uncertainty,* in: Princeton University Press, Princeton, 1994.

[14] Eberly, J. C./Van Mieghem, J. A. (1997): *Multi-factor dynamic investment under uncertainty,* in: Journal of Economic Theory, 75 (8), 1997, S. 345-387.

[15] Erkoc, M./Wu, S. D. (2004): *Capacity reservation across multiple buyers*, Working paper, Lehigh University, Bethlehem, 2004.

[16] Fine, C./Freund, R. (1990): *Optimal Investment in Product-Flexible Manufacturing Capacity*, in: Management Science, 36 (4), 1990, S. 449-466.

[17] Fong, C. O./Rao, M. R. (1975): *Capacity Expansion with Two Producing Regions and Concave Costs*, in: Management Science, 22 (3), 1975, S. 331-339.

[18] Fu, K./Hsu, V. N./Lee C. Y. (2006): *Inventory and production decisions for an assemble-to-order system with uncertain demand and limited assembly capacity*, SCALE Center Research Report 2006-01, University of Florida, Gainesville, 2006.

[19] Galeotti, M./Schiantarelli, F. (1991): *Generalized Q models for investment*, in: Review of Economics and Statistics, 59 (4), 1991, S. 457-471.

[20] Giglio, R. J. (1970): *Stochastic Capacity Models*, in: Management Science, 17 (3), 1970, S. 174-184.

[21] Günther, H. O. (1989): *Produktionsplanung bei flexibler Personalkapazität*, C.E. Poeschel, Stuttgart, 1989.

[22] Hall, R. E. (2004): *Measuring Factor Adjustment Costs*, in: The Quaterly Journal of Economics, MIT Press, 119 (3), 2004, S. 899-927.

[23]  Heyman, D./Sobel, M. (1984): *Stochastic Models in Operations Research*, McGraw-Hill, 2. Auflage, 1984.

[24]  Huh, W. T./Roundy, R. O./Cakanyildirim, M. (2005): *A General Strategic Capacity Planning Model under Demand Uncertainty*, in: Naval Research Logistics, 53, 2006, S. 137-150.

[25]  Infenion (2005): *Geschäftsbericht 2005*.

[26]  Li, Z./Xu, S. H. (2005): *Jointly Optimizing Assortment and Inventory Control with Technology Innovations,* Working paper, Pennsylvania State University, Pennsylvania, 2005.

[27]  Laengle, K./Griffin, P./Griffin, S. (1994): *A quantification of the economic value of flexible capacity,* in: International Journal of Production Research, 32 (6), 1994, S. 1421-1430.

[28]  Malcomson, J. M. (1981): *Corporate Tax Policy and the Service Life of Capital Equipment*, in: Review of Economic Studies, 48 (2), 1981, S. 311-316.

[29]  Merz, M./Yashif, E. (2003): *Labor and the Market Demand Value of the Firm,* Working paper, Institute for the Study of Labor, Universität Bonn, 2003.

[30] Nadiri, M. I./Rosen, S. (1969): *Interrelated Factor Demand Functions*, in: American Economic Review, 59 (4), 1969, S. 457-471.

[31] Narongwanich, W./Duenyas, I./Birge, J. R. (2002): *Optimal Portfolio of Reconfigurable and Dedicated Capacity under Uncertainty*, Working paper, University of California, Berkeley, 2002.

[32] Royden, H. L. (1988): *Real Analysis*, Macmillan, New York, 1988.

[33] Scarf, H. (1959): *The Optimality of (S,s) Policies in the Dynamic Inventory Problem*, in: Proceedings of the First Stanford Symposium, Stanford University Press, 1959.

[34] Scarf, H./Clark, A. J. (1960): Optimal Policies for a Multi-Echelon Inventory Problem, in: Management Science, 6 (60), 1960, S. 475-490.

[35] Schneeweiß, C. (1974): *Dynamisches Programmieren*, Physika Verlag, Würzburg, 1974.

[36] Shapiro, M. D. (1986): *The Dynamic Demand for Capital and Labor*, in: The Quaterly Journal of Economics, MIT Press, 101 (3), 1986, S. 513-542.

[37] Varga, R. S. (2000): *Matrix Iterative Analysis*, Springer Verlag, 2. Auflage, 2000.

[38]  Van Mieghem, J. A. (1998): *Investment Strategies for Flexible Resources,* in: Management Science, 44 (8), 1998, S. 1071-1078.

[39]  Van Mieghem, J. A./Harrison, J. M. (1998): *Multi-Resource Investment Strategies: Operational Hedging under Demand Uncertainty,* in: European Journal of Operational Research, 113 (1), 1998, S. 17-29.

[40]  Wildasin, D. E. (1984): *The q theory of investment with many capital goods,* in: American Economic Review, 74, 1984, S. 203-210.

[41]  Wu, S. D./Erkoc, M./Karabuk, S. (2005): *Managing Capacity in the High-Tech Industry: A Review of Literature,* in: The Engineering Economist, 50 (2), 2005, S. 125-158.